Modernisierung der Berufsbildung

Schriftenreihe der Sektion
Berufs- und Wirtschaftspädagogik
der Deutschen Gesellschaft für
Erziehungswissenschaft (DGfE)

Dieter Münk • Philipp Gonon •
Klaus Breuer • Thomas Deißinger (Hrsg.)

Modernisierung der Berufsbildung

Neue Forschungserträge und Perspektiven
der Berufs- und Wirtschaftspädagogik

Verlag Barbara Budrich
Opladen & Farmington Hills 2008

Bibliografische Informationen der Deutschen Nationalbibliothek
Die Deutsche Nationalbibliothek verzeichnet diese Publikation in der Deutschen
Nationalbibliografie; detaillierte bibliografische Daten sind im Internet über
http://dnb.d-nb.de abrufbar.

Gedruckt auf säurefreiem und alterungsbeständigem Papier.

Alle Rechte vorbehalten.
© 2008 Verlag Barbara Budrich, Opladen & Farmington Hills
www.budrich-verlag.de

ISBN 13   978-3-86649-167-0

Das Werk einschließlich aller seiner Teile ist urheberrechtlich geschützt. Jede Verwertung außerhalb der engen Grenzen des Urheberrechtsgesetzes ist ohne Zustimmung des Verlages unzulässig und strafbar. Das gilt insbesondere für Vervielfältigungen, Übersetzungen, Mikroverfilmungen und die Einspeicherung und Verarbeitung in elektronischen Systemen.

Umschlaggestaltung: disegno visuelle kommunikation, Wuppertal – www.disenjo.de
Technisches Lektorat: Walburga Fichtner
Druck: Paper & Tinta, Warschau
Printed in Europe

Inhalt

Vorwort der Herausgeber 9

Berufsbildung im internationalen Vergleich

Wolf-Dietrich Greinert
Einführung in den Themenschwerpunkt „Internationaler Vergleich" auf der Frühjahrstagung der Sektion Berufs- und Wirtschaftspädagogik der DGfE in Zürich 11

Thomas Deißinger, Dieter Münk
EQF und C-QUAF, Bildungsstandards und Qualität: Eine internationale und europäische Debatte und die Folgen für Deutschland 16

Matthias Rohs, Thomas Schröder
Strukturen der IT-Aus- und Weiterbildung im internationalen Vergleich 26

Sandra Bohlinger, Marcel Walter
Herausforderungen für die Impactforschung. Neuere Befunde über die Wirksamkeit von beschäftigungsfördernden Maßnahmen im internationalen Vergleich 36

Matthias Vonken
Weiterbildung und Beschäftigung älterer Arbeitnehmerinnen und Arbeitnehmer in Europa: Ein Vergleich zwischen Belgien, Dänemark, Deutschland, den Niederlanden und Österreich 48

Antje Barabasch
Modernisierung und Imageverbesserung der Berufsbildung in den USA 58

Probleme und Perspektiven von Beruf und beruflicher Qualifizierung

Burghard Bittorf
Das QM-Handbuch als Bindeglied einer Dokumentation strategischer Aussagen und operativer Aktivitäten der Schul- und Unterrichtsentwicklung einer Schule 69

Stefanie Stolz, Philipp Gonon, Willi Roth
Ausbildungsabschluss durch Anerkennung informeller Kompetenzen – Implementation eines Gleichwertigkeitsverfahrens im Gesundheitsbereich 79

Franz Schapfel-Kaiser
Zeit und Zeiterleben in unterschiedlichen Berufen. Exemplarische Ergebnisse einer hermeneutisch-empirischen Studie 89

Erträge aus der Lehr-/Lernforschung

Esther Winther, Frank Achtenhagen
‚Konzeptuale Kompetenz' und ‚Selbstregulation' als Grundlagen einer berufsbezogenen Kompetenzforschung 100

Maren Oepke, Stephan Schumann, Nina Barske, Claude Müller, Michael Pflüger, Stefan Hesske & Franz Eberle
Anwendungs- und problemorientierter Unterricht (APU) – ein Unterrichtsforschungsprojekt an deutschschweizerischen Gymnasien in den Fächern „Wirtschaft & Recht" und „Geographie" 110

Gerhard Minnameier
Zur empirischen Analyse des Umgangs mit Fehlern im wirtschaftskundlichen Unterricht 120

Bernd Knöll, Tobias Gschwendtner, Reinhold Nickolaus
Motivation in der elektrotechnischen Grundbildung 131

Rödiger Voss
Die mentalen Strukturen von Studierenden und daraus abzuleitende Implikationen für die Lehre 141

Uwe Buchalik, Alfred Riedl
Fachgespräche – Lehrer-Schüler-Kommunikation in komplexen Lehr-Lern-Umgebungen 149

Marc Egloffstein
Online-Seminare in der Lehrpersonenbildung – Erfolgsfaktor tutorielle Betreuung 160

Benachteiligtenforschung

Christian Schmidt, Tobias Beringer
Das Berufsgrundbildungsjahr in Hessen zwischen Berufsgrundbildung und Berufsvorbereitung 170

Stephan Schumann
Jenseits der Normalbiographie. Berliner Absolventen einer außerbetrieblichen Ausbildung zwischen Arbeitslosigkeit und Verbleib im Bildungssystem 179

Heiko Weber
Berufe für benachteiligte Jugendliche. Zwischen bildungspolitischem Anspruch und betrieblichem Bedarf 189

Kurt Häfeli, Marlise Kammermann, Christina Seewald
Benachteiligtenförderung in der Schweiz: Die neue zweijährige berufliche Grundbildung mit eidgenössischem Berufsattest 199

Marianne Friese, Bettina Siecke
Benachteiligtenförderung und berufliche Integration von (jungen) Menschen mit Behinderungen – kooperative und interdisziplinäre Perspektiven der Berufspädagogik 207

Günter Ratschinski
Das spontane Berufswahlverhalten schulschwacher Jugendlicher und mögliche Konsequenzen für Berufsorientierung und Berufsberatung 217

Vorwort der Herausgeber

Der Vorstand der Sektion Berufs- und Wirtschaftspädagogik freut sich sehr, dass es möglich war, die Frühjahrstagung 2007 der Sektion an der Universität Zürich auszurichten und dankt an dieser Stelle nochmals den Veranstaltern sowie insbesondere dem Kollegen Herrn Prof. Philipp Gonon für die Gastfreundschaft, die hervorragende Organisation und die außerordentlich anregende und ergebnisreiche Tagung. Die Züricher Frühjahrstagung der Sektion Berufs- und Wirtschaftspädagogik firmierte unter dem Titel „Modernisierung der Berufsbildung. Neue Forschungserträge und Perspektiven der Berufs- und Wirtschaftspädagogik". Kritiker könnten einwenden, dass dies keine besonders einfallsreiche Überschrift für eine Arbeitstagung sei, oder dass der Titel keine besondere wissenschaftliche und inhaltliche Trennschärfe besitze oder dass der – ohnedies äußerst umstrittene und theoretisch sehr unterschiedlich begründbare – Begriff der Modernisierung gerade auf der Titelei von Monographien einer gewissen Inflationierung unterliege. Und dies wäre sogar zutreffend – jedenfalls im Prinzip. Andererseits haben sich die Herausgeber im Untertitel um Präzisierung der Absicht bemüht und unterstellt, dass Beiträge der jeweils aktuellen Forschung in einer wenn auch unterdefinierten Art und Weise in jedem Falle der Erneuerung, der Verbesserung und dem Fortschritt der disziplinären Forschung und – in der Folge – auch der lebendigen und kritischen disziplinären Diskussion dienen. Der vorliegende Band belegt sehr deutlich, dass diese disziplinäre Diskussion in der Argumentation außerordentlich differenziert, in den thematischen Fragestellungen außerordentlich diversifiziert und – mit Blick auf die Autorinnen und Autoren – unter reger Beteiligung aller Wissenschaftler, die in der Sektion aktiv mitarbeiten, geführt wird.

Die rund 230 Seiten dokumentieren ein breites Spektrum unterschiedlicher berufs- und wirtschaftspädagogisch relevanter Themen- und Problemfelder, die in der Tradition der Tagungen der Sektion Berufs- und Wirtschaftspädagogik inzwischen eine bemerkenswerte Tradition und Kontinuität aufweisen. So ist beispielsweise auffällig, indes keineswegs zufällig, dass der Bereich der „Berufsbildung im internationalen Vergleich" seit mehreren Jahren eine steigende Zahl von Beiträgen zu verzeichnen hat, die – bei einer gewissen Dominanz europäischer Fragen – ebenso die OECD-Länder erfassen. Wolf Dietrich Greinert hat die in diesem Band versammelten Beiträge dankenswerterweise in einer kurzen Einführung zusammengefasst und dadurch auch den Rahmen abgesteckt. Quantitativ weniger umfangreich, dafür aber inhaltlich außerordentlich akzentuiert ist in Zürich das berufspädagogische Grundthema „Beruf und berufliche Qualifizierung" präsentiert worden. Neben dem für die Berufs- und Wirtschaftspädagogik sozusagen klassischen

Thema „Beruf und berufliche Qualifizierung" dokumentiert das nachfolgende Kapitel „Erträge aus der Lehr-/Lernforschung", dass dieses Thema in den letzten Jahren an vielen Standorten zu einem deutlich erkennbaren Forschungsschwerpunkt geworden ist, der ganz überwiegend empirische Arbeiten mit einem teilweise bemerkenswert ausgefeilten Methodenrepertoire vorweist. Und schließlich nimmt in diesem Band das Thema der Benachteiligtenförderung im weitesten Sinne erneut breiten Raum ein, was einerseits mit Blick auf den Forschungsstand durchaus begrüßenswert ist, andererseits aber deutlich dokumentiert, dass das zu Grunde liegende gesellschaftspolitische Problem als Gegenstand wissenschaftlicher Forschung nicht nur noch lange nicht gelöst ist, sondern im Gegenteil zusehends an Dramatik und Dringlichkeit gewonnen hat. Das Konstrukt eines Tagungsbandes, der Forschungsergebnisse der verschiedenen Standorte im deutschen Sprachraum dokumentiert, bringt es zwangsläufig mit sich, dass auch Desiderate deutlich werden. Ein solches zentrales Desiderat ist – gerade nach der neuerlichen bildungspolitischen Diskussion um Qualität in der beruflichen Bildung – ganz ohne Zweifel das Thema der Lehrerbildung. Wie die innerhalb der Sektion Berufs- und Wirtschaftspädagogik inzwischen seit Jahrzehnten geführte Diskussion und insbesondere die neuerliche bildungs- und schulpolitische Entwicklung deutlich zeigt, wird diese Diskussion dringend fortzuführen bzw. wieder aufzunehmen sein. Dies verstehen die Herausgeber als inhaltlichen Auftrag für die Gestaltung der kommenden Tagungen der Sektion Berufs- und Wirtschaftspädagogik, in denen es darauf ankommen wird, die lange Reihe der politischen Willensbekundungen mit empirischen Ergebnissen zu unterfüttern und – hoffentlich auch zu begründen.

Der Vorstand freut sich sehr, der Sektion auch diesen Band zeitnah vorlegen zu können und möchte die Gelegenheit nicht verstreichen lassen, an dieser Stelle nochmals Dank auszusprechen an die Organisatoren der Tagung, an die zahlreichen Kolleginnen und Kollegen, die diese Tagung durch ihre engagierte Forschungsarbeit überhaupt erst möglich gemacht haben, ferner und besonderes auch an diejenigen, die das schwierige Geschäft des Review-Verfahrens arbeitsteilig übernommen haben und schließlich auch dem Budrich-Verlag, ohne dessen Engagement dieser Band überhaupt nicht hätte zustande kommen können.

Dieter Münk
Für den Vorstand der Sektion Berufs- und
Wirtschaftspädagogik der DGfE im Januar 2008

Philipp Gonon
Klaus Breuer
Thomas Deissinger
Dieter Münk

Einführung in den Themenschwerpunkt „Internationaler Vergleich" auf der Frühjahrstagung der Sektion Berufs- und Wirtschaftspädagogik der DGfE in Zürich

Wolf-Dietrich Greinert

„Die Berufs- und Wirtschaftspädagogik wird sich künftig bemühen müssen, stärker als bisher die Balance zwischen empirisch-realistischer und normativer Orientierung herzustellen. Dies kann sie u.e. nur, wenn sie konsequent den Weg einer international vergleichenden Qualifikationswissenschaft beschreitet, d.h. die Grenzen einer bloßen „Erziehungswissenschaft" zu überwinden sucht".

Es ließe sich im Anschluß an dieses Zitat aus dem Jahre 1999 natürlich fragen, wie weit sich die Berufs- und Wirtschaftspädagogik inzwischen in dieser Richtung weiterbewegt hat. Nach meiner Meinung nicht eben besonders weit. – Dies läßt sich vor allem am Vergleich mit der allgemeinen vergleichenden Bildungsforschung zeigen, die die „evolutionäre Universalie Schule" als zentralen Forschungsgegenstand betrachtet. Neben dem beeindruckenden – wenn nicht einschüchternden – Datenberg, den die vergleichende Bildungsforschung in den vergangenen Jahrzehnten zusammengetragen hat, nehmen sich die entsprechenden Leistungen der Berufs- und Wirtschaftspädagogik unter quantitativem Gesichtspunkt äußerst bescheiden, und unter qualitativer Perspektive reichlich beliebig aus. Sicherlich, beruflich orientierten Lernarrangements fehlt die singuläre Universalität des „Weltmodells Schule" und damit die relative Eindeutigkeit der Organisationsform. Die berufliche Bildung weist dagegen zahlreich variierende Systemstrukturen, Lernorte und damit eine Fülle unterschiedlicher Lernkonzepte auf, die den Versuch der wissenschaftlichen Durchdringung dieser komplexen Realität zu einem relativ mühsamen und anspruchsvollen Unternehmen werden lassen.

Die Genese der „Vergleichenden Pädagogik" wird in der Regel als eine Entwicklung einer „bloß deskriptiven", über fremde Bildungssysteme informierende „Auslandspädagogik", zu einer im rational strengen Sinne „Vergleichenden Erziehungswissenschaft" beschrieben, „die nach bestimmten Kriterien und Verfahren einzelne Bereiche und Probleme oder die Gesamtstruktur von mindestens zwei definierten Größen (...) untereinander systematisch" vergleicht (Anweiler 1971: 294). Schon in der auf das allgemeine Bildungswesen gerichteten vergleichenden Forschung trat jedoch in der Praxis ein immer wieder beklagtes Ungleichgewicht auf, nämlich dass einer relativ geringen Zahl von wirklich vergleichenden Untersuchungen eine Vielzahl von Arbeiten gegenüberstand, die sich – ohne vergleichende Elemente explizit auszuklammern – schwerpunktmäßig mit bloßen Beschreibungen von Schule und Erziehung in anderen Ländern begnügen. Gleiches lässt sich auch auf dem Felde der vergleichenden Berufs- und Wirtschaftspädagogik feststellen, wo wirklich „vergleichende" Arbeiten ausgesprochene Mangelware darstellen.

Nun lässt sich natürlich einwenden, dass jede Untersuchung fremder Bildungsarrangements immer schon vergleichenden Charakters ist. Der Forscher, der versucht, allgemeine Sozialisation, Erziehung, Schule und Unterricht oder auch erziehungswissenschaftliche Normen und Theorien aus anderen historischen, gesellschaftlichen oder kulturellen Umfeldern zu beschreiben und zu erklären, muss dabei notgedrungen auf die entsprechend eigenen Verhältnisse zurückgreifen, um das „Fremde" überhaupt zur Sprache bringen zu können. Doch wird eine derartige Forschungsperspektive insofern „naiv" bleiben, als sie ausschließlich „vergleichende Erkenntnisse" von Oberflächencharakter, d.h. organisationsorientierten oder ereignisgeschichtlichem Niveau, zulässt.

Die Vergleichende Erziehungswissenschaft hat versucht, dieser Beschränkung zu entkommen, indem sie als analytische Zielperspektive das Konstrukt des „tertium comparationis" eingeführt hat. Darunter wird ein Bezugssystem oder ein Vergleichspunkt verstanden, von dem aus oder auf den hin der explizite Vergleich zur Anwendung kommt (vgl. Froese 1973: 343). Dieses vorweg bestimmte oder aber in der Untersuchung entwickelte „Vergleichskriterium", das natürlich auf ganz verschiedenen Abstraktionsebenen angesiedelt sein kann, soll gewährleisten, daß überhaupt Vergleichbares verglichen wird (vgl. Hörner1996: 13). Die Einführung des tertium comparationis in die vergleichende Forschung läßt sich aber auch als der Versuch interpretieren, den fehlenden gemeinsamen Kontext aus einem gewissen Vorverständnis heraus hypothetisch zu konstruieren. Das Vergleichskriterium muss also notwendigerweise die Qualität einer begründeten Hypothese haben, und da beginnt das methodische Problem: das tertium comparationis wird nämlich in der Regel dadurch bestimmt, was im eigenen gesellschaftlichen Kontext als wesentlich wahrgenommen wird. Der Vergleich droht auf diese Weise zur „Identifikation des Gleichen" nach eigenem Maßstab zu werden (vgl. Matthes 1992: 83), weshalb es Kollegen gibt, die von der Unmöglichkeit eines echten Vergleichens grundsätzlich überzeugt sind. Zu diesen Puristen muß man sich nicht unbedingt gesellen. Schon deswegen nicht, weil der Vergleich – so unvollkommen er auch immer sein mag – zu den wesentlichen Instrumenten wissenschaftlicher Erkenntnis zählt – wenigstens in nahezu allen sozialwissenschaftlichen Disziplinen.

Vor dem Hintergrund dieser kurzen Orientierungsskizze lässt sich zumindest eine pauschale Bilanz der international vergleichenden Berufsbildungsforschung ziehen. Als erkennbar umfangreichstes Ergebnis können wir eine stattliche Anzahl von sog. „Länderstudien" feststellen, jene eingangs eher als deskriptiv bezeichneten Beschreibungen der Ausbildungsstrukturen einzelner Länder. Dazu zählen die zahlreichen immer wieder aktualisierten Publikationen des CEDEFOP über die Berufsausbildung in den Mitgliedsländern der Europäischen Gemeinschaften. Dazu zählt auch das umfangreiche „Internationale Handbuch für Berufsbildung", das auch außereuropäische Länder einbezieht (vgl. Lauterbach 1995ff.).

Seit Anfang der neunziger Jahre können wir eine Debatte über die unmittelbare Vergleichbarkeit von Ausbildungsstrukturen bzw. -„systemen" registrieren, die sich am methodischen Paradigma des tertium comparationis orientiert. Das mehr oder minder explizite Ziel dieses Versuchs war eigentlich die Entwicklung einer Typologie von Berufsausbildungs„systemen", die ganz einfach nur dazu nutzen sollte, als handhabbares Analyse- und Planungs-Instrument in der Berufsbildungszusammenarbeit mit Entwicklungs- und Schwellenländern zu fungieren (vgl. Greinert 2003). Die Diskussion über diesen Versuch scheint indes abgeschlossen zu sein, da ihr Verlauf zeigt, dass die Befrachtung der eher pragmatisch-technischen Orientierung mit wissenschaftlichen Ansprüchen sehr schnell die schon erwähnten Grenzen dieses Ansatzes aufzeigt.

In den letzten zehn Jahren sind in der Berufs- und Wirtschaftspädagogik eine ganze Reihe von „vergleichenden" Beiträgen unterschiedlichen Anspruchs entstanden, die unter dem aktuellen Motto „Berufsbildung zwischen nationaler Tradition und globaler Perspektive" vor allem auch dynamische, d.h. von politischen, gesellschaftlichen und ökonomischen Problemlagen angestoßene Themenkomplexe, behandeln (vgl. insb. Deißinger 2001; Grollmann u.a. 2006). Was diese verschiedenartigen Arbeiten kennzeichnet, ist eine gewisse programmatische Beliebigkeit, d.h. das Fehlen eines zentralen Erkenntnisinteresses und eines definierten Analyserahmens, der ihre methodische Dimension sichtbar bestimmen würde. Selbst die europäische Berufsbildungspolitik, die seit dem EU-Gipfel von Lissabon im März 2000 an Dynamik, Zielstrebigkeit und auch Durchsetzungskraft wesentlich zugenommen hat, war bislang nicht in der Lage, das aktuelle Forschungsinteresse der vergleichenden Berufs- und Wirtschaftspädagogik auf die vermutlichen Auswirkungen der im Hinblick auf die traditionellen Ausbildungssysteme höchst problematischen Programme der EU-Kommission zu fokussieren (vgl. Greinert 2006).

Die analytische Durchdringung dieser Entwicklung kann als ein wesentlicher Teil eines sehr aktuellen zentralen Forschungsansatzes der vergleichenden Berufsbildungsforschung betrachtet werden, und zwar unter der doppelten Perspektive:

(1.) Zum einen vom Untersuchungsgegenstand her betrachtet: der isomorphe – internationale wie europäische – Veränderungsdruck, der sich mit dem sog. Bologna- und Kopenhagenprozeß umreißen läßt, wird schon mittelfristig die Struktur der Sekundarstufe II und den tertiären Bildungsbereich in den verschiedenen Ländern beeinflussen, d.h. das Verhältnis von höherer (akademischer) Berufsqualifikation und beruflicher Breitenausbildung neu bestimmen. Und zwar unterschiedlich in Ländern ohne entwickeltes Berufsausbildungssystem, Ländern mit marktorientierten Ausbildungsformen und Ländern mit komplexen subjektorientierten Ausbildungsmodellen.

(2.) Vom Untersuchungsdesign ergibt sich damit die Notwendigkeit, den gleichartigen Veränderungsdruck in seinen Auswirkungen auf unterschiedliche kulturelle Voraussetzungen bzw. Traditionen in den verschiedenen Ländern zu analysieren, genauer: auf die Frage, in welcher Weise die akademische und nicht-akademische Berufsausbildung in den nationalen Arbeitskulturen verankert ist. Zur Absicherung einer derartigen Forschungsperspektive bietet es sich an, den vor allem in den USA entwickelten neoinstitutionalistischen Untersuchungsansatz auf seine methodische Effizienz und theoretische Tragfähigkeit zu überprüfen, der im Bereich der international gepflegten vergleichenden Bildungsforschung heute das am weitesten entwickelte Deutungsmuster markiert (vgl. Schubert 2005).

Im Grunde geht es vorzugsweise um die Überprüfung einer globalen Tendenz, die seit über zwei Jahrzehnten schon einen „berufspädagogischen Paradigmenwechsel" markiert, nämlich die offensichtliche Zurückdrängung subjektorientierter Interessen und Ziele in der beruflichen Bildung – Human-, Partizipations- und Demokratiekompetenz – und ihre Begrenzung auf eine Teilstrategie der Sozial- und Wirtschaftspolitik (vgl. Münk 1997). Diese bei Weltbank und OECD schon seit Anfang der neunziger Jahre beobachtbare Interessenausrichtung (OECD 1992; World Bank 1995) wird aktuell von der Europäischen Kommission im Rahmen ihrer Berufsbildungspolitik mit zielstrebiger Konsequenz exekutiert (vgl. Greinert 2006).

Literatur

Anweiler, O. (1971): Vergleichende Erziehungswissenschaft, in: Lexikon der Pädagogik. Neue Ausgabe, Bd. 4, Freiburg i.Br. etc.
CEDEFOP (Hrsg.), (1982): Beschreibung der Berufsbildungssysteme in den Mitgliedstaaten der Europäischen Gemeinschaft. Vergleichende Studie, Luxemburg

Deißinger, Th. (Hrsg.), (2001): Berufliche Bildung zwischen nationaler Tradition und globaler Entwicklung, Baden-Baden

Froese, L. (1973): Vergleichende Erziehungswissenschaft, in: Grotthoff, H.-H. (Hrsg.): Pädagogik – Das Fischer Lexikon – Neuausgabe, Frankfurt a.M., 340 – 345

Greinert, W.-D. (2003a): Europäische Berufsbildungsmodellle – von der Schwierigkeit, eine optimale Typologie zu entwickeln, in Bredow, A. a.a. (Hrsg.): Berufs- und Wirtschaftspädagogik von A bis Z, Baltmannsweiler, S. 279 – 291

Greinert, W.-D. (2003 b): Realistische Bildung in Deutschland

Greinert, W.-D. (2006): Vom Staat zum Markt – die Fragwürdigkeit europäischer Berufsbildungspolitik im Hinblick auf die Perspektiven einer notwendigen Berufsbildungsreform in der Bundesrepublik, in: Recht der Jugend und des Bildungswesens 54 (2006), 448 – 459

Greinert, W.-D. (2007): Erwerbsqualifizierung jenseits des Industrialismus. Zu Geschichte und Reform des deutschen Systems der Berufsbildung, Frankfurt a.M.

Grollmann, Ph. u.a. (Hrsg.), (2006): Europäisierung Beruflicher Bildung – eine Gestaltungsaufgabe, Hamburg

Hörner, W. (1996): Einführung: Bildungssysteme in Europa. Überlegungen zur vergleichenden Betrachtung, in: Anweiler, O. u.a.: Bildungssysteme in Europa, 4.Aufl. Weinheim

Lauterbach, U. (Hrsg.), (1995ff.): Internationales Handbuch der Berufsbildung, Baden-Baden

Lauterbach, U. (2003): Vergleichende Berufsbildungsforschung, Baden-Baden

Matthes, J. (1992): The Operation Called „Vergleichen", in: Ders. (Hrsg.): Zwischen den Kulturen? Die Sozialwissenschaften vor dem Problem des Kulturvergleichs, (= Soziale Welt, Sonderband 8), Göttingen 75 – 99

Münk,D. (1997): Deutsche Berufsbildung im europäischen Kontext: Nationalstaatliche Steuerungskompetenzen in der Berufsbildungspolitik und die Sogwirkung des europäischen Integrationsprozesses, in: Krüger, H.-H. / J.- H. Olbertz (Hrsg.): Bildung zwischen Staat und Markt, Opladen, S. 91 –108

OECD (1992): Technology and the economy, Paris

Schubert,V. (2005): Pädagogik als vergleichende Kulturwissenschaft, Wiesbaden

World Bank (1995): Priorities and Strategies for Education, Washington

EQF und C-QUAF, Bildungsstandards und Qualität: Eine internationale und europäische Debatte und die Folgen für Deutschland

Thomas Deißinger, Dieter Münk

1. Problemstellung

In der langen Geschichte des europäischen Integrationsprozesses besetzt der Gipfel von Lissabon als „europäischer Bildungsgipfel" eine herausragende Position („Lissabon-Kopenhagen-Prozess"; vgl. etwa FAHLE/THIELE 2003), weil hier erstmals ein europäischer Konsens auch bei bis dahin eher reservierten Mitgliedstaaten wie etwa Deutschland deutlich erkennbar wurde. Vor allem jedoch wurde – sozusagen in berufsbildungspolitischer Verlängerung von Bologna – neben einer ganzen Reihe zentraler bildungspolitischer Ziele ein Strategiepaket geschnürt, dessen innere Konsistenz und dessen Konsequenzen erst im Laufe der Fortentwicklung des in Lissabon formulierten Programms richtig deutlich wurden: Im Zeichen des übergeordneten Zieles der internationalen Wettbewerbsfähigkeit wurden nicht nur bildungspolitische Ziele, Indikatoren und Benchmarks, sowie mit der OMC ein eigenes Steuerungsprinzip formuliert, sondern es wurde im anschließenden Brügge-Kopenhagen-Prozess ein zunächst in seiner Bedeutung gar nicht so recht wahrgenommenes Gerüst für die berufliche Bildung konstruiert, das Bildungsstandards, Aspekte der Qualitätssicherung und schließlich das Ziel der Vergleichbarkeit von beruflichen Qualifikationen in dem neuen „Berufsbildungsraum Europa"; (vgl. MÜNK 2005) mehr oder weniger konsistent zusammen binden sollte. Die Akronyme für diesen europapolitischen Prozess lauten EQF und NQF (European and National Qualification Framework) sowie ENQUA-VET (European Network of Quality Assurance in Vocational Education and Training) und C-QUAF (Common Quality Assurance Framework) (vgl. FRANK 2006).

Als zwischenzeitlich stark diskutierte (vgl. WINTERTON 2005) berufsbildungspolitische Gesamtstrategie bündelt dieses Paket durchaus nicht neue, aber nach wie vor zentrale Ziele der europäischen Berufsbildungspolitik (Transparenz und Vergleichbarkeit), die mit den Strategien der 1980er und 1990er Jahre des vorigen Jahrhunderts nicht im gewünschten Maße erreicht werden konnten. Seit Lissabon haben sich im Umfeld indes zentrale sozioökonomische und politische Umgebungsbedingungen wesentlich verändert:

Erstens führen Globalisierungstendenzen stärker als zuvor zu dem Zwang europäischer Geschlossenheit, zweitens repräsentiert Lissabon erstmals einen Konsensbeschluss aller europäischen Bildungsminister, drittens zielen sie auf Kernmechanismen politischer Steuerung und Regulation (*outcome*-Prinzip statt Bildungsgang, Klassifizierungssysteme von Qualifikationen, Implementation indikatorengesteuerter Instrumente, Qualitätssicherung und -management etc.), und viertens gelingt hiermit der Anschluss an den internationalen Diskurs, der diese Fragen (vor allem in der angelsächsischen Wissenschaft sowie in der OECD) schon seit langem thematisiert.

Dies vollzieht sich indes mit einer bemerkenswerten, bislang von der Berufsbildungsforschung kaum beachteten Vielschichtigkeit. Während nämlich auf europäischer Ebene *outcome*-orientierte Akkreditierungs- und Entsprechungssysteme im beruflichen Bereich favorisiert werden, findet dort, wo die zentralen Anregungen für die Idee von „Qualifikationsrahmen" zu lokalisieren sind, nämlich im angelsächsischen Kontext, eine Entwicklung statt, die zumindest ambivalent zu sehen ist. Mit der Betonung eines „offenen Ausbildungsmarktes" (DEIßINGER 2004; HARRIS 2001) und der gleichzeitigen Re-Orientierung an klassischen Ausbildungsformen ist insbesondere Australien ein interessanter Beleg dafür, dass unterschiedliche nationaltypische Vorstellungen von „Kompetenz" langfristig konvergieren könnten (HELLWIG 2006).

2. Die australische Berufsbildungsreform und das angelsächsische Kompetenzverständnis als Matrize der Leitideen des EQF

In Australien operieren und konkurrieren Einrichtungen der Technical and Further Education (TAFE) Colleges, private Bildungsträger, Unternehmen, Einrichtungen der Erwachsenenbildung und lokale Bildungsträger sowie öffentliche Schulen auf einem „offenen Ausbildungsmarkt". Die Lehre (apprenticeship) kann alternierend (Arbeitsplatz plus TAFE College oder andere Ausbildungsanbieter) oder ausschließlich am Arbeitsplatz durchgeführt werden. Entscheidend ist, welche Ausbildungsformen „vor Ort" festgelegt werden und ob es sich bei den Trägern bzw. Lernorten um so genannte registered training organisations (RTOs) handelt. Ergänzt werden diese flexible delivery und die zugrunde liegende Idee der user choice durch die Überzeugung, dass Berufsbildung auf „realistische" Ausbildungsarrangements zu zielen hat, womit auch bspw. der Beginn einer Lehre in der High School (school-based new apprenticeships) gemeint sein kann.

Das heutige Berufsbildungswesen ist im Wesentlichen das Ergebnis der Berufsbildungsreform seit Anfang der 1990er Jahre. Ihre Zielsetzungen waren (HARRIS 2001; SMITH/KEATING 2003):

- die Schaffung eines kompetenzorientierten Qualifizierungs- und Zertifizierungssystems (*Competency-based Training/CBT*);
- die Ausrichtung des Berufsbildungssystems an den Qualifikationsbedürfnissen der Wirtschaft (*industry-led system*);
- die Zusammenführung der unterschiedlichen Qualifizierungswege und Abschlussmöglichkeiten in einem nationalen Qualifikationsrahmen (*Australian Qualifications Framework*);
- die curriculare Systematisierung von Berufsbildungsprogrammen und ihrer Akkreditierung (*training packages*);
- die Entwicklung neuer Strukturen der beruflichen Erstausbildung für Auszubildende in der Wirtschaft (*new apprenticeships*);
- die Schaffung eines „offenen Ausbildungsmarktes", einschließlich der Einbeziehung privater Anbieter (*open training market*);
- die Verbesserung der Zugangschancen zu beruflicher Bildung für unterrepräsentierte Bevölkerungsgruppen (*inclusion*);
- die Schaffung eines nationalen Qualitätssicherungssystems (AQTF).

Ein weiteres Kennzeichen der australischen „Berufsbildungsphilosophie" ist das Paradigma der „Kompetenzorientierung", das so genannte Competency-based Training (CBT). Als CBT wird demzufolge eine Form der Aus- oder Weiterbildung verstanden, die ausgewiesen wird als „performance- and standards-based and related to realistic workplace practices (...)". „It is focussed on what learners can do rather than on the courses they have done" (ANTA 1998: 10f.; vgl. auch DEIßINGER/HELLWIG 2005). Wir haben es somit unverkennbar mit einer „Ausbildungskultur" zu tun (HARRIS/ DEIßINGER 2003). Dennoch gibt es seit 1998 die so genannte new apprenticeships als vertraglich fixierte Ausbildungsprogramme, die sich an einer nationalen Qualifikation (z.B. einem Certificate III) und somit an einem dazugehörigen training package (einem outcome-basierten offenen Curriculum) orientieren. Deren Akkreditierung führt zur Einsortierung in den 11-stufigen Australian Qualifications Framework (AQF), der die allgemeinen, die beruflichen wie auch die tertiären Bildungswege umfasst. Betriebe können unterschiedliche Modelle einer alternierenden Ausbildung nutzen und hierbei staatliche (zumeist ein lokales TAFE College) oder private training providers als Partner heranziehen. Australien kann somit als Musterbeispiel für die Ausgestaltung individualisierten, flexiblen „kompetenzorientierten Lernens" bezeichnet werden (MISKO 1999). Gleichzeitig verfolgt das Land ein „Integrationskonzept", bei dem die Grenzen zwischen traditionell geschiedenen Subsystemen des Bildungswesens verschwimmen.

3. EQF und C-QUAF in der Europäischen Union

Analog bzw. präziser: Passgenau zur Konstruktion des kompetenzorientierten europäischen EQF (HANF/REIN 2007) zielt der C-QAF auf die Verbesserung und Evaluierung der Ergebnisse (*outcomes*) der Berufsbildung (Erhöhung der Beschäftigungsfähigkeit, verbesserte Abstimmung von Angebot und Nachfrage, Förderung des Zugangs zum lebenslangen Lernen). Parallelen zu Australien, natürlich ebenfalls zum Vereinigten Königreich sind hier kaum zu übersehen. In toto zielt diese Gesamtstrategie der EU auf die Steigerung der Wirksamkeit, der Transparenz und des gegenseitigen Vertrauens in die Berufsbildungssysteme, sowohl innerhalb einzelner Länder als auch zwischen den Ländern (vgl. BOHLINGER/MÜNK 2007). Leitende Prinzipien für diesen Prozess hat die Kommission im Konsultationsdokument zum EQF festgehalten (EC 2005: 26f. und 2006; TWG 2004).

Sieht man diese neuere Entwicklung der europäischen Debatte sozusagen im historischen Kontext, so fügt sich die Entwicklungsgeschichte europäischer Standards, des Qualifikationsrahmens und der Qualitätssicherungsinstrumente fast nahtlos in die Geschichte der europäischen Integrationspolitik auf dem Gebiet der beruflichen Bildung ein – vornehmlich vermutlich deshalb, weil die politischen Kernziele unverändert sind (Arbeitskräfte- und Bildungsmobilität; vgl. RAUNER 2006) –, einschließlich der damit verbundenen Ziele der Vergleichbarkeit und der Transparenz. Insoweit eröffnet die Forderung der Kommission nach „Standards, Klassifikation und Qualität" lediglich eine zusätzliche Dimension, keinesfalls aber deutet sich hier eine neue Grundorientierung europäischer Berufsbildungspolitik an. Neu ist allenfalls die größere Durchschlagskraft, welche diese Debatte angesichts dramatisch geänderter Umgebungsbedingungen der Berufsbildungssysteme vermutlich gewonnen hat (Globalisierung, Krisensymptome in einzelnen Berufsbildungssystemen, nicht zuletzt auch die stärkere Beachtung der internationalen Debatte, siehe Australien und Vereinigtes Königreich).

Die Debatte um Qualität in Berufsbildungssystemen hat außer den offenkundigen Gegenständen der Diskussion – Implementation von Bildungsstandards (vgl. FROMMBERGER 2005; PILZ 2005), von Leistungspunktesystemen (ECTS) sowie von Referenzrahmen, die u.a. erklärtermaßen auch das Ziel des Benchmarking im transnationalen Vergleich verfolgen – auch eine weniger deutlich formulierte steuerungspolitische Dimension: Bildungsstandards (von hoher Qualität; vgl. EULER 2005), Referenzrahmen, auch verfeinerte bildungsstatistische Instrumente des Vergleichs sind neben ihren Kernfunktionen letztlich auch Instrumente der Kontrolle und der Steuerung; das verdeutlicht bereits die an dem Bild der Steuerung angelehnte Metaphorik: Steuerung setzt erstens Beweglichkeit voraus, zweitens den Wunsch, diese Flexibilität zu nutzen und drittens ein klares Ziel, das angesteuert werden soll: Es sei in diesem Zusammenhang zumindest vorsichtig darauf verwiesen, dass derartige extrafunktionale Effekte der europäischen Qualitätsdebatte (wie die Debatte um den Europäischen und die nationalen Qualifikationsrahmen) auch dann wirken, wenn sie in der politischen Prosa ausgeschlossen werden – und zwar spätestens dann, wenn in vergleichenden Benchmarking-Prozessen Differenzen deutlich werden. DREXEL spricht in diesem Zusammenhang von einer „neoliberalen Reregulierung" (2006) und attestiert in ihrem Gutachten (2005) zahlreiche Bruchstellen und nicht intendierte Effekte für das Duale System und den Facharbeiter als dessen spezifischen Sozialtypus. RAUNER, GROLLMANN und SPÖTTL (2006: 322) gehen mit Blick auf die Spezifitäten der Systemarchitektur nationaler Berufsbildungssysteme sogar so weit, von einem „Lissabon-Kopenhagen-Dilemma" zu sprechen und meinen damit u.a., „dass die Instrumente eines europäischen Berufsbildungsraumes [...] der Entwicklung einer europäischen Berufsbildungsarchitektur zur Verbesserung der Wettbewerbsfähigkeit der europäischen Ökonomie im Wege stehen" – eine Einschätzung, die überdies auch von Teilen der Sozialpartner in Deutschland geteilt wird (vgl. KUDA/ STRAUß 2006).

Insoweit geht es auch bei CQAF als europapolitischem Steuerungsinstrument mit sehr spezifischen „handlungsleitenden Prinzipien" (FRANK 2006) um die Unterstützung der Mitgliedstaaten, außerdem zielt die politische Debatte auf die politisch zentrale Frage des Erfolgs bzw. des Misserfolgs europäischer und nationaler Politikstrategien. Dies wird begleitet und ergänzt durch die OMC als einem von der Kommission sogenanntem „softer policy-tool" (vgl. LENEY 2004), welches neben anderen Prinzipien auch das des „blaming and shaming" konkurrierender und unterschiedlich erfolgreicher Mitgliedstaaten mit einschließt (vgl. kritisch BOHLINGER/MÜNK 2007, CEDEFOP-REPORT). LAUTERBACH, der in seiner Analyse einen umfassenden Überblick über Ansätze der Indikatorenbildung zum Leistungsvergleich von Bildungssystemen aufbereitet (2006) und zu Recht die grundlegende Frage nach den Effekten dieser Anstrengungen aufwirft, verweist jedenfalls darauf, dass die bislang erreichte Qualität der Indikatorenbildung den erforderlichen Stand „noch nicht erreicht hat" (LAUTERBACH 2006: 316). Zuletzt sei daran erinnert, dass die Leistungsfähigkeit und die Reformfähigkeit, ebenso natürlich auch die politische Macht der Mitgliedstaaten gegenüber der Kommission, aber auch im Konzert der 27 durchaus unterschiedlich ist: Neben wenigen „policy-makers" überwiegt ganz offenkundig und insbesondere bei den neuen Mitgliedstaaten nach wie vor die Schar der „policy-takers".

Seine europaweite politische Durchschlagskraft gewinnt der Lissabon-Prozess samt Folgekonferenzen insbesondere dadurch, dass er keineswegs einen mehr oder weniger isolierten Gegenstand der Forschung darstellt, sondern vielmehr zahlreiche Querverbindungen zu fast allen berufspädagogisch relevanten Forschungsfeldern aufweist, und zudem eng angebunden ist an die neueren berufsbildungspolitischen Reformdebatten.

4. Implikationen für die deutsche Entwicklung

Angesichts der internationalen Dimension, wie sie am Beispiel Australien verdeutlicht werden kann, angesichts europäischer Beispiele bzw. Vorbilder, die den Protagonisten des deutschen Berufsbildungssystems seit Jahren präsentiert werden, und auch angesichts der berufsbildungspolitischen Diskussion in Europa zeichnen sich für Deutschland zahlreiche Konfliktpotenziale auf makrostruktureller sowie auf didaktischer Ebene ab:

Makrostrukturell sind dies

- der Aspekt der offenen Beziehung zwischen (faktisch nicht vorhandener) Konvergenz und (politisch gewollter) Konkurrenz von Berufsbildungssystemen;
- die Widersprüchlichkeit zwischen dem Ausschluss einer supranationalen Steuerung der nationalen Berufsbildungssysteme und dem Anpassungsdruck , der sich sowohl aus dem „Bologna-Prozess" als auch aus dem „Lissabon-Kopenhagen-Prozess" ergibt;
- die Parallelität globaler (bspw. Jugendarbeitslosigkeit) und partikularer berufsbildungspolitsicher Problemlagen (bspw. Strukturprobleme der neuen Bundesländer);
- die Problematik, die sich aus einer mangelnden Berücksichtigung kulturspezifischer Besonderheiten und Mentalitäten im Zusammenhang mit Berufsbildungspolitik ergibt.

Weitere Konfliktlinien betreffen die didaktische Ebene (Mikrostrukturen der beruflichen Bildung und somit die Frage der Lernprozessgestaltung):

- die Beziehung von Input- vs. Outputsteuerung von Lernprozessen;

- die offene Frage, ob Zeugnisse oder Lernergebnisse als Referenzgrößen für die Vergleichbarkeit im Rahmen des EQF herangezogen werden sollten;
- das Spannungsfeld zwischen der Idee von Ganzheitlichkeit und jener einer Partikularisierung (Modularisierung) von Qualifikationsprofilen;
- die Frage nach dem Zeitpunkt und den Formen des Assessment, über die Kompetenzen oder Kompetenzbündel Qualifikationen zugeordnet werden sollen;
- die Frage der Relationierung von formellen und informellen Lernprozessen.

Bislang scheint offen, ob die Prinzipien, die dem Kompetenzansatz angelsächsischer Prägung und seiner Überführung in einen Qualifikationsrahmen zugrunde liegen, in einem europäischen Transparenzinstrument tatsächlich berücksichtigt werden sollen bzw. können. Zudem ist ungeklärt, wie viele Niveaus der EQF tatsächlich umfassen soll (die EU schlägt acht vor), wie viele Niveaus die jeweiligen NQFs kennzeichnen und welche Zuordnungsinhalte herangezogen werden sollen. Sollen stringent nur Kompetenzen oder auch formale Qualifikationsniveaus, Bildungswege oder gar Lernorte abgebildet werden? Hierzu gibt es unterschiedliche Auffassungen zwischen der EU-Kommission und nationalen Akteuren auf deutscher Seite, wie bspw. dem Kuratorium der Deutschen Wirtschaft für Berufsbildung, das eine Vermengung von Input- und Outcome-Orientierung ablehnt (BRUNNER/ ESSER/KLOAS 2006). Des Weiteren divergieren zwischen den einzelnen Ländern nicht nur die Affinität für oder gegen einen eng gefassten Kompetenzbegriff, sondern auch die didaktischen Überlegungen zur Integration fachlicher Kompetenzen und „Schlüsselqualifikationen" bzw. „soft skills". Auch in diesem Zusammenhang ist in der deutschen Berufsbildungslandschaft mit dem Konstrukt der beruflichen Handlungskompetenz nicht nur ein Referenzpunkt für Ganzheitlichkeit, Problemorientierung sowie didaktische Reliabilität definiert, sondern es geht auch hier um das Berufsprinzip (DEIßINGER 1998). Letzteres scheint bei den berufsbildungspolitischen Akteuren keinesfalls aus der Mode gekommen zu sein: So müsse insbesondere die „Ganzheitlichkeit von Qualifikationen (...) gewahrt [werden]" und deren Atomisierung dürfe nicht gefördert werden. „Das Berufsprinzip darf nicht in Frage gestellt werden" (BRUNNER/ESSER/KLOAS 2006: 16).

Damit sind die „Hindernisse" benannt, die den deutschen Weg in Richtung EQF mühsam erscheinen lassen:

- die scharfe Trennung von Bildungswegen und Bildungsbereichen;

- die zentrale Bedeutung der dualen Berufsausbildung in Relation zu alternativen Wegen der Qualifizierung wie auch in Relation zur formellen Weiterbildung;
- die zentrale Bedeutung von auf das Berufsprinzip gestützten „Signalzuschreibungen" (Baethge), die Ausbildungswege und -abschlüsse auf dem Arbeitsmarkt erfahren;
- die ebenfalls auf das Berufsprinzip rekurrierende Betonung der institutionellen und curricularen Normierung der Berufsausbildung.

Damit erfolgt keine inhaltliche Wertung über Sinn oder Unsinn der europäischen Berufsbildungsstrategie. Es dürfte jedoch klar sein, dass eine Vereinheitlichung der nationalen Qualifikationssysteme nicht kulturunspezifisch und in Absehung nationaler Spezifika der Wechselwirkungen von schulischer Bildung, Berufsbildung, Hochschulen und Arbeitsmarkt zu realisieren sein wird. Ein unreflektiertes Überstülpen wie im Falle des „Bologna-Prozesses" sollte nach Möglichkeit vermieden werden.

Literatur

Australian National Training Authority (1998). Updated Guidelines for Training Package Developers: Australia's National Training Framework. Melbourne (ANTA).

Bohlinger, S. & Münk, D. (2007). Konvergenz oder Divergenz als Folge europäischer Integrationsbestrebungen? In: Münk, D. &Weiß, R. (Hrsg.): Qualität in der beruflichen Bildung – Forschungsergebnisse und Desiderata. AG BFN-Workshop 26. u. 27. Feb. 2007 in Bonn. Bielefeld.

Bohlinger, S. & Münk, D. (2007/CEDEFOP-Report). Impact of European Strategies and Priorities. In: Descy, P. & Tessaring; M. (Eds.): Modernising vocational education and training. Fourth report on vocational training research in Europe: background report. Luxembourg: EUR-OP. (Cedefop reference series). (to be published)

Brunner, S.; Esser, F.H. & Kloas, P.-W. (2006). Der Europäische Qualifikationsrahmen – Bewertung durch die Spitzenverbände der deutschen Wirtschaft. In: Berufsbildung in Wissenschaft und Praxis. Band 35. Jg., H. 2, 14-17.

Deißinger, Th. (1998). Beruflichkeit als „organisierendes Prinzip" der deutschen Berufsausbildung, Markt Schwaben.

Deißinger, Th. (2004). Der Übergang von der Schule in die Arbeitswelt und die Vision eines 'open training market': australische Erfahrungen und Entwicklungen. In: Münk, D. (Hrsg.): Perspektiven der beruflichen Bildung und der Berufsbildungspolitik im europäischen und internationalen Kontext (13. Hochschultage Berufliche Bildung, Darmstadt). Bielefeld, 13-31.

Deißinger, Th. & Hellwig, S. (2005). Structures and Functions of Competence-based Education and Training (CBET): A Comparative Perspective (Beiträge aus der Praxis der beruflichen Bildung, Nr. 14), ed. by InWEnt (Internationale Weiterbildung und Entwicklung gGmbH/Capacity Building International, Germany), Mannheim.

Drexel, I. (2005). Das Duale System und Europa. Ein Gutachten im Auftrag von VER.DI und IG-Metall. Bonn.

Drexel, I. (2006). Europäische Berufsbildungspolitik: Deregulierung, neoliberale Reregulierung und die Folgen – für Alternativen zu EQR und ECVET. In: Grollmann, P.; Spöttl, G. & Rauner, F. (Hrsg.): Europäisierung beruflicher Bildung – eine Gestaltungsaufgabe. Hamburg, 13-34.

EC - European Commission (2005). Towards a European Qualifications Framework for Lifelong Learning, Commission Staff Working Document. SEC 957. Brussels.

EC - European Commission (2006). Implementing the Community Lisbon Programme. Proposal for a recommendation of the European Parliament and the council on the establishment of the European Qualifications Framework for lifelong learning. COM (2006) 479 final. Brussels.

Euler, D. (2005). Qualitätsentwicklung in der Berufsausbildung. Materialien zur Bildungsplanung und zur Forschungsförderung der BLK. Bonn.

Fahle, K. & Thiele, P. (2003). Der Brügge-Kopenhagen-Prozess – Beginn der Umsetzung der Ziele von Lissabon in der beruflichen Bildung. In: Berufsbildung in Wissenschaft und Praxis. 32. Jg., H. 4, 9-12.

Frank, I. (2006). Gemeinsamer europäischer Bezugsrahmen für die Qualitätssicherung in der beruflichen Bildung – Common Quality Assurance Framweork – CQUAF. In: Eckert, M. & Zöller, A.: Der europäische Berufsbildungsraum – Beiträge der Berufsbildungsforschung. Bielefeld, 189-197.

Frommberger, D. (2005). Zur Formierung nationaler beruflicher Ausbildungsstandards im europäischen Vergleich. In: Grollmann, P.; Kruse, W. & Rauner, F. (Hrsg.): Europäisierung beruflicher Bildung. Münster, 79-104.

Hanf, G./Rein, V. (2007). Europäischer und Deutscher Qualifikationsrahmen – eine Herausforderung für Berufsbildung und Bildungspolitik. In: Berufsbildung in Wissenschaft und Praxis, 36. Jg., 7-12.

Harris, R. (2001). Training Reform in Australia – implications of a shift from a supply to a demand-driven VET system. In: Deißinger, Th. (Hrsg.): Berufliche Bildung zwischen nationaler Tradition und globaler Entwicklung. Beiträge zur vergleichenden Berufsbildungsforschung. Baden-Baden, 231-254.

Harris, R. & Deißinger, Th. (2003). Learning Cultures for Apprenticeships: a compareson of Germany and Australia. In: Searle, J.; Yashin-Shaw, I. & Roebuck, D. (Eds.): Enriching Learning Cultures. Proceedings of the 11th Annual International Conference on Post-compulsory Education and Training, Volume Two. Brisbane (Australian Academic Press), 23-33.

Hellwig, S. (2006). Competency-based Training: different perceptions in Australia and Germany, in: Australian Journal of Adult Learning, Vol. 46, No. 1, 51-73.

Kuda, E. & Strauß, J. (2006): Europäischer Qualifikationsrahmen – Chancen oder Risiken für Arbeitnehmer und ihre berufliche Bildung in Deutschland? In: WSI-Mitteilungen, 11. Jg., 630-637.

Lauterbach, U. (2006). Über die Schwierigkeiten, den Fortschritt europäischer Berufsbildungssysteme zu evaluieren: Indikatoren im Bildungswesen. In: Grollmann, P.; Spöttl, G.& Rauner, F. (Hrsg.): Europäisierung beruflicher Bildung – eine Gestaltungsaufgabe. Hamburg, 289-320.

Leney, T. et al. (2004). Achieving the Lisbon Goal: The contribution of VET. Final report to the European Commission. Brussels.

Misko, J. (1999). Competency-based Training. Leabrook (NCVER).

Münk, D. (2005). Europäische Bildungsräume – Deutsche Bildungsträume? In: Berufsbildung. Zeitschrift für Praxis und Theorie in Betrieb und Schule, 59. Jg., Nr. 96, 2-6.

Pilz, M. (2005). Standards in der beruflichen Bildung im Kontext einer EU-Berufsbildungspolitik: Geltungsbereiche und Ausprägungsformen. In: Grollmann, P.; Kruse, W. & Rauner, F. (Hrsg.): Europäisierung beruflicher Bildung – eine Gestaltungsaufgabe. Hamburg, 105-126.

Rauner, F.; Grollmann, P. & Spöttl, G. (2006). Den Kopenhagen-Prozess vom Kopf auf die Füße stellen. In: Grollmann, P.; Spöttl, G. & Rauner, F. (Hrsg.): Europäisierung beruflicher Bildung – eine Gestaltungsaufgabe. Hamburg, 321-331.

Rauner, F. (2006). Europäische Berufsbildung – eine Voraussetzung für die im EU-Recht verbriefte Freizügigkeit der Beschäftigten. In: Grollmann, P.; Spöttl, G.& Rauner, F. (Hrsg.): Europäisierung beruflicher Bildung – eine Gestaltungsaufgabe. Hamburg, 35-52.

Smith, E. & Keating, J. (2003). From Training Reform to Training Packages. Tuggerah, NSW (Social Science Press).

TWG – Technical Working Group „Quality in VET" (2004). Fundamentals of a Common Quality Assurance Framework (CQAF) for VET in Europe. European Commission. DGAC, June 24th. Brussels.

Winterton, J. (2005). From Bologna to Copenhagen: Process towards a European credit transfer system for VET. In: International Journal of Training Research. Vol. 3, No. 2, 47-64.

Strukturen der IT-Aus- und Weiterbildung im internationalen Vergleich

Matthias Rohs, Thomas Schröder

1. Informationstechnologie zwischen Weltsprache und Wettbewerb

Die IT-Branche liefert die technische Grundlage für eine zunehmend vernetzte Welt, in der nationale Grenzen kaum eine Rolle spielen. Sie schafft eine „Weltsprache", die alle Lebens- und Arbeitsbereiche durchdringt und miteinander vernetzt und mit dem Internet eine Plattform, die eine globale und zeitgleiche Kommunikation ermöglicht. Als Folge dieser Entwicklung wurde das „Global Village" (McLuhan) propagiert; die virtuelle Kondensation transkontinentaler Reisezeit auf die Dauer eines Tastenklicks. Nationale und kulturelle Grenzen lösen sich in diesem Rahmen weitgehend auf. Die Welt rückt näher zusammen.

Die Teilhabe an dieser technologischen Entwicklung steht jedoch nicht jedem offen. Bei differenzierter Betrachtung zeigt sich, dass längst nicht die ganze Welt vernetzt ist und dass die Verbreitung in den einzelnen Ländern stark variiert (*digital devide*). Während in den USA, Europa, Japan und Australien über 35 Prozent der Bevölkerung das Internet nutzen, sind es in weiten Teilen Afrikas unter 2 Prozent (vgl. Abb. 1). Dies ist nicht allein auf die Verbreitung der technologischen Voraussetzungen zurückzuführen, sondern auch auf die entsprechende Fähigkeit zur Nutzung.

Dabei kommt der Informationstechnologie in den einzelnen Volkswirtschaften, aber auch im globalen Wettbewerb zunehmend eine Schlüsselstellung zu. Um es am Beispiel von Deutschland zu verdeutlichen: Mit einem Anteil von 6,2 Prozent am Bruttoinlandsprodukt bewegt sich die IT-Branche in Deutschland auf dem Niveau der Auto- und Chemieindustrie. Dennoch liegt Deutschland dem Branchenverband BITKOM zufolge in wichtigen Bereichen der Informationstechnologie im internationalen Vergleich zurück. Die Ursachen dafür werden unter anderem im Bildungsbereich gesehen – von der allgemein bildenden Schule bis hin zur Berufsausbildung. Während in Deutschland nur 8 PCs auf 100 Schüler kommen, sind es laut PISA-Studie in den USA 30. Gleichzeitig sanken die Zahlen für Studienanfänger in den informatikrelevanten Studienfächern und in den IT-Ausbildungsberufen in den letzten Jahren deutlich (vgl. Abb. 2).

Abb. 1: Internetnutzung weltweit

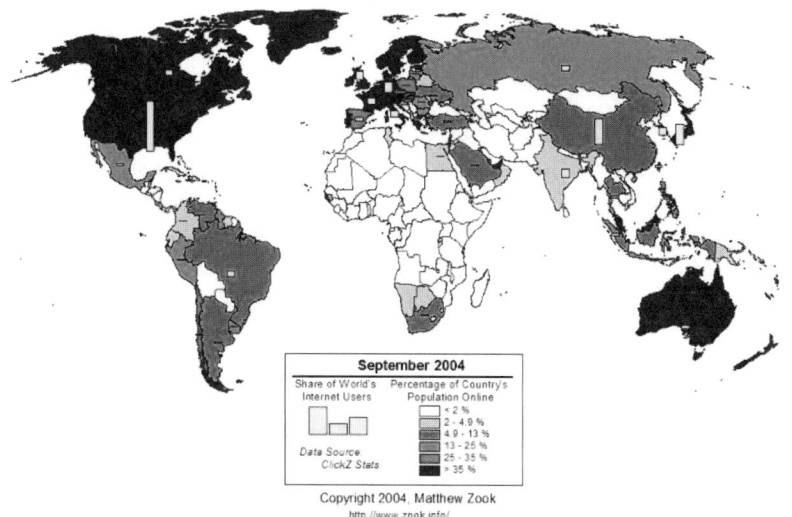

Abb. 2: Absolventenzahlen in der IT-Ausbildung

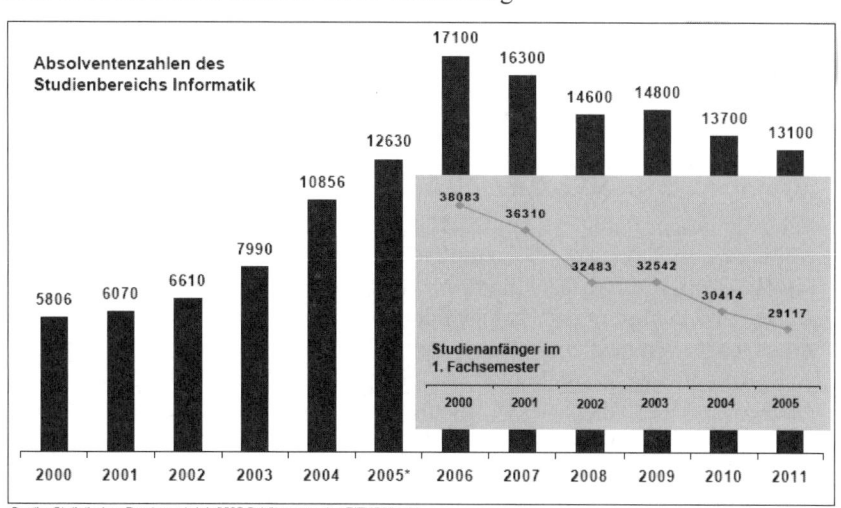

Angesichts dieser Situation wird in Deutschland bereits vor einem neuen Fachkräftemangel gewarnt. Diese Situation erinnert an den Boom der IT-Branche und dem folgenden Fachkräftemangel zur Jahrtausendwende. Die Einführung der IT-Ausbildungsberufe und die Entwicklung des IT-Weiterbildungssystems waren unmittelbare Konsequenzen daraus. Der Wettbewerb um qualifiziertes Personal ist aber nicht nur ein Wettbewerb der nationalen Bildungssysteme. Er wird international geführt, da sich der Bedarf an qualifizierten Fachkräften nach Einschätzung der Branche nicht allein aus dem „Reservoir des eigenen Bildungssystems decken" lässt (BITKOM).

Diese Internationalisierung von Bildung und Beschäftigung erfordert aber eine Vergleichbarkeit von Qualifikationen. Dabei handelt es sich um eine Debatte, die im europäischen Rahmen seit Jahren die Bildungspolitik prägt. Die IT-Aus- und Weiterbildung kann in diesem Kontext eine besondere Stellung einnehmen, da sie schon aufgrund ihrer Produkte auf eine weltweite Harmonisierung angewiesen ist.

2. IT-Aus und Weiterbildung in Europa, Asien und Afrika

In der Gegenüberstellung von nationalen Modellen der IT-Aus- und Weiterbildung aus Europa, Asien und Afrika zeigen sich sowohl Gemeinsamkeiten als auch Unterschiede, die an jeweils einem Beispiel exemplarisch dargestellt werden.

IT-Aus- und Weiterbildung in Deutschland

Keine Branche ist so kurzen Innovationszyklen ausgesetzt, wie die IT-Branche. Eine enge konzeptionelle Verzahnung der Aus- und Weiterbildung stellt daher in diesem Bereich eine unerlässliche Voraussetzung für die Qualität beruflicher Bildung dar. Die Entwicklung des IT-Weiterbildungssystems (BMBF 2002) muss daher nicht nur als wichtige, sondern als notwendige Folge der Einführung der IT-Ausbildungsberufe gesehen werden. Die Anforderungen, die in beiden Bereichen an die Gestaltung beruflicher Bildung gestellt werden, machen sie zu Innovationsfeldern, in denen Erfolge und Rückschläge eng beieinander liegen. Dennoch kann die Einführung der IT-Ausbildungsberufe in weiten Teilen als Erfolgsgeschichte bewerten werden. Die Berufsabschlüsse haben sich mit unterschiedlicher Gewichtung am Markt durchgesetzt, wobei über die Hälfte der abgeschlossenen Ausbildungsverträge allein auf den Fachinformatiker fallen.

Die Bandbreite der fünf Ausbildungsberufe, von der kaufmännischen bis zur technischen Schwerpunktsetzung, ist so auch in der Hochschulausbildung und in der Weiterbildung zu finden. Darüber hinaus gibt es an den Universitäten und (Fach)Hochschulen zahlreiche so genannte Bindestrich-Studiengänge, wie Umwelt- oder Medizininformatik, die die zunehmende Spezialisierung in diesem Bereich verdeutlichen.

Die Einführung des IT-Weiterbildungssystems hatte neben dem Fachkräftemangel vor allem den Hintergrund eine Orientierung in den mehr als 300 Weiterbildungsabschlüssen am Markt zu ermöglichen und eine stärker betriebsbezogene Weiterbildung als Alternative zum Hochschulstudium zu schaffen.

Die so entwickelten 35 Fortbildungsabschlüsse auf drei Ebenen (Spezialisten, operative und strategische Professionals) haben sich bis heute jedoch nicht am Markt durchsetzen können. Angesichts der vorliegenden Zahlen (2003 bis 2005) kann davon ausgegangen werden, dass aktuell nicht mehr als 1000 Teilnehmer einen entsprechenden Abschluss anstreben oder bereits erreicht haben[1]. Die Ursachen dafür sind auf verschiedenen Gebieten zu suchen. Von besonderer Bedeutung dürfte vor allem der geringe Bekanntheitsgrad des Systems sein.

Abb. 3: Das IT-Weiterbildungssystem

1   Quelle: Projekt Kibnet: http://kibnet.org/aktuell/itk-marktdaten/index.html (29.03.2007)

Dabei sind mit dem System eine ganze Reihe innovativer Ansätze in der beruflichen Weiterbildung umgesetzt worden. So wurde neben einer umfangreichen prozessorientierten Beschreibung der einzelnen Fortbildungsabschlüsse eine arbeitsprozessorientierte Weiterbildung (APO) entwickelt und erprobt, eine Verzahnung mit Hochschulabschlüssen angelegt, und die Verbindung öffentlich-rechtlicher und privatwirtschaftlich zertifizierter Abschlüsse realisiert (vgl. Rohs 2004).

IT-Aus- und Weiterbildung in Japan

Die IT-Aus- und Weiterbildung in Japan stellen sich im Vergleich zum deutschen System grundlegend anders dar. Traditionell liegt die Berufsausbildung hier in der Hand der Unternehmen. Der Zugang dazu erfolgt über den Abschluss an einer angesehenen Universität, worauf schon vom Kindergarten an hingearbeitet wird. So ist es teilweise auch noch üblich, dass der Berufsabschluss für die Einstellung einer (zukünftigen) IT-Fachkraft vollkommen irrelevant war und Berufserfahrungen eher negativ gewertet wurden. Dieses Vorgehen ist nur vor dem Hintergrund der lebenslangen Anstellung im Unternehmen erklärbar.

Diese Situation verändert sich momentan grundlegend und die IT-Branche kann als ein Vorreiter dafür gesehen werden. Der Fachkräftemangel führt auch hier dazu, dass erfahrene IT-Fachkräfte über Personalleasing-Agenturen in großen Unternehmen beschäftigt werden. Die Situation in den kleinen IT-Firmen ist mit deutschen Verhältnissen vergleichbar, auch wenn Abschlüsse hier, wenn überhaupt, vor allem in Form von Industriezertifikaten eine Rolle spielen. Die Bedeutung der IT-Branche ist der japanischen Regierung durchaus bewusst. So wurden Milliarden in den Aufbau der technologischen Infrastruktur und in die IT-Ausbildung investiert Das Bild einer technikverliebten und bis in den kleinsten Winkel mit Computern ausgestatteten Nation kann jedoch nur bedingt bestätigt werden. Vor allem die Nutzung der japanischen Schriftsprache am PC als auch die Platzprobleme bei der Aufstellung von Computern im Wohnbereich zeigten sich lange als großes Hindernis bei der Verbreitung von Computern (vgl. Rohs 2003). Vor diesem Hintergrund wurde 2002 von der IPA (Information-Technology Promotion Agency) ein Framework für IT Skill Standards entwickelt (vgl. Abb. 04). Es orientiert sich sehr stark am Modell der britischen SFIA-Foundation (Skills Framework for die Information Age)[2] und nimmt auch Bezug zu den Skill Standards for Information Technology des amerikanischen National Workforce Center for Emerging Technologies (NWCET)[3].

---

2   http://www.sfia.org.uk/
3   http://www.nwcet.org/

Abb. 4: Skill Standards for IT Professionals (IPA)[4]

Job career	Marketing		Sales				Consultant		IT Architect				Project Management		IT Specialist							Application Specialist	Software Development	Customer Service		IT Service Management			Education
Specialty	Marketing management	Market communication	Sales channel strategy	Consulting sales by visiting customers	Product sales by visiting customers	Media-based sales	BT (Business Transformation)	IT	Package application	Application architecture	Integration Architect	Infrastructure architecture	System development	IT outsourcing	Network services	Software product development	Platform	System management	Database	Network	Distributed Computing	Security	Application systems	Application packages	Basic Software	Middleware	Application software	Hardware	Software	Facility management	Operating management	System management	Operation	Service desk	Planning the training	Instructions

	Level 7
High Level	Level 6
	Level 5
Middle Level	Level 4
	Level 3
Entry Level	Level 2
	Level 1

Das japanische System unterscheidet 38 Profile (sub-categories) und hat damit einen ähnlichen Umfang wie das deutsche IT-Weiterbildungssystem. Im Gegensatz dazu werden jedoch 7 Qualifikationsebenen unterschieden, die von den einzelnen Profilen aber nicht vollständig abgedeckt werden. Diese Unterschiede sind zum einen darauf zurückzuführen, dass mit dem System auch die Ausbildung abgedeckt wird. Zum anderen zeigte sich auch in der Auseinandersetzung mit dem deutschen IT-Weiterbildungssystem, dass die auf der Ebene der Spezialisten definierten Profile sich auf unterschiedlichen Qualifikationsebenen bewegen, so dass die im japanischen System formal definierten Level im deutschen System mitunter informell existieren.

Das Eingangs-Level (Level 1+2) ist definiert für Berufsanfänger, die noch keine Qualifikationen in dem spezifischen Feld haben. Auf der mittleren Ebene (Level 3+4) sind Kompetenzen vorhanden, um in leitender Funktion den Anforderungen im spezialisierten Arbeitsbereich gerecht zu werden. Mitarbeiter auf obersten Ebene (Level 5-7) übernehmen schließlich Führungsaufgaben für Technologie- bzw. Unternehmensbereiche, sie planen die strategische Entwicklung und sind für die Entwicklung von Produkten und Dienst-

---

4   http://www.ipa.go.jp/english/humandev/second.html

leistungen verantwortlich. Damit bewegt sich die mittlere Ebene im Vergleich zum deutschen System zwischen Spezialisten und operativen Professionals, während der High Level mit den strategischen Professionals zu vergleichen ist. Strukturell zeigen sich somit sehr viele Übereinstimmungen zum deutschen System.

IT-Aus und Weiterbildung in Äthiopien

Der Wettbewerb auf dem Gebiet der Bildungssysteme im IT-Bereich findet unter sehr unterschiedlichen Bedingungen und Voraussetzungen statt. Wie bereits eingangs erwähnt, gibt es auch Regionen, in denen die Informationstechnologie oder das Internet bisher keine oder eine geringe Rolle spielen. Dies trifft in besonderem Maße auf die Mehrzahl der afrikanischen Länder zu. Allerdings ist es für die wirtschaftliche Entwicklung dieser Länder von enormer Wichtigkeit in diesem Segment Kompetenzen aufzubauen und zu erweitern, um in diesem für die zukünftige Entwicklung so entscheidenden Bereich gegenüber den Industrienationen nicht noch mehr an Boden zu verlieren. Dies wird auch von den politischen Entscheidern erkannt.

Ein typisches Beispiel dafür ist Äthiopien, das einerseits durch große Armut, aber andererseits auch durch vergleichsweise stabile politische Verhältnisse gekennzeichnet ist. So ist Äthiopien auch für große Unternehmen der Telekommunikationsbranche zu einem zentralen Standort geworden, an dem Personal für das Land und den Kontinent an modernen Anlagen geschult wird. Telekommunikation und Infomationstechnologie wachsen dabei zunehmend zusammen, weshalb auch für die Ethiopian Telecom, als größten Arbeitgeber in diesem Bereich, die IT-Ausbildung von großer Bedeutung ist.

Im Rahmen des Engineering Capacity Building Program (ECBP) des Ministry of Capacity Building in Addis Abeba wurde daher auch die Strukturierung und Neuausrichtung der Ausbildung im Bereich der Informations- und Telekommunikationsbrachen beschlossen und in Zusammenarbeit mit IT-Unternehmen vor Ort und deutschen Berufsbildungsexperten der Gesellschaft für Technische Zusammenarbeit (GTZ) erarbeitet. Dabei spielten sowohl die spezifischen Strukturen der Berufsbildung vor Ort, der Bedarf der Wirtschaft als auch die internationale Anschlussfähigkeit der Abschlüsse eine Rolle.

Als Ergebnis wurde ein System entwickelt, dass neben der klassischen Unterteilung in Infrastruktur/Hardware und Software drei weitere Karrierewege ausweist. Dazu gehört zum einen der Bereich Sales, wo ein hoher Bedarf an umfassend qualifizierten Mitarbeitern vorhanden ist, als auch der Bereich Human Ressource Development und Maintenance (Wartung und Pflege). Wartungs- und Instandhaltungsaufgaben besitzen, dies ist soziokulturell begründet, kein hohes soziales Ansehen, weshalb diese Tätigkeiten durch spezielle Profile aufgewertet werden sollen. In ähnlicher Weise soll auch das Profil des ICT-Trainers eine Aufwertung erhalten, um hoch qualifiziertes Personal für diesen Bereich auszubilden und im Land halten zu können.

Die unten abgebildete Occupational Map für den ICT-Sector (Abb. 05) umfasst neben der Fortbildung auch die Ausbildung, weshalb insgesamt 4 Level unterschieden werden. Aufgrund des relativ geringen Entwicklungsstands der IT-Branche in Äthiopien wurde im Unterschied zum deutschen IT-Weiterbildungssystem auf viele Spezialisierungen verzichtet.

Abb. 5: Modell zur IT-Aus- und Weiterbildung in Äthiopien

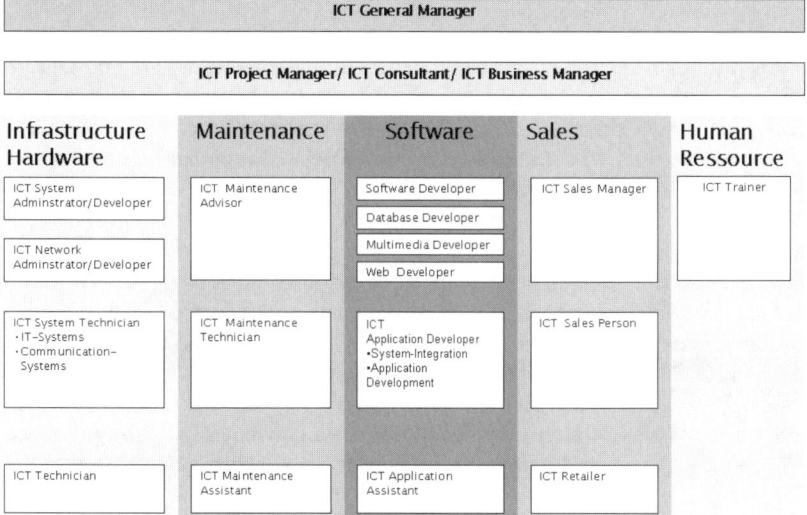

Das dargestellte System nimmt darüber hinaus eine technologische Entwicklung vorweg, die sich in Äthiopien bereits abzuzeichnen beginnt: Aufgrund der vorhandenen Infrastruktur gibt es in der Regel noch eine weitgehende Trennung zwischen Telekommunikation- und Informationstechnologie. Diese Bereiche werden aber auch nach einheitlicher Aussage der betrieblichen Experten in nächster Zukunft auch in Äthiopien zusammenwachsen. Da die Umsetzung und Etablierung eines neuen Berufsbildungssystems einige Jahre in Anspruch nimmt, ist es sinnvoll, diese beginnende technologische Entwicklung in die Gestaltung der Occupational Map, als eine Basis für die Entwicklung einheitlicher Aus- und Weiterbildungsprogramme, einzubeziehen (vgl. Diettrich, Rohs & Schröder 2006).

3. Internationale Harmonisierung der IT-Aus- und Weiterbildung

Vor dem Hintergrund der Schaffung eines europäischen Wirtschaftsraumes wird von der Europäischen Kommission auch die Vergleichbarkeit von Lern- und Ausbildungsergebnissen gefordert, um eine Grundlage für die Anerkennung von Qualifikationen zu schaffen. Zentrales Element soll hier die Einrichtung eines „Europäischen Bezugsrahmens für Qualifikationen" sein (Kommission der EU 2003), d.h. „die Schaffung eines europäischen Übersetzungssystems für das Niveau von Qualifikationen und die zu ihnen hinführenden Bildungsgänge" (EQF) (BIBB 2005).

Da es sich in Europa nicht abzeichnet, das ein nationales oder supranationales Aus- und Weiterbildungssystem perspektivisch eine Vorreiterrolle einnehmen wird, ist es für die Branche bedeutsam, die Transparenz und Durchlässigkeit zwischen bestehenden Konzepten zu gewährleisten, z.B. durch das Instrument eines sektoralen Qualifikationsrahmens wie dem derzeit entstehenden „European ICT Skills Meta-Framework" (European Committee for Standardization 2006).

Ähnliche Bemühungen zur regionalen und interkontinentalen Anerkennung und Standardisierung von Bildungsabschlüssen sind auch in den USA und im asiatischen Raum auszumachen, wenn auch entsprechende Vorhaben im Gegensatz zu den europäischen Initiativen kaum Konturen haben.

Grundsätzlich existiert jedoch hinsichtlich der inter- und intrakontinentalen Vergleichbarkeit von IT-Aus- und Weiterbildungssystemen ein Spannungsfeld zwischen der Berücksichtigung nationaler Identitäten, Kulturen und Entwicklungsständen und den Anforderungen einer global agierenden Branche. Dennoch sind gerade aufgrund der technischen Standards und der Verbreitung der Informationstechnologie besonders gute Voraussetzungen dafür gegeben. So haben im Vergleich zu nationalen und transnationalen Bemühungen um eine Vergleichbarkeit und Standardisierung von Abschlüssen im IT-Bereich Herstellerzertifikate eine weltweite Verbreitung und Anerkennung erfahren. Aufgrund ihrer Zielrichtung stellen sie für sich genommen jedoch nur eine sehr eingeschränkte Basis für die berufliche Handlungsfähigkeit dar. Ihre Einbindung in nationale Aus- und Fortbildungsabschlüsse könnte sich daher positiv auf die Anerkennung (nationaler), als auch auf die Qualität (herstellerbezogener) Abschlüsse auswirken. Entsprechende Erfahrungen in der Umsetzung des deutschen IT-Weiterbildungsytems werden dazu eine erste Orientierung bieten.

Die Anstrengungen um eine internationale Vergleichbarkeit von IT-Abschlüssen dürfen jedoch nicht von den Bemühungen um ein qualitativ hochwertiges nationales Qualifizierungssystem ablenken. Wie sich in der Vergangenheit gezeigt hat, ist die Mobilität auch in dieser Branche nur bedingt gegeben, so dass die Investition in ein leistungsfähiges Bildungssystem die beste Voraussetzung ist, um dem kommenden Fachkräftemangel zu begegnen. Dies bedeutet auch, neben den Abschlüssen verstärkt auf die methodisch-didaktische Seite der Aus- und Weiterbildung zu schauen.

Literatur

BIBB (2005): Der europäische Qualifikationsrahmen – Konsultationsprozess läuft. http://www.bibb.de/de/print/21696.htm; (05.10.2005).

BMBF – Bundesministerium für Bildung und Forschung (2002).

Diettrich A./Kohl, M.: IT-Weiterbildungskonzepte im Kontext der europäischen Berufsbildungspolitik. Jena 2005.

Diettrich, A., Rohs, M. & Schröder, T. (2006). Weiterbildung im IT-Sektor – internationale Ansätze, Systemvergleiche und Perspektiven, In BWP – Berufsbildung in Wissenschaft und Praxis, Heft 5, S. 17-22.

EITO (2006): ICT markets, http://www.eito.org/ (11.07.2006).

European Committee for Standardization (Hrsg.) (2006): European ICT Skills Meta-Framework. ftp:///ftp.cenorm.be/PUBLIC/CWAs/e-Europe/ICT-Skill/CWA15515-00-2006-Feb. pdf (10.05.2006).

Hillesheim, S. (2002): Japan FY 2002 – Forschung und Entwicklung – IuK-Programme. http://www.iid.de/_media/JapanFuE2002.pdf (11.07.2006).

Kommission der EU (2003): Mitteilung der Kommission: "Allgemeine und berufliche Bildung 2010". http://www.europa.eu.int/eur-lex/de/com/cnc/2003/com2003_0685de01.pdf; (19.11.2004).

Rohs, M. (2003): Im Spagat kann man nicht laufen: Ein Erfahrungsbericht zur IT-Aus- und Weiterbildung in Japan. Japan aktuell, Heft 4, S. 358-365.

Rohs, M. (2004): Der didaktisch-methodische Ansatz der Arbeitsprozessorientierten Weiterbildung in der IT-Branche. Zeitschrift für Berufs- und Wirtschaftspädagogik, Beiheft 18, Innovationen und Tendenzen der betrieblichen Berufsbildung, 187-198.

Herausforderungen für die Impactforschung. Neuere Befunde über die Wirksamkeit von beschäftigungsfördernden Maßnahmen im internationalen Vergleich

Sandra Bohlinger, Marcel Walter

Im Zentrum des Beitrags steht die Auswertung neuerer Studien über aktive beschäftigungsfördernde Maßnahmen (active labour market policies – ALMP) in europäischen Ländern. Diese werden im Hinblick auf ihre Impacts – vornehmlich im Sinne der (Re)Integration in den Arbeitsmarkt – für unterschiedliche Zielgruppen untersucht und Konsequenzen für die Gestaltung von entsprechenden Maßnahmen abgeleitet.

1. Kontext und Herausforderungen

Globalisierungs- und Wettbewerbsdruck führen zu Veränderungen am Arbeitsmarkt, die sich u.a. in der verstärkten Förderung von beruflicher Bildung sowie einer Erhöhung des Humankapitals äußern, um die Bedarfe des europäischen und der nationalen Arbeitsmärkte zu decken.

Diese Situation wird zudem von demographischen Veränderungen beeinflusst: Das Durchschnittsalter der EU-Bevölkerung steigt ebenso wie das Durchschnittsalter der Arbeitnehmenden[1]. Gleichzeitig geht die Zahl der 15- bis 54-Jährigen bis 2030 um 33,6 Millionen zurück, während sich die Zahl der erwerbsfähigen Personen zwischen 55 und 64 Jahren um 14,5 Millionen erhöhen wird (EUROSTAT 2006; Tessaring/Wannan 2004, 21).

Anhaltende Ungleichgewichte am Arbeitsmarkt verschärfen diese Situation zusätzlich. So sind 2006 7,8% der gesamten EU-Bevölkerung im erwerbsfähigen Alter von Arbeitslosigkeit betroffen. Bei den unter 25-Jährigen liegt diese Quote bei 17,5%. Hierbei besteht ein deutliches Ungleichgewicht je nach Qualifikationsniveau.

Um das Qualifikationsniveau von Individuen nachhaltig zu erhöhen und mehr Menschen die Teilhabe am Arbeitsmarkt zu gewährleisten, werden in der Mehrheit der europäischen Staaten beschäftigungsfördernde Maßnahmen durchgeführt, deren Wirksamkeit allerdings kontrovers diskutiert wird.

---

1 Von 39 Jahren im Jahr 2000 auf 45 Jahre im Jahr 2050.

Basis für die Diskussionen bilden die offiziellen nationalen Arbeitslosigkeitsstatistiken und die eher inkonsistenten Teilnahmestatistiken an den ALMP-Maßnahmen. Hierbei lassen sich zunächst drei verschiedene Typen von Maßnahmen differenzieren, nämlich

- solche, die vor allem auf die (Wieder)Eingliederung in reguläre Beschäftigung zielen,
- solche, bei denen die Reintegration eher ein Nebenziel ist (wie bei Arbeitsbeschaffungs- oder Strukturanpassungsmaßnahmen) sowie
- solche, die auf die Reduzierung des Arbeitsangebots zielen (z.b. Frühverrentung).

Besonderes Interesse gilt allen Maßnahmen, die durch die Förderung von beruflicher Bildung Kompetenzen zur Aufnahme regulärer Beschäftigung vermitteln. Ihre Ziele liegen in der Anpassung an die sich wandelnden Herausforderungen des Arbeitsmarktes, der Förderung der persönlichen Entwicklung, der Erhöhung ökonomischer Effizienz, der Produktivität und damit der Vermeidung einer Wissensveraltung. Letztlich dient die Förderung beruflicher Bildung auch der Erfüllung der Anforderungen der sozialen Entwicklungen in den europäischen Gesellschaften und der Erhöhung der kulturellen Teilhabe.

2. Zum Nachweis der Wirksamkeit von ALMP

Berufsbildungsbezogene ALMP sind an der Schnittstelle zwischen Bildungs- und Wirtschaftssystem angesiedelt. Der Einfluss von Koordinationsmechanismen und -systemen, die für die Steuerung dieser gesellschaftspolitischen Subsysteme genutzt werden können, variiert mit dem Grad ihrer Konkretion, der Verbindlichkeit von Regeln und Zielen sowie mit der Einbindung der entsprechenden Akteure.

Konkrete politische Einflüsse können dabei nur indirekt auf der Basis verschiedener output-orientierter Variablen gemessen werden, die wiederum an die zuvor gesetzten Ziele gekoppelt sein müssen. Dennoch kann die Übereinstimmung von Maßnahmen und Zielen in nicht-kausalem Zusammenhang stehen und von anderen Faktoren beeinflusst werden, wird aber als Übereinstimmung und damit als Impact bewertet. Für eine korrekte Messung des Impact muss zudem nachweisbar sein, dass die Maßnahmen tatsächlich und ausschließlich in Folge der Strategien ergriffen wurden. Hier liegt eines der Kernprobleme des Impacts politischer Maßnahmen, die sich mit Blick auf ALMP durch die Frage verschärft, ob der gemessene Erfolg auch ohne die Teilnahme an einer Maßnahme zustande gekommen wäre.

Daneben zeigen sich weitere Evaluationsprobleme. So wird der Impact anhand der Dauer und Nachhaltigkeit der Eingliederung in den Arbeitsmarkt gemessen (Effektivitäts- bzw. Erfolgskriterium). Bei dem Versuch der Übertragung von Maßnahmen, die diesen Kriterien genügen, ergeben sich dadurch Probleme, dass der betrachtete Zeithorizont, die Zielgruppenfokussierung, das Nebeneinander mehrerer oder konkurrierender Maßnahmen sowie der politische und sozio-kulturelle Kontext nicht 1:1 übertragbar sind. Eine weitere Schwierigkeit bildet die Vermischung von Effektivitäts- und Effizienzkriterien, zumal fiskalische Effekte einer Maßnahme wie direkte Verwaltungs- oder Implementierungskosten üblicherweise nicht in die Berechnungen einfließen. Paradoxerweise sind meist die ineffizientesten (da teuersten) Maßnahmen zugleich die effektivsten in dem Sinne, dass sie eine nachhaltige Eingliederung in den ersten Arbeitsmarkt fördern (Sianesi 2002, 126).

Zudem gilt die „adäquate" Beteiligung bestimmter Zielgruppen an den Maßnahmen als arbeitsmarkt- und sozialpolitisches Ziel, was wiederum zu Effektivitäts- und Effizienzverzerrungen führen kann. Weiterhin lässt eine Konzentration auf Effektivitätskriterien all jene außerökonomischen Kriterien außer Acht, die mit dem Effektivitätskriterium korrelieren, aber schwer zu messen sind: Impacts wie gesundheitliches Wohlbefinden oder psychische Stabilität erscheinen plausibel, stehen aber weder im Vordergrund der Evaluationen noch sind sie empirisch so zugänglich, dass kausale Wirkungen eindeutig identifizierbar wären (Descy/Tessaring 2005; Walsh/Parsons 2004).

Ein weiteres Problem besteht in der Teilnehmendenzusammensetzung. Neben den oft geringen Stichprobengrößen spielt die Effektheterogenität eine bedeutende Rolle, d.h. die Unterschiedlichkeit der Effekte je nach Teilnehmer, wodurch die Aussagekraft der Durchschnittswerte, die sich bei allen empirischen Evaluationsstudien ergeben, im individuellen Fall zu relativieren ist. So müsste der Erfolg einer Maßnahme – zumindest theoretisch – immer im Vergleich zur Nichtteilnahme an einer Maßnahme untersucht werden. Sofern Kontrollgruppen in Untersuchungen einbezogen werden, dürften sich diese im Idealfall lediglich durch die Nichtteilnahme von der Teilnehmendengruppe unterscheiden, was de facto nicht möglich ist. Damit kommt es immer zu Selektionsverzerrungen, gleichgültig, ob eine reale kontrafaktische Situation in die Untersuchung einbezogen wird oder nur mit hypothetischen Vergleichsgruppen gearbeitet wird.

Darüber hinaus ist eine Differenzierung zwischen makro- und mikroökonomischen Effekten, i.e. zwischen direkten und indirekten Effekten von ALMP vorzunehmen. Wenngleich viele Studien vorab spezifizieren, auf welcher Ebene Effekte untersucht werden sollen, ist eine strikte Trennung kaum möglich, weil sich ALMP sowohl auf Individuen als auch auf die Arbeitslosen- bzw. Beschäftigungssituation auswirkt.

Zusammenfassend lässt sich feststellen, dass zur Evaluation von ALMP als Basis der dazugehörigen Impactforschung grundsätzlich eine Reihe von Zielvorstellungen präzisiert werden müssen, um zu repräsentativen und validen Ergebnissen zu gelangen. Dazu gehören

- die Entscheidung zwischen formativer (systembeeinflussender) und summativer (bewertender und begutachtender) Evaluation,
- die Präzisierung der konkreten Outcomes, Veränderungen und Resultate, anhand derer (in Relation zu der Vielzahl möglicher Outcomes) die Wirksamkeit untersucht werden soll,
- die konkreten zu messenden Ziele in Relation zu den meist vage formulierten politischen Zielen und Strategien sowie
- die Ebenen und Methoden der Evaluation (Descy/Tessaring 2005, 135).

3. ALMP im Überblick

Bei ALMP wird national wie auch international üblicherweise differenziert zwischen

- Beratungs- und Vermittlungstätigkeiten der Arbeitsämter,
- Qualifizierungsmaßnahmen,
- Maßnahmen für Jugendliche,
- Beschäftigungsschaffende Maßnahmen sowie
- Maßnahmen für Behinderte.

Bezüglich der Wirksamkeit traditioneller und neuerer ALMP-Instrumente in Deutschland liegen keine einheitlichen Ergebnisse vor. So haben Eichler und Lechner (2002) gezeigt, dass eine nachhaltige Reduktion der Quote ostdeutscher Langzeitarbeitsloser durch Arbeitsbeschaffungsmaßnahmen (ABM) nur bei Männern erzielt werden konnte, während dieser Maßnahmetyp bei Frauen zu keiner Situationsverbesserung führte. Fitzenberger und Speckesser (2005) zeigen innerhalb eines Beobachtungszeitraums von 1993-1997 anhand von Arbeitslosen und von Arbeitslosigkeit Bedrohten, dass berufliche Weiterbildung in Westdeutschland, nicht aber in Ostdeutschland, kurzfristig zu locking-in-Effekten führt, langfristig dagegen die Beschäftigungsquote signifikant steigt. Zu widersprüchlichen Ergebnissen kommen auch Hujer und Wellner (2000) sowie Klose und Bender (2000). Sie zeigen anhand der beruflichen Weiterbildung für Arbeitslose in Ost- und Westdeutschland, dass kurz- und langfristig keine oder signifikant positive oder signifikant negative Effekte auf die Beschäftigungswahrscheinlichkeit sowie auf die Stabilität der an die Maßnahmen anschließenden Beschäftigungsverhältnisse zu erwarten sind und verdeutlichen damit die unterschiedliche Wirksamkeit von ALMP innerhalb eines einzelnen Maßnahmentypus.

Berücksichtigt man die beschränkte Aussagekraft des Datenmaterials, das bis zur Einführung der Evaluationspflicht in Folge der Hartz-Reformen vorlag, sowie die zeitlichen Verzögerungen, bis die erhobenen Daten zur Auswertung verfügbar sind, ergibt sich bei der Auswertung mikroökonomischer Studien für die Wirksamkeit von ALMP insgesamt folgendes Bild:

- Arbeitsbeschaffungsmaßnahmen (ABM) weisen eher negative durchschnittliche Effekte auf die individuellen (Wieder)Beschäftigungschancen von Arbeitssuchenden auf.
- Die Förderung beruflicher Weiterbildung (FbW) weist keine durchschnittliche Steigerung der Beschäftigungschancen auf. Sofern diese überhaupt zu erkennen sind, beziehen sie sich auf außerbetrieblich durchgeführte und kurzfristige FbW.
- Während der Teilnahme an einer ABM oder FbW sinkt die Beschäftigungswahrscheinlichkeit.
- Nach Beendigung einer Maßnahme haben die Teilnehmenden eine geringere Beschäftigungswahrscheinlichkeit als die Individuen der Kontrollgruppe. Diese geringere Beschäftigungswahrscheinlichkeit sinkt, wenn überhaupt, erst langfristig.

Anders dagegen die Ergebnisse makroökonomischer Studien für Deutschland, aus denen sich zwei Aspekte zweifelsfrei ableiten lassen, nämlich dass ALMP einen lohnmoderierenden Effekt haben und das Beschäftigungsniveau erhöhen (Kraft 1998).

4. Impacts von ALMP im internationalen Vergleich

Im internationalen Kontext liegen ebenfalls zahlreiche Studien über die Wirksamkeit von ALMP vor. Dabei zeigt sich, dass Aussagen über den Einfluss von ALMP nur in Abhängigkeit von Land, Region, Zielgruppe und Systembedingungen getroffen werden können (Hujer et al. 2004; Kluve 2006; Martin 1998). Ergebnisse, die auf eine prinzipielle Wirksamkeit bestimmter Maßnahmetypen schließen lassen würden, liegen auch hier nicht vor. Eindeutig ist dagegen, dass großzügige Transferleistungen und strikt konzipierte Maßnahmen, bei denen z.B. der Arbeitswillen regelmäßig getestet wird, wesentlich nachhaltiger zur Reduktion der Arbeitslosenquote führen als großzügige Transferleistungen mit niedrigen Auflagen (Nickell/van Ours 2000).

In europäischen Studien werden darüber hinaus vorwiegend Verweildauermodelle und matching-Methoden genutzt, um die Effekte von ALMP zu untersuchen. Die Wahl dieser Modelle und Methoden liegt darin begründet, dass die EU-Beschäftigungspolitik lange Zeit mehr die Reduktion der Arbeitslosigkeit und weniger die Erhöhung individueller Beschäftigungschancen fokussierte. Dennoch zeigen sich auch hier unabhängig von der Wahl der Modelle und Methoden widersprüchliche Ergebnisse. So hat Martin (1998) gleichermaßen lohnmoderierende Effekte sowie eine Förderung des Mismatch am Arbeitsmarkt nachgewiesen. Bei Frauen fallen diese Effekte zudem wesentlich signifikanter aus als bei Männern, was vermutlich mit der Gesamtpartizipationsrate von Frauen am Arbeitsmarkt insgesamt und speziell im Zusammenhang mit Vollbeschäftigung zu sehen ist.

Neuere mikroökonomische Studien in verschiedenen europäischen Ländern zeigen ebenfalls widersprüchliche Ergebnisse. So weist Arellano (2005) positive Effekte beruflicher Bildung für weibliche Arbeitssuchende in Spanien nach. Hämäläinen und Ollikainen (2004) zeigen eine signifikante Verbesserung der Beschäftigungswahrscheinlichkeit und des Lohnniveaus junger finnischer Arbeitsloser nach erfolgreicher Teilnahme an beruflicher Bildung. Die Ergebnisse von Jensen et al. (2003) weisen dagegen für eine experimentelle dänische Studie (speziell auf jugendliche Arbeitslose zugeschnittene Berufsbildungsmaßnahmen) keine signifikanten Effekte für die Dauer der Arbeitslosigkeit aus, zeigen aber, dass sich durch die Maßnahmenteilnahme die Übergangsquote in weiterführende Schulen erhöht. Auch Cockx (2003) weist für belgische Arbeitslose einen positiven Effekt der Übergangsrate in Beschäftigung nach, der allerdings frühestens vier Monate nach Maßnahmenende einsetzt. Diese Effektheterogenität zeigt sich bei einer Vielzahl weiterer europäischer und internationaler Studien (siehe Tab. 1). Diese Ergebnisse verdeutlichen, dass es keine Maßnahme gibt, die für alle Zielgruppen und in allen Ländern erfolgreich ist. Auch konjunkturelle Einflüsse, die Arbeitsmarkt- und politische Lage haben erhebliche Auswirkungen auf die Impacts berufsbildungsbezogener ALMP. So haben sich z.B. erhebliche Effektivitätsdifferenzen von ALMP in Ost- und Westdeutschland gezeigt, die auf einer fehlenden Zielgruppenorientierung und den daraus resultierenden locking-in-Effekten während der Maßnahmenteilnahme äußern (Caliendo et al. 2005). Darüber hinaus zeigen die Untersuchungen zwar deutlich, dass eine Verbindung von Kontrolle und Unterstützung, d.h. das Motto „fördern und fordern" am wirksamsten ist. Dennoch lässt dieses Ergebnis keine Rückschlüsse auf die konkrete Ausgestaltung der Maßnahmen zu. Weit schwieriger als die Frage nach der Eingliederung in den Arbeitsmarkt ist also die Frage nach dem Mehrwert von ALMP zu beantworten, die sich auf alle positiven und indirekten Effekte aus mikroökonomischer Perspektive bezieht.

Tab. 1: Untersuchungsergebnisse zur Effektivität von ALMP

Maßnahmeart	Geeignet für...	Ungeeignet für...	Bemerkungen	Autoren
CVET[2]	Benachteiligte Erwachsene	Benachteiligte Jugendliche	Positive Effekte von Beschäftigungsvorbereitungsmaßnahmen bei benachteiligten Arbeitssuchenden; Breit angelegte Berufsbildungsmaßnahmen fördern vor allem die langfristigen Verdienste von Frauen und die Beschäftigungsfähigkeit, aber nicht die Verdiensthöhe	Grubb/ Ryan (1999)
CVET	Langzeitarbeitslose, besonders Frauen		Geringer positiver Effekt auf Beschäftigungschance und Verdienst, stark konjunkturabhängig	Dar/ Tzannatos (1999)
CVET	Betroffene von Massenentlassungen		Am effektivsten, wenn sehr zielgruppen-spezifisch und auf die am härtesten Betroffenen ausgerichtet	Dar/ Tzannatos (1999)
CVET	Frauen und Männer jüngeren und mittleren Alters		Bei Frauen und Älteren höhere Impacts als bei Männern und Jüngeren. Geringerqualifizierte (ISCED 0-2) profitieren mehr als Höherqualifizierte (ISCED >2).	Fretwell et al (1999)
CVET	Arbeitslose	Arbeitslose in Südeuropa	Hilft in Zentral- und Osteuropa in Abhängigkeit der allgemeinen Arbeitsmarktlage und ist in diesen Ländern eine relativ kostengünstige Maßnahme	Walsh/ Parsons (2004)
CVET	Arbeitslose Berufsrückkehrerinnen	prime-age-men/ ältere Geringqualifizierte	Gilt nur für formale Lehrgangsangebote mit kleinen Teilnehmergruppen. Angebote müssen klare Arbeitsmarktrelevanz haben.	Martin (1998)
CVET	Berufsrückkehrerinnen, allein erziehende Frauen		Gilt nur für on-the-job-training. Müssen direkt auf die Anforderungen des Arbeitsmarktes zugeschnitten sein	Martin (1998)
FbW		Umschulung für Männer	Kurzfristig negative, langfristig positive Effekte. Führt im Vergleich zur Nicht-Teilnahme zu längerem Bezug von Arbeitslosengeld.	Lechner et al. (2004)
FbW/ABM		Arbeitslose	Locking-in-Effekte in Abhängigkeit des Ausmaßes der finanziellen Absicherung während der Teilnahme – fehlende Verzahnung der ALMP mit Lohnersatzleistungen	Cockx (2003)
VET für Jugendliche	Jugendliche allgemein	Benachteiligte	Programme mit Kombination aus Beschäftigung, Allgemeinbildung, Zusatzunterstützung/-betreuung einschließlich der Familien; frühe und nachhaltige Intervention; „Behandlung" einer negativen Haltung gegenüber Arbeit	Martin (1998)
VET für Jugendliche	Junge Arbeitssuchende	Junge Arbeitnehmer mit Wunsch nach höherem Einkommen	Eingliederungsprogramme; Gewinne der jüngeren Arbeitnehmer können zu Entlassungen älterer Arbeitnehmer führen	Grubb/ Ryan (1999)

---

[2] Der besseren Übersichtlichkeit halber wird hier Berufliche (Weiter)Bildung für die genannten Gruppen mit CVET (Continuing vocational education and training) abgekürzt.

5. Grundprinzipien der Gestaltung erfolgreicher ALMP

Aus den vorhandenen Studien lassen sich eine Reihe grundlegender Forderungen und Ergebnisse zur Gestaltung von ALMP ableiten, die zwar keinen Garant für Erfolg, aber die dafür notwendige Grundlage darstellen.

Vorkenntnisse und Arbeitsmarktbezug

Dazu gehört zunächst die Erweiterung vorhandener Kompetenzen. Umgekehrt kann die fehlende Anknüpfung an vorhandenes Wissen oder die Überforderung der Individuen in Demotivierung und Teilnahmeabbruch münden. Ferner zeigt sich, dass viele Maßnahmen zu kurz sind, um nachhaltige Erfolge zu erzielen, was vor allem für die Maßnahmen gilt, die auf die Förderung der Lese- und Rechenfähigkeiten ausgerichtet sind. Zugleich bietet die Fokussierung von grundlegenden Fähigkeiten die Förderung von lernerzentrierten Strategien, insbesondere durch die Nutzung neuer Medien.

Berufliche Weiterbildung für Arbeitsuchende muss außerdem klare Verbindungen zu Arbeitsmarktbedarfen aufweisen. Dies setzt wiederum eine Verbesserung der Beratung und Begleitung von Arbeitsuchenden voraus: So erweisen sich individuell abgestimmte Pläne zur Reintegration in den Arbeitsmarkt als erfolgreich, da sie einen realistischen Weg zum Erhalt einer Arbeitsstelle und zur Aufrechterhaltung einer Beschäftigung aufzeigen. In solchen Plänen ist die berufliche Bildung allerdings nur ein Faktor unter mehreren, während hier eine eigenverantwortliche Lebensführung im Vordergrund steht (Brandsma, 2001).

Teilnehmendenstruktur

Bei der Analyse der Teilnehmerstruktur von Risikogruppen lässt sich eine Überrepräsentation von männlichen, höher qualifizierten, ledigen, kinderlosen, jüngeren und Kurzzeitarbeitslosen finden. Dies gilt nicht nur für eine Auswertung von Weiterbildungsprogrammen für arbeitslose Erwachsene im Allgemeinen, sondern kann auch innerhalb von Programmen für bestimmte Zielgruppen wie ältere Arbeitslose oder Langzeitarbeitslose beobachtet werden (Bainbridge et al. 2003). Im Hinblick auf die Teilnahmemotivation zeigen sich mehrere Faktoren als Teilnahmeerschwernis. Diese ist umso niedriger, je geringer qualifiziert die Arbeitslosen sind und je stärker strukturelle Benachteiligungen kumulieren (Brandsma 2001). Mehrere Gründe scheinen dafür verantwortlich zu sein:

- Die Unsicherheit über mögliche Vorteile einer Teilnahme;
- Versagensängste, ein negatives Selbstbild und die Angst vor Exklusion;
- fehlende Verbindungen zwischen den Inhalten des Angebots und den tatsächlichen Bildungsbedürfnissen der Arbeitssuchenden;
- eine innere Einstellung, bei der prinzipiell dem Arbeiten bzw. einer beruflichen Tätigkeit Vorrang vor Lernaktivitäten und Qualifizierungsmöglichkeiten gegeben wird sowie
- die fehlende Orientierung an den Bedürfnissen der Individuen.

Darüber hinaus kann die Beratung und Betreuung von Arbeitslosen und Arbeitssuchenden ihre Teilnahmemotivation an beruflicher Bildung beeinflussen. Der wichtigste Aspekt besteht dabei darin, nicht nur berufliche Bildung anzubieten, sondern auch eine entsprechende Arbeitshaltung zu vermitteln, was eine häufig unterschätzte Aufgabe darstellt. Vranken und Frans (2001, 142) haben in diesem Zusammenhang darauf hingewiesen, dass Arbeitslose oft mehr Zeit benötigen, um sich an einfache Aufgaben zu gewöhnen wie „sticking to time schedules, meeting strict requirements, integration into a team, accepting authority, and concentrating on one task for a longer time" als fachliche Kompetenzen zu erwerben.

Kooperation und Kontrolle der Akteure

Für eine effektive Kooperation sollte der Fokus auf der Etablierung von Koordinationsschemata und Netzwerke zwischen Arbeitsmarktakteuren auf regionalem, nationalem und supranationalem Level liegen. Hierarchische Kooperationsformen haben sich dabei als verlässlichere Möglichkeiten der Kooperation und der Implementation neuer Strategien erwiesen als andere Arten der Kooperation. Feste Bestandteile der Kooperation müssen zudem kontinuierliche Informationsaustausche sowie ein langfristig ausgerichtetes und zuverlässiges Monitoring von beruflichen Bildungsangeboten sein, mit dessen Hilfe die Qualität und die direkte Einbindung der Sozialpartner sowie der Anbieter von Maßnahmen durchgeführt werden kann (Ok/Tergeist 2003).

Da vielen Bildungsangeboten eine aktuelle Arbeitsmarktorientierung fehlt, sollte eine verbesserte Kooperation nicht nur auf die Verbindung zwischen Politik und Bildungsträgern zielen, sondern auch Unternehmen und Wissenschaft einbeziehen.

6. Resümee

Vor allem ältere Evaluationsstudien haben eher negative Effekte von traditionellen Instrumenten der ALMP nachgewiesen. Das mag in methodischen Schwächen, in unzureichenden Stichproben und einer daraus resultierenden begrenzten Aussagekraft von Ergebnissen liegen, die vorwiegend auf Durchschnittsergebnissen beruhen und nicht zwischen unterschiedlichen Teilnehmendengruppen differenzieren. Dennoch geben auch neuere Untersuchungen trotz der Beachtung der Teilnehmendenheterogenität keinen Anlass für eine grundlegend optimistische Haltung. So wiegt die langfristige Verbesserung der Beschäftigungschancen die starken locking-in-Effekte während der Teilnahme an ALMP-Maßnahmen nicht auf. Die Unklarheit darüber, warum eine Maßnahme für eine bestimmte Teilnehmendengruppe erfolgreich ist oder eben auch nicht, bleibt dabei weiterhin unklar. Die Identifizierung von erfolgreichen Maßnahmen und die Möglichkeit einer exakteren Berechnung der Effekte für spezifische Teilnehmendengruppen wäre aber notwendig, um künftige Politikempfehlungen abzuleiten und die Konzeption der Maßnahmen nachhaltig zu verbessern.Unbeantwortet bleibt zudem die Frage nach den indirekten Effekten von ALMP, also z.B. Mitnahme- oder Verdrängungseffekte, die durch die Konzentration auf die Eingliederung in den Arbeitsmarkt unbeachtet bleiben.

Für künftige Evaluationsstudien wären daher Forschungsansätze nötig, die die Interaktion von Ansprüchen und Zumutbarkeit zur Arbeitsaufnahme untersuchen und dabei die Individualität der Fälle berücksichtigen. Im Fokus sollte dabei nicht nur die Ausgestaltung künftiger Arbeitsmarktpolitik stehen, sondern vor allem die Entwicklung von Human- und Sozialkapital.

Literatur

Arellano, F. Alfonso (2005): Evaluating the Effects of labour market reforms. Economics Working Papers. Universidad Carlos III, Madrid.

Bainbridge, Steve/Murray, Julie/Harrison, Tim/Ward, Terry (2003): Learning for employment. Luxembourg.

Brandsma, Jittie (2001): Training and employment perspectives for lower qualified people. In: Descy, Pascaline/Tessaring, Manfred (Hrsg.): Training in Europe. Luxembourg, S. 173-206.

Caliendo, Marco/Hujer, Reinhard/Thomsen, Stephan L. (2005): The Employment Effects of Job Creation Schemes in Germany. IZA Discussion Paper, Bonn.

Cockx, Bart (2003): Vocational training of unemployed workers in Belgium. Bonn.

Dar, Amit/ Tzannatos, Zafiris (1999): Active Labor market programmes: a review of the evidence from evaluations. The World Bank, Washington D.C.

Descy, Pascaline/Tessaring, Manfred (2005): The value of learning: evaluation and impact of education and training. Luxembourg.

Eichler, Martin/Lechner, Michael (2002): An evaluation of public employment programmes in the East German State of Sachsen-Anhalt. In: Labour Economics, 9, S. 143-186.

EUROSTAT (2006): Panorama der Europäischen Union. Jahrbuch 2006. Luxemburg.

Fitzenberger, Bernd/Speckesser, Stefan (2002): Weiterbildungsmaßnahmen in Ostdeutschland. ZEW Discussion Paper No. 02-16, Mannheim.

Fretwell, David/Benus, Jacob/O'Leary, Christoper (1999): Evaluating the impact of active labour market programs. The World Bank, Washington D.C.

Grubb, Warner N./Ryan, Paul (1999): The roles of evaluation for vocational education and training: plain talk in the field of dreams. Geneve: ILO.

Hämäläinen, Kari/Ollikainen, Virve (2004): Differential effects of active labour market programmes in the early stages of young people's unemployment. Helsini: VATT Research Reports 115.

Hujer, Reinhard/Caliendo, Marco/Radic, Dubravko (2004): Methods and limitations of evaluation and impact research. In: Descy, Pascaline/Tessaring, Manfred Tessaring (Hrsg.): The foundations of evaluation and impact research. Luxembourg, S.131-190.

Hujer, Reinhard/Wellner, Marc (2000): Berufliche Weiterbildung und individuelle Arbeitslosigkeitsdauer in West- und Ostdeutschland. In: Mitteilungen aus der Arbeitsmarkt- und Berufsforschung, 3, S. 405-420.

Jensen, Peter/Svarer, Michael/Rosholm, Michael (1999): The Effects of Benefits, Incentives, and Sanctions on Youth Unemployment. Aarhus: Center for Labour Markets and Social Research.

Klose, Christoph/Bender, Stefan (2000): Berufliche Weiterbildung für Arbeitslose. In: Mitteilungen aus der Arbeitsmarkt- und Berufsforschung, 33, 3, S.421-444.

Kluve, Jens (2006): The effectiveness of European active labour market policy. Discussion Paper No. 2018. Bonn.

Kraft, Kornelius (1998): An Evaluation of Active and Passive Labour Market Policy, in: Applied Economics, 30, 6, S.783-793.

Lechner, Michael/Miquel, Ruth/Wunsch, Conny (2005): Long-Run Effects of Public Sector Sponsored Training in West Germany. Nürnberg: IAB Discussion Paper.

Martin, John P. (1998): What works among active labour market policies: Evidence from OECD countries' experiences. Paris: OECD.

Nickell, Stephen J./van Ours, Jan (2000): The Netherlands and the United Kingdom: a European Unemployment Miracle? In: Economic Policy, 15, 30, S.136-180.

Ok, Wooseok/Tergeist, Peter (2003): Improving Workers' Skills: Analytical Evidence and the Role of the Social Partners. OECD, Paris.

Sianesi, Barbara (2002): Essays on the evaluation of social programmes and education qualifications. Stockholm.

Tessaring, Manfred/Wannan, Jennifer (2004): Berufsbildung – der Schlüssel zur Zukunft. Luxemburg.

Vranken, Jan/Frans, Mieke (2004): Selection, social exclusion and training offers for target groups. In: Descy, Pascaline/Tessaring, Manfred (Hrsg.): Training in Europe. Luxembourg, S. 137-171.

Walsh, Kenneth/Parsons, David J. (2004): Active policies and measures: impact on integration and reintegration in the labour market and social life. In: Descy, Pascaline/Tessaring, Manfred (Hrsg.): The impact of education and training. Luxembourg, S. 215-259.

Weiterbildung und Beschäftigung älterer Arbeitnehmerinnen und Arbeitnehmer in Europa: Ein Vergleich zwischen Belgien, Dänemark, Deutschland, den Niederlanden und Österreich

Matthias Vonken

Die demografische Entwicklung hin zu einem höheren Altersdurchschnitt der Bevölkerung in nahezu allen europäischen Ländern nötigt seit einiger Zeit zu einer vertieften Forschung über das Problem der Beschäftigung und des Erhalts der Beschäftigungsfähigkeit im höheren Lebensalter. Jüngste Diskussionen und Beschlüsse in Deutschland zur Anhebung des Rentenalters zeigen einmal mehr das politische sowie sozialökonomische Ziel, frühzeitige Übergänge in den Ruhestand zu vermindern. Zeitgleich stehen in vielen Ländern der europäischen Union gerade Ältere vor den Problemen, ihren Arbeitsplatz trotz eines Trends zur Verjüngung in den Betrieben zu erhalten oder nach Arbeitslosigkeit wieder in Beschäftigung reintegriert zu werden. Beides, und insbesondere letzteres, gestaltet sich schwierig.

Einen wesentlichen Beitrag zum Erhalt einer „Beschäftigungsfähigkeit" im höheren Lebensalter stellt (betriebliche) Weiterbildung dar. In allen Ländern Europas – jedoch mit sehr unterschiedlichen einzelnen Ausprägungen – wird diese von Älteren weniger wahrgenommen als von Jüngeren. Die Gründe hierfür reichen von persönlichen bis hin zu strukturellen und differieren zwischen einzelnen Ländern ebenso wie die Problemstellungen der Altersarbeitslosigkeit selbst. Im Rahmen dieses Beitrags werden exemplarisch anhand von quantitativen Daten und qualitativen Forschungsergebnissen diese Problemlagen und Lösungsansätze in den Beispielländern Deutschland, Dänemark, Belgien, Österreich und den Niederlanden dargestellt und anhand der jeweiligen politischen und gesellschaftlichen Hintergründe verglichen[1].

1. Zur Beschäftigungs- und Weiterbildungssituation Älterer

Bezüglich der Beschäftigungsquoten älterer Arbeitnehmer/-innen zeigen sich deutliche Unterschiede in den Vergleichsländern. In Dänemark sind – auch aufgrund des späteren regulären Renteneintrittsalters mit 67 Jahren – 59,5%

---

1 Die Daten wurden im Rahmen des Forschungsprojekts „Ageing and Qualification" des Leonardo-da-Vinci-Programms der EU unter Beteiligung der genannten Länder erhoben.

der 55- bis 64-jährigen erwerbstätig. Somit erfüllt Dänemark bereits das Ziel der Stockholm-Declaration, 50% der älteren Menschen bis 2010 in Beschäftigung zu halten oder zu bringen. Mit 46,1% bzw. 45,4% verfehlen die Niederlande und Deutschland nur knapp das gesetzte Ziel. Gleichauf bei 31,8% ist die Beschäftigungsquote in Belgien und Österreich. Damit liegen sie noch hinter dem europäischen Durchschnitt von 42,5% (vgl. Abb. 1).

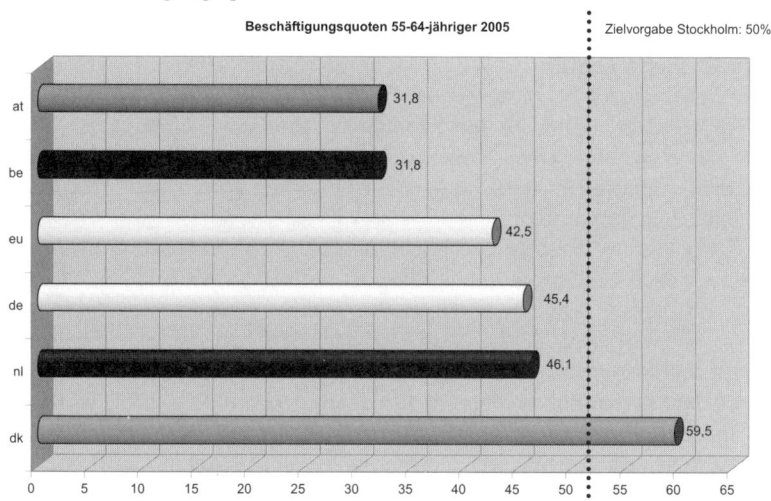

Abb. 1: Beschäftigungsquoten 2005

Quelle: Eurostat, eigene Darstellung

Nicht nur die Beschäftigung sinkt im höheren Lebensalter, sondern auch die Beteiligung an beruflicher Weiterbildung. Das ist an sich nicht weiter bemerkenswert, kann man doch davon ausgehen, dass bei ohnehin vergleichsweise kurzer Verbleibsdauer im Erwerbssystem sowohl auf Seiten der Arbeitgeber als auch der Arbeitnehmer die Entsendungs- und Teilnahmebereitschaft für und an Weiterbildung sinkt. So nehmen nach nationalen Untersuchungen[2] in Dänemark von den 55- bis 64-jährigen Beschäftigten 10% an Weiterbildung teil. In Deutschland sind es 17% bei den über 50-jährigen[3], in den Niederlanden dagegen noch rund 36%, wobei in Österreich nur 5% der Beschäftigten an Weiterbildung partizipieren (Schönfeld 2006: 115ff.)[4]. Diese Zahlen werden eindrucksvoll kontrastiert durch die Erhebungen des „Ad-hoc-Mo-

---

2   Diese sind aufgrund der verschiedenen Zeit- und Bezugspunkte nur ansatzweise vergleichbar!
3   In diesem Ergebnis aus dem Berichtssystem Weiterbildung IX sind allerdings nicht nur Erwerbstätige erfasst.
4   Für Belgien liegen diesbezüglich keine Daten vor.

duls Lebenslanges Lernen in Europa" (Kailis und Pilos 2005). Sie zeigen, dass Ältere in Österreich zu 93% (sic!) an irgendeiner Form der Weiterbildung teilnehmen, in Dänemark zu 72%, in Deutschland zu 32%, in den Niederlanden zu 30% und in Belgien noch zu 27%. Die Diskrepanzen rühren daher, dass nicht nur Erwerbstätige befragt wurden, dass es sich nicht nur um berufliche Weiterbildung handelt und dass insbesondere in Österreich das informelle Lernen Älterer mit 91% angegeben wird (vgl. ebd., S. 6)[5]. Zusammenfassend lässt sich sagen, dass in den hier betrachteten Ländern zwischen einem und zwei Drittel der älteren Bevölkerung erwerbstätig ist, vergleichsweise wenig an beruflicher Weiterbildung partizipiert, jedoch nicht zwangsläufig lernabstinent ist, wenn wir den Statistiken vertrauen.

Ich werde die hier zu untersuchenden Probleme älterer Beschäftigter nicht der demografischen Entwicklung zuschreiben, sondern den gesellschaftlichen Prämissen und Stereotypen bezüglich Altern und Arbeit. Denn zum einen sind demographische Prognosen aufgrund vieler externer Faktoren wie Zuwanderung, Geburtenentwicklung etc. schwierig, und zum anderen stellt sich auch angesichts hoher Arbeitslosenzahlen in einigen Ländern die Frage, ob eine demografisch induzierte Verringerung der Bevölkerung auf längere Sicht tatsächlich ein so gravierendes Problem darstellt – abgesehen von staatlicher Rentenfinanzierung. Nach aktuellem Wissensstand werden in einigen Jahren deutlich weniger Junge eine Erwerbsarbeit aufnehmen. Auch sind die bestehenden sozialen Sicherungssysteme auf Beitragszahlungen in irgendeiner Form angewiesen. Der Rückgang der jüngeren Generation birgt außerdem für Unternehmen die Schwierigkeit, benötigte Arbeitskräfte in dieser Altersgruppe zu rekrutieren. Auf der anderen Seite zeigt Abb. 1, dass ein erhebliches Potential an Arbeitskräften in der älteren Generation ungenutzt bleibt bzw. durch Entlassungen, Sozialpläne, Frühverrentungen etc. künstlich der Nutzung entzogen wird. Für Thüringen bspw. – einem der „ältesten" Länder Deutschlands in Bezug auf den Altersdurchschnitt - ist nach der aktuellen Fachkräftebedarfsstudie bis 2013 „kein quantitativer Mangel an Erwerbspersonenpotential zu befürchten" (SÖSTRA 2006: 52), Probleme werden vielmehr aus einem (vornehmlich qualitativen) Mismatch resultieren. Zuwanderungen aus anderen europäischen Ländern sowie eine höhere Erwerbsbeteiligung von Frauen werden in den Beispielländern die demografische Lücke vermutlich etwas mildern. Allerdings sind Lösungen auf der Basis von mehr Einwanderung, verstärkter Frauenerwerbstätigkeit und der Verringerung des Mismatches begrenzt. Sie greifen nicht das Problem der nach wie vor hohen Erwerbslosigkeit Älterer und auch nur in begrenztem Maße das der Finanzierung der Sozialsysteme auf.

---

5   Es ist hier wiederum auf die Unschärfe der Erfassung informeller Lernprozesse in quantitativen Erhebungen hinzuweisen.

2. Bildungs- und arbeitmarktpolitische Unterschiede

Der Hintergrund der heutigen Beschäftigungsprobleme Älterer ist zumeist in politischen Weichenstellungen der 1980er und 1990er Jahre zu finden. Angesichts hoher Jugendarbeitslosigkeit wurde älteren Beschäftigten über Frühverrentungsprogramme, erleichterte Arbeitsunfähigkeit und andere Maßnahmen „an offer you cannot refuse" (Henkens und van Dalen: 7) gemacht, das sowohl ökonomisch attraktiv als auch moralisch geboten zu sein schien; letzteres, da der Ältere dem Jüngeren durch das Freimachen seines Arbeitsplatzes eine Einstiegschance in den Beruf gab. Zwar sind alle der Beispielländer mehr oder minder von einer solchen Politik betroffen, jedoch ergeben sich gewisse Unterschiede in den Auswirkungen. In Ländern, die eine eher progressive Beschäftigungspolitik verfolgen, was beispielsweise auch eine hohe Frauenerwerbsquote einschließt, sind auch mehr Ältere erwerbstätig. Bosch und Schief (2005: 6ff.) haben diese Länder als „work-line countries" bezeichnet. Dazu gehören in unserer Auswahl Dänemark und in abgeschwächter Form auch die Niederlande. Auf der anderen Seite stehen Deutschland, Österreich und Belgien, die „retirement-line countries" (ebd.), die in der Vergangenheit größeren Gebrauch von Frühverrentungsprogrammen gemacht und auch in anderen Teilen der Erwerbsbevölkerung weniger Mobilisierungsaktivitäten unternommen haben.

Hinter dieser Klassifizierung stecken nicht lediglich politische Entscheidungen. Sie repräsentiert sowohl politische als auch gesellschaftliche und kulturelle Unterschiede, die sich letztlich auf Erwerbschancen und -bereitschaft auswirken sowie auf Beteiligung und Beteiligungsmöglichkeiten an beruflicher Weiterbildung. Bspw. geht in Belgien die geringe Beschäftigungsquote Älterer einher mit einer ebenfalls geringen Frauenerwerbsquote. Ähnliches gilt für Österreich und Deutschland, wohingegen in Dänemark und den Niederlanden mit 72% bzw. 66% vergleichsweise viele Frauen erwerbstätig sind. Hängt man dem Gedanken noch an, dass in einem demokratischen Staat die vorherrschende Politik zumindest zum Teil die Gesellschaft repräsentiert, die sie gewählt hat, dann müssen wir konstatieren, dass Belgien, Deutschland und Österreich das sind, was Klammer und Keuzenkamp (2005: 12) „conservative/corporatist welfare states" nennen[6]. Solche konservativen Wohlfahrtsstaaten sind auf der einen Seite durch vergleichsweise rigide Arbeits- und Kündigungsschutzbestimmungen und dadurch geringere Flexibilität der Arbeitsmärkte gekennzeichnet. Auf der anderen Seite, dem

---

6 Sie unterscheiden in Bezug auf die hier betrachteten Länder zwischen „scandinavien welfare states" und „conservative/corporatist welfare states", führen jedoch weiter Differenzierungen wie „liberal welfare states" etc. ein, die auf die hier betrachteten Länder nicht zutreffen.

korporatistischen Element, findet sich eine Verantwortungsteilung insbesondere in Bezug auf Weiterbildung. In Deutschland, Belgien und Österreich ist das einzelne Unternehmen zuständig für Initiierung und Finanzierung betrieblicher Weiterbildung[7]. Lediglich im Bereich der Weiterbildung für Arbeitslose und für von Arbeitslosigkeit Bedrohte schreitet der Staat ein. In den sogenannten „scandinavien welfare states" Dänemark und den Niederlanden ist dagegen eine vergleichsweise höhere Arbeitsmarktmobilität gepaart mit einer weitergehenden staatlichen Verantwortung (direkt oder indirekt) für die Finanzierung von Weiterbildung. In Dänemark noch mehr als in den Niederlanden hat sich für die Verbindung von Arbeitsmarktflexibilität einerseits und Versorgung der Betroffenen (sowohl finanziell als auch vor allem in Bezug auf berufliche Weiterbildung) andererseits der (in den Niederlanden geprägte) Begriff der „flexicurity" durchgesetzt (Wilthagen 1998).

Für die Beschäftigungssicherung und die Weiterbildung Älterer haben diese gesellschaftlichen und politischen Hintergründe entsprechende Folgen. In Ländern mit betrieblich finanzierter Weiterbildung ergeben sich für Ältere aufgrund der niedrigeren Verbleibsdauer und der daraus resultierenden kürzeren Amortisation der Weiterbildungsinvestitionen vergleichsweise geringere Beteiligungschancen an solchen Weiterbildungen, die mehr als bloße Anpassung sind. Wie unsere eigenen Untersuchungen aus dem Jahr 2001 zeigten, nimmt in Deutschland immerhin rund die Hälfte der älteren Arbeitnehmer an betrieblicher Weiterbildung teil, und ebenso viele wünschen sich (unabhängig von vorheriger Teilnahme), dass sie mehr Zeit für Weiterbildung zur Verfügung hätten. Ergänzende Studien haben jedoch gezeigt, dass es sich bei Weiterbildungen im höheren Lebensalter im Wesentlichen um Anpassungsfortbildungen handelt (Husemann et al. 2003; Kuwan 2005: 93). Eine berufliche Weiterentwicklung und damit eine höhere Erwerbschance ergeben sich daraus kaum. Es muss auch gesagt werden, dass die Arbeitnehmer selbst angesichts früher vielfältiger Möglichkeiten des frühzeitigen Ruhestandsübergangs eher weniger an solchen Möglichkeiten interessiert waren. Für Belgien und Österreich lässt sich vergleichbares konstatieren.

3. Qualifikationsniveau, Weiterbildung und Beschäftigung im Alter

Mit der sukzessiven Abschaffung der Möglichkeiten der Frühverrentung hat sich die Ausgangslage verändert. Wenn ein früher Ausstieg erschwert wird, ist es umso notwendiger, die eigenen Qualifikationen länger zu erhalten. Die

---

[7] Allerdings gibt es in Belgien eine teilweise Kompensation der Kosten über Fonds (Cotton 2001).

Phrase vom „Lebenslangen Lernen" bekommt damit eine aktuelle Bedeutung, denn zumindest in den konservativen Wohlfahrtstaaten mit geringerer Arbeitsmarktflexibilität ist es für alternde Arbeitnehmer allemal vorteilhafter, zu versuchen, durch Anpassung der Qualifikationen auf dem aktuellen Arbeitsplatz bzw. im Betrieb zu verbleiben, als aus der Arbeitslosigkeit wieder herauszutreten. Europaweit zeigt sich, dass insbesondere bei Älteren eine „Normalbiografie" noch existiert, was bei „Jüngeren" nicht mehr der Fall ist (European Commission: 175): 2001 waren beinahe 70% der über 55-jährigen seit mehr als zehn Jahren im gleichen Betrieb. Bei den unter 55-jährigen waren es dagegen nur 42%. Das ist aufgrund des niedrigeren Alters natürlich nicht sehr bemerkenswert; dass bei den Jüngeren ca. 40% in Beschäftigungsverhältnissen mit fünf oder weniger Jahren Dauer zu finden sind; dagegen bei den Älteren nicht einmal 20% allerdings schon. Diese Befunde bestätigen zum einen den verschiedentlich konstatierten Trend zur Flexibilisierung und Verkürzung der Arbeitsverhältnisse (Sennett 1999), zum anderen hat angesichts vergleichsweise schlechter Wiederbeschäftigungschancen nach einer Entlassung, wie sie das IAB zumindest für Deutschland feststellte (Brussig 2005)[8], ein Verbleiben im Betrieb im Alter die höchste Priorität. Beschäftigungssicherung für Ältere in den konservativen Wohlfahrtsstaaten Österreich, Belgien und Deutschland ist daher zuvorderst auf betriebliche Weiterbildung und Erhalt der Beschäftigungsfähigkeit zu richten.

Dass Weiterbildung zur längeren Berufstätigkeit beitragen kann, zeigt auch die labour force survey der EU (Abb. 2): In Ländern, in denen ein höherer Prozentsatz der Älteren an Weiterbildung teilnimmt, ist auch das Ausstiegsalter höher. Natürlich präsentiert diese Grafik keinen statistischen Zusammenhang und leider ist Weiterbildungsteilnahme allenfalls eine notwendige, jedoch keinesfalls eine hinreichende Bedingung für längere Erwerbstätigkeit. Vielmehr spielen nationale Beschäftigungs- und Arbeitsmarktprogramme sowie Möglichkeiten zur Frühverrentung eine entscheidende Rolle. Allerdings zeigen Daten aus Belgien, dass selbst in einem Land, in dem die Berufstätigkeit sehr früh endet, höher Qualifizierte deutlich länger im Erwerbsleben verbleiben als andere (Lambrecht und Arijs 2005): Bei den über 55-jährigen waren 2002 17,8% der Ungelerntern noch erwerbstätig, dagegen 41,1% der Hochqualifizierten. Für Deutschland beschreibt das IAT gleichgerichtete Tendenzen mit etwa 10% der älteren gering Qualifizierten und 48,1% derjenigen mit Hochschulabschluss (Büttner 2005: 10).

Wie aus Abb. 2 zu sehen ist, liegen in unseren Beispielländern Dänemark und den Niederlanden sowohl die Weiterbildungsbeteiligung als auch das Erwerbsaustrittsalter vergleichsweise hoch. Wenn in diesen Ländern von Beschäftigungssicherung im Alter gesprochen wird, dann ist damit weniger

---

8   Vergleichbare Daten der anderen Länder liegen nicht vor.

der Blick auf schwindende Einnahmen in den Sozialkassen gemeint als vielmehr das Problem, tatsächlich ausreichend viele Arbeitskräfte in der Zukunft zu haben. Am Beispiel Dänemark werden die Unterschiede deutlicher:

„Until the first half of the 1990s labour market policy in Denmark was dominated by a more passive line relying heavily on income transfers. (…) In this system people could shift between periods with unemployment benefits and activation periods which generated eligibility for a new period with unemployment benefits" (Pedersen 2006: 187).

Abb. 2: Erwerbsaustrittsalter und Weiterbildungsbeteiligung Älterer in Europa

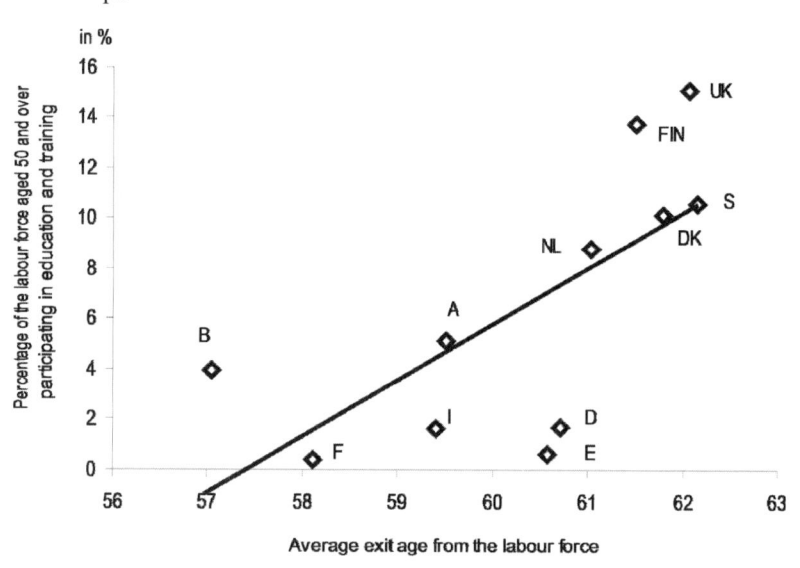

Quelle: Eurostat (European Commission)

Eine Maßnahme dieses Einkommenstransfers war „Efterløn", die 1979 eingeführte, dänische Variante der Frühverrentung. Sie war äquivalent zur generösen Arbeitslosenunterstützung – diese liegt bei über 1700,- Euro (Sørensen und Møberg 2005: 11ff.):

„The intention behind the 1979-reform was to reduce the supply of labour as a remedy of combating unemployment, especially high among youngsters and elderly workers. (…) But since its introduction in 1979, the "early retirement"-wage-compensation-scheme has grown more and more popular – and too popular, according to governments perception of the situation at the last half of the 90'ies, when Denmark experienced a rapidly decreasing unemployment and where a growing fear of a coming shortage of supply of labour, caused by "greying", found its way to public opinion."

Bei der seit Mitte der 1990er Jahre durch „flexicurity" geprägten dänischen Arbeitsmarktpolitik wurde das vergleichsweise hohe Niveau staatlicher Unterstützung beibehalten, jedoch ohne nennenswerten Kündigungsschutz. Im Gegensatz zu anderen „liberalen" Staaten bedeutet das nicht ein Verwiesensein des Einzelnen auf sich selbst, sondern meint eine finanzielle wie auch arbeitsmarktpolitisch aktivierende Versorgung. Der Effekt dieser Politik ist, dass auch ältere Arbeitnehmer - bei finanzieller Absicherung - auf dem Arbeitsmarkt und bei beruflicher Weiterbildung aktiv sind bzw. sein müssen (Pedersen 2006). Was in Deutschland seit einigen Jahren als „fördern und fordern" diskutiert, jedoch lediglich in letzterer Hinsicht umgesetzt wurde, scheint in Dänemark auf einer breiteren Basis verwirklicht zu sein.

Im europäischen Vergleich gibt Dänemark – dicht gefolgt von den Niederlanden – am meisten für Weiterbildung aus. Im Jahr 2000 waren das annähernd 0,9% des Bruttosozialprodukts, in den Niederlanden 0,6%, in Deutschland und Belgien lediglich ca. 0,3% und in Österreich 0,2% (Pedersen 2006: 193). Weiterbildung in Dänemark wird wesentlich über die öffentliche „AMU" (arbejdsmarkedsuddannelserne) bereitgestellt. Diese regionalen Einrichtungen bieten meist kostenfreie berufliche Weiterbildung für Arbeitnehmer und Arbeitslose an, darunter auch betriebsspezifische Kurse. „The purpose is to offer relatively short training and re-training courses, which are continuously adjusted to the current demands for skills and knowledge on the labour market" (Hansen 1998: 36).

In den Niederlanden wird betriebliche Weiterbildung – obwohl ein vergleichsweise großer Teil des BSP für Berufsbildung ausgegeben wird – vor allem von Unternehmen finanziert:

„In the mid-nineties, (…) the focus shifted to training relevant for the labour market at large. Maintaining employability was seen as a joint responsibility of employer and employee. In the autumn of 1998, the concept of the 'employability agenda' was introduced. In 2001, the most important advisory committee on employment issues recommended that each employee should have the right to get a personal development plan" (Meijer 2005: 12).

Da zugleich wesentliche Finanzierungsquellen für die Frühverrentung abgeschafft wurden, erhöhte sich die Zahl der älteren Erwerbstätigen von 31% in 1999 auf 39% in 2003 (Meijer 2005: 4)[9]. Auch wenn die Träger betrieblicher Weiterbildung vor allem die Unternehmen selbst sind, so nimmt die Gesellschaft bzw. der Staat doch Anteil daran durch steuerliche Refinanzierung der Aufwendungen (Romijn 1999).

---

9 Die nationalen Zahlen weichen hier von den europäischen Zahlen ab, da geringfügig Beschäftigte ausgenommen wurden.

4. Fazit

Die Ausgangssituationen für die Teilhabe an Weiterbildung sind also vergleichsweise unterschiedlich. Während in Dänemark der Staat starken Anteil an der Finanzierung der Qualifizierung hat und in den Niederlanden Qualifizierungsausgaben staatlich gegenfinanziert werden, sind in Deutschland, Belgien und Österreich die Betriebe stärker in der Verantwortung, was dazu führt, das Weiterbildungsinvestitionen eher in die Qualifizierung der jüngeren Arbeitnehmer fließen. Ältere begegnen also der Situation, dass die Möglichkeiten für einen frühzeitigen Übergang in den Ruhestand in allen hier betrachteten Ländern verringert werden, die Chancen auf qualifikatorische Weiterentwicklung jedoch in den Niederlanden und Dänemark höher sind als in Deutschland, Österreich und Belgien.

In allen unseren Beispielländern ist das Ziel, mehr Ältere in Erwerbstätigkeit zu halten. Ausgehend von den unterschiedlichen gesellschaftlichen und politischen Voraussetzungen ergeben sich jedoch für die einzelnen Länder sehr verschiedene Ansatzpunkte hierfür. Für Dänemark bedeutet das, Möglichkeiten zu schaffen, Ältere an den Betrieb zu binden und eine Frühverrentung weniger attraktiv zu machen. Hier hat der Staat – bedingt durch die weitgehend staatliche Finanzierung der Weiterbildung und die hohen Lohnersatzleistungen – weitreichende Möglichkeiten. In den Niederlanden sind es die Sozialpartner, die den größten Einfluss auf Weiterbildung und Beschäftigung haben. Dort setzen Maßnahmen an den Verbänden an. Für Deutschland, Belgien und Österreich steht der Betrieb selbst im Mittelpunkt. Bei ihm ist Unterstützungs- und Überzeugungsarbeit zu leisten, um die Folgen des demografischen Wandels für die Arbeitnehmer in diesen Ländern zu mindern.

Literatur

Bosch, Gerhard und Sebastian Schief, 2005: Older employees in Europe - New forms of social inequality. http://www.ageing-in-europe.de/torunpapers/ESA_RN_Ageing_Torun2005_Bosch.pdf.

Brussig, Martin, 2005: Die "Nachfrageseite des Arbeitsmarktes": Betriebe und die Beschäftigung Älterer im Lichte des IAB-Betriebspanels. Institut Arbeit und Technik. Gelsenkirchen.

Büttner, Renate, 2005: Höhere Erwerbsbeteiligung in Westdeutschland – Mehr Arbeitslosigkeit und Frühverrentungen in Ostdeutschland: Regionale und sozioökonomische Merkmale strukturieren den Altersübergang. Altersübergangs-Report, 5. Gelsenkirchen.

Cotton, Paul, 2001: Die Berufsbildungssysteme in Belgien: Kurzfassung. European Centre for the Development of Vocational Training (Hg.). Cedefop panorama series, 16. Luxemburg.

European Commission: Employment in Europe 2003. Luxemburg.

Hansen, Martin Eggert, 1998: The Financing of Vocational Education and Training in Denmark. CEDEFOP. Thessaloniki.

Henkens, Kène und Hendrik P. van Dalen: Early retirement systems and behavior in an international perspective. Rotterdam/The Hague.

Husemann, Rudolf, Kai Duben, Claudia Lauterbacher und Matthias Vonken, 2003: Beschäftigungswirksame Arbeitszeitmodelle für ältere Arbeitnehmer. Dortmund u.a.

Kailis, Emmanuel und Spyridon Pilos, 2005: Lebenslanges Lernen in Europa. In: Eurostat: Statistik kurz gefasst 8(2005). Luxemburg. S. 1-8.

Klammer, Ute und Saskia Keuzenkamp, 2005: Working time options over the life course: Changing social security structures. Luxemburg.

Kuwan, Helmut, 2005: Berichtssystem Weiterbildung IX: Ergebnisse der Repräsentativbefragung zur Weiterbildungssituation in Deutschland. Bonn.

Lambrecht, Johan und Diane Arijs, 2005: Quantitative and qualitative picture of the labour market participation of the age group 56-65 in Belgium (Flemish region): National Background Report für das Projekt "Ageing and Qualification". Research Centre for Entrepreneurship. EHSAL-K.U. Brussel. Brussel.

Meijer, Kees, 2005: Ageing and Qualification. A review of Dutch policies and measures to increase the labour market participation of the age group 56-65: National Background Report für das Projekt "Ageing and Qualification". KBA. Nijmegen.

Pedersen, Peder J., 2006: Older workers in Denmark - Employment, unemployment and training. In: Cornelia Sproß (Hg.), Beschäftigungsförderung älterer Arbeitnehmer in Europa. Beiträge zur Arbeitsmarkt- und Berufsforschung. Nürnberg. S. 187–197

Romijn, Clemens, 1999: The financing of vocational education and training in the Netherlands: Financing portrait. European Centre for the Development of Vocational Training. CEDEFOP panorama. Luxemburg.

Schönfeld, Gudrun, 2006: Ältere Arbeitnehmerinnen und Arbeitnehmer in Belgien, Dänemark, Deutschland, Österreich und den Niederlanden: Internationale Vergleichszahlen. BIBB. Bonn.

Sennett, Richard, 1999: The corrosion of character : the personal consequences of work in the new capitalism: Norton.

Sørensen, John Houman und Rasmus Juul Møberg, 2005: National framework conditions for employment of the age group 55-64 in selected sectors in a danish region: National Background Report für das Projekt "Ageing and Qualification". CARMA. Aalborg.

SÖSTRA, 2006: Entwicklung des Fachkräftebedarfs in Thüringen. Fortschreibung Jahr 2006. Berlin und Erfurt.

Wilthagen, Ton, 1998: Flexicurity: A New Paradigm for Labour Market Policy Reform? WZB discussion paper, FS I 98-202.

Modernisierung und Imageverbesserung der Berufsbildung in den USA

Antje Barabasch

1. Berufsbildung in der Krise

1.1 Einführung

Die Berufsbildung befindet sich zur Zeit in den USA in einer schwierigen Situation. Indikatoren dafür sind die Reduzierung von Professuren im Bereich Workforce Education oder Vocational Education, eine verschwindend geringe Zahl an Lehrausbildungen (Bilginsoy 2005, United States Department of Labor 2006), die mit einer abnehmenden Mitgliederzahl bei den Gewerkschaften einhergeht, Budgetvorschläge der Regierung unter President Bush, welche keine finanzielle Förderung der berufsbildenden Maßnahmen unter dem Carl D. Perkins Act[1] vorsehen und die starke politische Ausrichtung auf die Erhöhung der akademischen Bildungsstandards. Gleichzeitig werden enorme Anstrengungen im Land unternommen das negative Stigma der Berufsbildung durch eine Vielzahl attraktiver berufsvorbereitender Angebote zu beseitigen.

Das dominierende Ziel der schulischen Berufsbildung ist die Vorbereitung der jungen Erwachsenen auf einen College Besuch. Deshalb wird den so genannten akademischen Fächern Mathematik, Englisch und den Naturwissenschaften besondere Bedeutung zugemessen. Theoretisches Wissen in diesen Fächern wird mit arbeitsrelevantem Erfahrungswissen in einzelnen Berufsfeldern verknüpft. Letztendlich soll aber möglichst jeder der Auszubildenden einen Zertifikatsabschluss oder besser einen Bachelor-Abschluss am College erwerben – ein hochgestecktes und sehr ambitioniertes politisches Ziel, das bisher nicht realisiert werden konnte. Denn problematisch ist insbesondere, dass ein hoher Prozentsatz von High School Schülern vorzeitig die Schule verlässt (Aronstamm Young 2004, Büchtemann/Schupp/Solof 1994). Problematisch ist weiterhin, dass junge Erwachsene im Alter von 18

---

[1] Das Gesetz ist 1984 verabschiedet und 1998 novelliert worden. Jährlich werden auf dessen Grundlage circa 1,4 Milliarden zum Ausbau von berufsbildenen Programmen zur Verfügung gestellt mit dem Ziel das Interesse an einer weiteren akademischen Fortbildung zu wecken und neue Karrierewege für junge Erwachsene zu eröffnen. Das Gesetz unterstützt auch das Bedürfnis nach mehr Autonomie in den Bundesstaaten.

bis 25, die keinen College Abschluss besitzen, deutlich häufiger von Arbeitslosigkeit betroffen sind als solche mit Abschluss und deren Beschäftigungsverhältnisse häufig wechseln. Die meisten Unternehmen sind nicht an einer Zusammenarbeit mit Gewerkschaften oder der Landesregierung interessiert, was den Ausbau eines Berufsbildungssystems verhindert. Viele Firmen bevorzugen die Einstellung junger Erwachsener ab Mitte 20 und bieten interne Qualifizierungen oder unterstützen die Qualifizierung ihrer Angestellten finanziell. Der Grund für Einstellungen in einer späteren Lebensphase liegt in der Annahme, dass junge Erwachsene in diesem Alter, nachdem sie eine so genannte Floundering Periode (Klerman/Karoly 1995, Stern/Finkelstein/ Stone III 1995) oder Orientierungsphase durchlaufen haben, in ihrer Berufs- und Lebensplanung gefestigter sind und dem Unternehmen längerfristig zur Verfügung stehen, was eine Investition in Aus- und Weiterbildung nachhaltiger erscheinen lässt (Educational Testing Service 2006). Aufgrund dieser Tendenzen wird sowohl bei High School Absolventen als auch bei Absolventen von Berufsausbildungen besonderer Wert auf die Studierfähigkeit gelegt. Gleichzeitig soll die Berufsausbildung eine anspruchsvolle technische Vorbereitung auf gut bezahlte Beschäftigungsverhältnisse in der Arbeitswelt sein.

In diesem Kapitel wird die Situation der Berufsbildung in den USA erörtert. Zunächst wird die historische Entwicklung kurz umrissen, gefolgt von einem Überblick über die wichtigsten gesetzlichen Grundlagen. Das zweite Kapitel widmet sich verschiedenen Aspekten der Modernisierungsbestrebungen in der beruflichen Bildung. Dazu gehören sowohl die amerikanischen Bemühungen um Standardisierung als auch die Institutionalisierung verschiedener Ausbildungsprogramme und Angebote. Im Ausblick wird kurz auf mögliche Zukunftsszenarien der Berufsbildung eingegangen.

1.2 Historischer Hintergrund

Seit 1905 wird in den USA über die Einführung des Dualen Systems debattiert (Benavot 1983); zu dessen umfassender Implementierung ist es jedoch nie gekommen. In Bundesstaaten wie Wisconsin, Ohio oder Pennsylvania, wo sich viele deutsche Einwanderer niedergelassen haben, wurde die Tradition der Lehrlingsausbildung in einigen Industrien fortgesetzt (Kreysing 2003). Seit dem Sieg der Nation über die vorherrschende Kolonialmacht orientierte sich die Gesellschaft an einem demokratisch-egalitären Ideal und Bildung wurde zum wichtigsten Fundament für den neuen Föderalstaat. Es dominierte das Ideal der Chancengleichheit und der Förderung von Eigeninitiative. Gemäß dem Prinzip der Meritokratie sollte jeder die Möglichkeit des sozialen Aufstiegs besitzen (Urban/Wagoner 2003). Im Jahre 1914 hat die

Commission on National Aid to Vocational Education beschlossen, dass manuelles Training beziehungsweise reine technische Berufsbildung für den Arbeitsmarkt nicht mehr ausreichend sei und eine Verbindung mit allgemeiner Bildung bzw. akademischer Bildung angeboten werden sollte (Woodward 1974).
Seit Beginn des 19. Jahrhunderts die Bedeutung der Berufsbildung. Gleichzeitig wurde davor gewarnt, dass Teilnehmer an Berufsausbildungen später schlechtere Chancen hätten sozial aufzusteigen. Besonders sinnvoll erschien Berufsbildung für Jugendliche, die in den akademischen Fächern in der High School keine ausreichenden akademischen Leistungen zeigten (Urban/Wagoner, 2000). High Schools führten zunehmend verschiedene Tracks ein und differenzierten zwischen akademischen, berufsvorbereitenden und Wirtschafts- und Handelsklassen. Diese didaktische und organisatorische Differenzierung begünstigte eine soziale Trennung der Schüler. Während Kinder aus den oberen Gesellschaftsschichten allgemein bildende Kurse besuchten, nahmen die Kinder der Mittelschicht am Unterricht in Wirtschaft und Handel teil, und die Arbeiterkinder absolvierten vorwiegend berufsbildende Kurse (die sich auf rein technische Berufe beschränkten).

1.3 Gesetzliche Grundlagen der Berufsbildung

1927 wurde die Finanzierung von berufsbildenden Programmen zunächst im Landwirtschaftssektor, im Smith Hughes Act verankert. Der 1984 erlassene Carl D. Perkins Vocational Education Act ist die wichtigste gesetzliche Grundlage für die staatliche Finanzierung der Berufsbildung. Auch der School-to-Work Opportunities Act, erlassen unter President Clinton, war für einige Jahre von Bedeutung, da verschiedene berufsvorbereitende Programme finanziert wurden. Mit dem Ende der Anschubfinanzierung endeten jedoch viele von ihnen (Kazis 2001).
Im Jahre 1998 kam es zur Novellierung des Carl D. Perkins Vocational Education and Applied Technology Act. Dessen Hauptanliegen war die Förderung von Allgemein- bzw. akademischer Bildung in der Berufsbildung. Der Trend zur Überbewertung der akademischen Bildung wurde vor allem mit dem Bericht A Nation at Risk (U.S. Department of Education 1983) ausgelöst, welcher die mittelmäßigen Ergebnisse bei internationalen Schulleistungsvergleichen darstellte und bemängelte, dass die Schüler in den USA hinter denen anderer Länder zurückblieben. Die Verbesserung der Schulleistung in Fächern wie Mathematik, Naturwissenschaft und Englisch wurde deshalb zum nationalen Ziel erklärt. Auch Berufsbildungsprogramme sollten sich diesem Ziel verpflichten. In der Neuauflage des Perkins Acts wird die duale Verbindung zwischen dem Lernen in der Schule und dem Lernen an

einem Arbeitsplatz hervorgehoben. Partnerschaften zwischen Betrieben und Schulen sollen mehr gefördert werden. Es wird weiterhin darauf verwiesen, dass die Berufsbildung vor allem Grundlage für die Weiterqualifizierung an Colleges sein sollte und die Nutzung moderner Technologien einschließt.

Die neue Ausrichtung des Carl D. Perkins Act weist auf eine grundlegend andere Berufsbildungsphilosophie hin, die im Vergleich zu Deutschland nicht das Ziel verfolgt in einen spezifischen Beruf auszubilden und damit einhergehend eine Berufsidentität zu prägen, sondern stattdessen auf weiteres Lernen vorbereiten soll. Dabei ist zu berücksichtigen, dass Teilnehmer an Programmen der Community Colleges anschließend häufig in Berufen arbeiten, für welche in Deutschland eine Berufsausbildung im dualen System erforderlich wäre. Da insbesondere in vielen Serviceberufen keine einheitlichen Standards bestehen und diese gesellschaftlich einen niedrigen Stellenwert einnehmen, wie z.B. Maurer, Automechaniker oder Friseurin, reicht zur Ausübung häufig bereits die Teilnahme an den berufsvorbereitenden Kursen der High School.

2. Modernisierung der Berufsbildung

2.1 Die Vermarktung der Berufsbildung

Zahlreiche amerikanische Autoren haben sich mit der kritischen Situation der Ausbildung junger Erwachsener beschäftigt und auf die Bedeutung der Berufsbildung, aber auch auf das Problem der Stigmatisierung von Teilnehmern an Berufsausbildungen verwiesen (Brint/Karabel 1989, NCEE 2007, Oakes 2005, Orfield 1997, Schneider/Stevenson 1999). Um mehr junge Erwachsene für Berufsbildungskurse zu gewinnen wurde die Bezeichnung „Vocational Education and Training" in „Career Education and Training" geändert. Ob die neuen Bezeichnungen tatsächlich zu einer Erhöhung der Bildungsbeteiligung an berufsvorbereitenden Kursen führen, kann noch nicht abgeschätzt werden. Bisher scheint die Resonanz darauf aber eher verhalten.

2.2 Der Übergang von Schule zu Beruf

Generell ist der Übergang von der Schule in den Beruf hochgradig flexibilisiert und wird bestimmt durch Angebot und Nachfrage auf dem Markt. Eine staatliche Regulierung des Ausbildungsangebotes findet nicht statt. Berufsbildung kann in den USA bereits in der High School beginnen, meistens in

Klasse 11, in manchen Einrichtungen aber auch schon ab Klasse 9. Am Ende der 12. Klasse besteht die Möglichkeit Zertifikate zu erwerben, die in einigen Berufen wie zum Beispiel Kfz-Mechanik oder Hairstyling und Kosmetik als Eintrittsticket in das Berufsleben ausreichend sein können. Gefördert wird aber der Besuch weiterer Bildungseinrichtungen, ganz besonders der Community Colleges, die sich auf zahlreiche Berufe spezialisiert haben (Hawley/ Montrichard 2007). Noch immer variiert das Eintrittsalter in die Berufsausbildung stark und liegt im Durchschnitt an Community Colleges und Technical Colleges bei 29 Jahren (U.S. Department of Education 2006). Das Prinzip der Chancengleichheit hat unter anderem dazu geführt, dass Amerikaner theoretisch jederzeit Zugang zu den verschiedenen Bildungsinstitutionen haben. Eine frühe Trennung der Schüler in verschiedene Schulformen wie in Deutschland gibt es in den USA nicht. Die Trennung innerhalb einer High School in verschiedene Tracks (berufliche oder akademische Kurse) ist zwar möglich, wird aber stark kritisiert (Mortimer 2003). Für diejenigen, die sich nicht früh im Leben beruflich festlegen können oder wollen, werden zahlreiche Möglichkeiten der späteren Qualifizierung angeboten (Cook/Furstenberg 2002). Die Zugangsvoraussetzungen an verschiedenen Colleges sind sehr unterschiedlich, beinhalten aber in der Regel ein High School Diplom. Meist müssen die Bewerber zunächst Tests in Mathematik und Englisch sowie, je nach Ausbildungsprogramm, in weiteren Fächern absolvieren. Sollten die Zugangsvoraussetzungen nicht erfüllt werden, besteht die Möglichkeit Auffrischungskurse zu besuchen und die Eingangsprüfungen später zu wiederholen.

Aufgrund des umfangreichen Angebotes an verschiedenen Berufsbildungsmaßnahmen gibt es keine typischen biografischen Lebensverläufe, die mit einer Berufsausbildung beginnen. Auch die Dauer der Ausbildungsprogramme unterscheidet sich weitläufig und kann zwischen 2 Wochen und 6 Jahren variieren. Wichtig ist, dass die Teilnehmer entweder Anspruch auf eine staatliche Förderung ihrer Ausbildung haben, über ein Stipendium verfügen oder selbst die finanziellen Mittel für eine Ausbildung aufbringen können. In einigen Bundesstaaten, wie z.B. Georgia, bekommen viele junge Erwachsene, wenn sie die Voraussetzungen erfüllen, ein Stipendium, das den Erwerb eines ersten College Abschlusses fördern soll. Teilweise können auch Kurse, die an der High School besucht wurden, auf ein College Programm angerechnet werden.

Da die Ausbildung für einzelne Berufe an den High Schools in der Regel zu aufwendig ist und Jugendliche außerdem gleichzeitig auf ein Berufsfeld vorbereitet werden sollen, hat das U.S. Department of Education (1999) das System der Career Cluster mit 16 Berufsfeldern eingeführt. Dieses System klassifiziert Berufe nach ähnlichen Merkmalen in Bezug auf Wissensanforderungen und Fertigkeiten. Viele High Schools spezialisieren sich nur auf einige Cluster oder fassen mehrere Cluster zusammen um effizienter zu wirtschaften. Manchmal spezialisieren sich Schulen auch auf ein Cluster oder es entsteht eine Berufsschule als eigenständige Einrichtung innerhalb einer High School. Teilweise wird auch mit anderen Schulen kooperiert und Schüler können an benachbarten Einrichtungen Kurse besuchen. Während ein Teil der schulischen Berufsausbildungen bereits den direkten Übergang in das Berufsleben ermöglicht, ist in anderen Zweigen ein Aufbaustudium am College erforderlich. Eine Ausbildung kann bis zu sechs Jahre schulischer Bildung erfordern, die zwei bis vier Jahre an der High School und zwei bis vier Jahre am College einschließt. Die Dauer ist vom Anspruchsniveau der Ausbildung abhängig, welches sich an den Erfordernissen auf dem Arbeitsmarkt orientiert.

2.3 Institutionen der Berufsbildung

Es können drei Arten von High Schools mit berufsvorbereitenden Angeboten unterschieden werden: Comprehensive High Schools bieten sowohl eine breite Auswahl an akademischen als auch an berufsvorbereitenden Fächern an. Schüler können hier generell so viele berufsvorbereitende Kurse besuchen wie sie möchten und müssen sich nicht notwendigerweise auf einen Berufszweig festlegen. Lokale Berufsschulen, die von Schülern verschiedener High Schools an einzelnen Tagen oder Nachmittagen besucht werden, offerieren ein breites Angebot an berufsvorbereitenden Kursen. In einigen Bundesstaaten gibt es darüber hinaus auch Ganztages-Berufsschulen, die gleichzeitig High Schools sind. Hier wird akademische und berufliche Bildung angeboten und es wird von allen Schülern erwartet, dass sie einen Berufsabschluss erwerben. Während Schüler, welche berufsvorbereitende Kurse besuchen, zumindest über eine gute Grundlage für eine Berufstätigkeit verfügen, sind Schüler, die ausschließlich akademische Fächer in der High School belegen und keinen College Abschluss erwerben, weniger gut auf das Berufsleben vorbereitet (Staff/Mortimer 2003).

Im Anschluss an die High School kann eine Vielzahl von höheren Bildungseinrichtungen besucht werden, die berufliche Bildung anbieten. Dabei können sowohl der Bachelor als auch dem Bachelor untergeordnete Abschlüsse erworben werden. Etwa 40% der High School Absolventen besuchen eines der mehr als 1600 Community Colleges im Land. Es können dort sowohl allgemein bildende als auch berufsbildende Kurse besucht werden, so dass den Teilnehmern anschließend viele weitere Bildungswege offen stehen. Hauptziel der Community College Ausbildung ist es die Chancen auf höher qualifizierte und besser bezahlte Arbeitsplätze zu steigern. Für die meisten dauert der Erwerb eines Abschlusses drei Jahre, da sie sich parallel zur Ausbildung in Arbeitsverhältnissen befinden um den Lebensunterhalt zu sichern (Heidemann, 1999).

Ungefähr die Hälfte eines High School Jahrgangs wechselt direkt über in das Berufsleben und erwirbt die nötigen Fähigkeiten und Fertigkeiten sukzessive am Arbeitsplatz im On the Job Training. Da die ersten Arbeitsverhältnisse in der Regel jederzeit von beiden Seiten gekündigt werden können, verbleiben junge Arbeitnehmer oft nur kurze Zeit in den Unternehmen. Auf diese Weise lernen sie verschiedene Arbeitssituationen und Arbeitgeber kennen, befinden sich zwischendurch aber in meist kurzen Phasen der Arbeitslosigkeit (Blanchflower/Freeman 2000). Typischerweise werden Arbeitsverhältnisse so lange gewechselt, bis die jungen Erwachsenen eine für sich akzeptable Beschäftigung gefunden haben.

Obgleich berufliche Bildung sehr umstritten ist, haben neuere Bemühungen der Integration von akademischer und beruflicher Bildung Erfolge gezeigt. Insbesondere die TechPrep Programme beweisen, dass das angewandte Lernen vielen Schülern hilft akademisches Wissen anhand des Arbeitskontextes zu verstehen. Häufig steigt die Motivation für akademische Fächer und schließlich für weiterführende Studien. Da die Teilnahme an TechPrep-Kursen keine Kanalisierung leistungsschwacher Schüler in Tracks intendiert, sondern stattdessen allen Schülern offen steht, scheint diese Variante auf mehr Resonanz zu stoßen. Viele der Kurse sind eine gute Grundlage für spätere Studienprogramme, z.B. Architektur, Media Design, oder Nursing. Die Lernerfolge werden sowohl nach akademischen Standards als auch Kompetenzstandards gemessen. Das neue System beruht auf einem veränderten Verständnis von beruflicher Vorbereitung und akademischer Qualifizierung. Im Mittelpunkt steht die Ausbildung kritischer Denkweisen, die Vorbereitung auf einen flexiblen Arbeitsmarkt, in welchem eine solide akademische Grundbildung benötigt wird, eine berufliche Orientierung, die die Karriereplanung erleichtern soll, sowie die Vermittlung einer Berufsethik und interpersoneller Kommunikationsfähigkeiten. Innerhalb der einzelnen Career Cluster können sich die Jugendlichen auch bereits für konkrete Berufe ausbilden lassen. Das neue Verständnis von Berufsausbildung und Berufsorientierung basiert nicht in erster Linie auf dem Umgang mit Geräten und Maschinen, sondern auf der Vermittlung von anwendungsorientiertem Wissen und den Fähigkeiten sich mit Hilfe moderner Technologien stetig weiter zu bilden.

3. Abschließende Betrachtungen

Während seit langem in den USA die Auffassung besteht, dass die Teilnahme an berufsbildenden Programmen Aufstiegs- und Weiterbildungschancen verhindert (Vanfossen/Jones/Spade 1987) und damit auch die Ausübung von prestigeträchtigeren Berufen unmöglich macht (Grasso/Shea 1979), zeigen neuere Studien (Arum/Shavit 1995, Bishop/Maine 2004), dass die Teilnahme an Berufsausbildungen auch eine Sicherheitsstrategie für junge Erwachsene darstellt, welche wahrscheinlich kein College besuchen werden. Zahlreiche Autoren kritisieren, dass Berufsbildungsprogramme häufig zu einseitig sind, die Qualität der Ausbildung gering ist und Ausbildungsinhalte nicht flexibel genug auf Marktbedürfnisse abgestimmt werden (Berg 1994, Brint/Karabel 1988, Lynch 1994, Rieble-Aubourg 2001). Eine Anerkennung der Berufsbildung wird ebenso durch das Nichtvorhandensein eines nationalen Berufsbildungssystems erschwert (Deluca/White 1998). Zur Zeit gibt es mehr als 800 verzeichnete und anerkannte Berufstitel in den USA, aber Ausbildungen werden hauptsächlich in ungefähr 20 Berufszweigen angeboten, insbesondere in den Bauberufen (Bureau of Apprenticeships and Training 2005). Klassische Lehrlingsausbildungen wie in Deutschland werden von weniger als einem Prozent der potentiellen Arbeitskräfte absolviert (Rieble-Aubourg 2001) und stellen deshalb nur eine unter vielen möglichen Maßnahmen zur Berufsausbildung dar (Hamilton 1990). Trotzdem zeigt die Vielzahl an berufsvorbereitenden und berufsbildenden Angeboten, dass das Bewusstsein über die Bedeutung der Vermittlung berufsrelevanter Fähigkeiten und Fertigkeiten auf administrativer Ebene und innerhalb der Schulen durchaus vorhanden ist. Ob die neuen Strukturen und Begriffe tatsächlich mehr junge Erwachsene für die Berufsbildung interessieren und begeistern können, ist noch nicht abschätzbar. Der momentane Trend zu akademischer Vor- und Weiterbildung lässt zunächst auf einen zunehmenden Bedeutungsverlust der Berufsbildung schließen. Gleichzeitig zeichnet sich aber auch die Einsicht ab, dass für bestimmte Schülergruppen eine berufliche Konzentration bereits in der High School gewinnbringender ist. Positiv zu bewerten ist sicherlich die Durchlässigkeit des U.S.-amerikanischen Ausbildungssystems, welches jederzeit den Zugang zu verschiedenen Ausbildungseinrichtungen ermöglicht und damit das lebenslange Lernen sowie die berufliche Um- oder Neuorientierung fördert.

Literatur

Aronstamm Young, Beth (2004). Public High School Dropouts and Completers from the common core of data. School Year 2000-2001. Education Statistics Quarterly 5, 4, http://nces.ed.gov/programs/quarterly/vol_5/5_4/3_7.asp

Arum, Richard/Shavit, Yossi (1995): Secondary Vocational Education and the Transition from School to Work. In: Sociology of Education 68, 3, S. 187-203.

Benavot, Aaron (1983): The Rise and Decline of Vocational Education. In: Sociology of Education 56, S. 63-76.

Berg, Peter B. (1994): Strategic Adjustments in Training: A Comparative Analysis of the U.S. and German Automobile Industries. In: Lynch, Lisa (Hrsg): Training and the Private Sector. International Comparisons. Chicago: The University of Chicago Press, S. 77-108.

Bilginsoy, Cihan (2005): Registered Apprentices and Apprenticeship Programs in the U.S. Construction Industry between 1999 and 2003. An Examination of the AIMS, RAIS, and California Apprenticeship Agency Database. Working Paper No. 2005-09, Salt Lake City, UT: http://www.econ.utah.edu/activities/papers/2005_09.pdf

Bishop, John H./Mane, Ferran (2004): The Impacts of Career-Technical Education on High School Labor Market Success. In: Economics of Education Review 23, 4, S. 381-402.

Brint, Steven/Karabel, Jerome (1989): The Diverted Dream. Community Colleges and the Promise of Educational Opportunity in America, 1900-1985. New York: Oxford Press.

Büchtemann, Christoph F./Schupp, Jürgen/Solof, Dana J. (1994): Übergänge von der Schule in den Beruf – Deutschland und USA im Vergleich. In: Mitteilungen aus der Arbeitsmarkt- und Berufsforschung 26, S. 507-520.

Bureau of Apprenticeship and Training (2005): Apprenticeship and Training in the U.S. http://bat.doleta.gov/search_result.asp?State=TX&CountyCode=All&strStateName=TEXAS, 20.04.2007.

Cook, Thomas D./Furstenberg Jr., Frank F. (2002): Explaining Aspects of the Transition to Adulthood in Italy, Sweden, Germany, and the United States: A Cross-Disciplinary, Case Synthesis Approach. In: The Annals of the American Academy 580, S. 257-289.

Deluca, D. & White, R. (1998): School-to-Work Transition in the United States: Forging a System for the Future from the Lessons of the Past. In: Lange, Thomas (Hrsg): Understanding the School-to-Work Transitions: An International Perspective. Commack, NY: Nova Science Publishers, S. . 7-24.

Educational Testing Service (2006): High School Reform and Work: Facing Labor Market Realities. Princeton, NJ: Policy Information Center.

Grasso, John/Shea, John (1979): Vocational Education and Training: Impact on Youth. Berkeley, CA: Carnegie Foundation for the Advancement of Teaching.

Hamilton, Stephen F. (1990): Apprenticeship for Adulthood. Preparing Youth for the Future. New York: The Free Press.

Hawley, Josh/Montrichard Alexandra de (2007): Accountability and State Career Technical Education (CTE) Policy: A Brief Review of Six U.S. States. In: Mclean, Rupert/Wilson, David (Hrsg): TVET UNESCO/UNEVOC International Handbook of Vocational Education and Training. Berlin: Springer Verlag.

Kazis, Richard (2001): School-to-Work: Present and the Future (Interview). http://www.jff.org/pressreleases/kazisint.html, 23.08.2005.

Klerman, Jacob A./Karoly, Lynn A. (1995): The Transition to Stable Employment: The Experience of U.S. Youth in their Early Labor Market Career. Santa Monica, CA: Rand.

Kreysing, Mathias (2003): Berufsausbildung in Deutschland und den USA. Institutionalisierung des dualen Berufsbildungssystems in vergleichender Perspektive. Dissertation. Universität Göttingen. http://webdoc.sub.gwdg.de/diss/2003/kreysing/kreysing.pdf

Lynch, Lisa M. (1994): Training and the Private Sector. International Comparisons. Chicago: University of Chicago Press.

Mortimer, Jeylan T. (2003): Working and Growing Up in America. Cambridge, MA: Harvard University Press.

NCEE (2007): Tough Choices or Tough Times. The Report of the New Commission on the Skills of the American Workforc. Washington: National Center on Education and the Economy.

Oakes, Jeannie (2005): Keeping Track. How Schools Structure Inequality. New Haven: Yale University Press.

Orfield, Gary (1997): Going to Work: Weak Preparation, Little Help. In: Wong, Kenneth (Hrsg): Advances in Educational Policy: Vol. 3: The Indiana Youth Opportunity Study: A Symposium. Greenwich, CT: JAI, S. 3-31.

Rieble-Auburg, S. (2001): Institutional Arrangements of Germany's Vocational Education System. What are the policy implications for the U.S.? In: IJCS 37, 1-2, S. 174-191.

Schneider, Barbara/Stevenson, David (1999): The Ambitious Generation: America's Teenagers, Motivated but Directionless. New Haven: Yale University Press.

Staff, Jeremy/Mortimer, Jeylan T. (2003): Diverse Transitions from School to Work. In: Work and Occupations 30, 3, S. 361-369.

Stern, David/Finkelstein, Neal/Stone III, James R. (1995): School to Work: Research on Programs in the United States. London: Falmer Press.

United States Department of Labor (2006): Union Members in 2006. Washington: Bureau of Labor Statisitics.

Urban, Wayne/Wagoner, Jennings (2003): American Education: A History with the McGraw-Hill Foundations of Education Timeline. New York: Mc-Graw-Hill.

U.S. Department of Education (1983): A Nation at Risk. Washington, DC: U.S. Government.

U.S. Department of Education (1999): Career Clusters. http://www.ed.gov/about/offices/list/ovae/pi/cte/index.html (23.4.07)

U.S. Department of Education (2006): Profile of Undergraduates in U.S. Postsecondary Education Institutions 2003-04, with a Special Analysis of Community College Students: Statistical Analysis Report. Washington, DC: National Center for Education Statistics.

Vanfossen, Beth E., Jones, James D., Spade, Joan Z. (1987): Curriculum Tracking and Status Maintenance. In: Sociology of Education 60, S. 104-122.
Woodward, C. M. (1974): The Fruits of Manual Training [1883]. In: Lazerson, Marvin/Grubb, W. Norton (Hrsg): American Education and Vocationalism: A Documentary History 1870-1970. New York: Teachers College Press.

Das QM-Handbuch als Bindeglied einer Dokumentation strategischer Aussagen und operativer Aktivitäten der Schul- und Unterrichtsentwicklung einer Schule

Burghard Bittorf

1. Ausgangslage

Vor dem Hintergrund der viel beschworen Krise des Dualen Systems und der konjunkturell bedingten Zunahme der Ausbildungsplatzlücke, kam mit der aus PISA abgeleiteten mangelnden Ausbildungsreife der Schulabgänger des allgemeinbildenden Schulsystems ein neuer Faktor hinzu, der die thematische Brisanz weiter verschärfte. Insbesondere die Betriebe und die beruflichen Schulen sahen sich als Hauptbetroffene der Bildungsmisere (Presseinformation von KWB, BLBS und VLW 2003: 1). Eine sich aus PISA ergebende Handlungskonsequenz für das Kultusministerium in Baden-Württemberg war die qualitative Weiterentwicklung des Bildungswesens durch eine Stärkung der Eigenständigkeit der einzelnen Schulen, verbunden mit einer Pflicht zur Rechenschaftslegung. Zur Realisierung wurde zunächst das Projekt Stärkung der Eigenständigkeit beruflicher Schulen (Ministerium für Kultus, Jugend und Sport Baden-Württemberg 2004) und darauf aufbauend das Projekt Operativ Eigenständige Schule (Ohne Autor 2005) durchgeführt.

2. Die Projekte Q2E und OES im Vergleich

Das Ziel von OES ist die Etablierung eines Qualitätsmanagementsystems an Schulen, mit dessen Hilfe die Input-, Prozess- und Outputqualitäten in Bezug auf die Unterrichts- und Schulqualitäten analysiert, bewertet und Maßnahmen zur Qualitätsverbesserung einer Schule ergriffen und hinsichtlich ihrer Wirksamkeit evaluiert werden können. Als Orientierungsgröße zur Entwicklung des so genannten QM-BW wurde auf das Schweizer Modell Qualität durch Evaluation und Entwicklung (Landwehr & Steiner 2003) zurückgegriffen, da es für Schulen entwickelt, erprobt und bereits im Regelbetrieb seit 2002 eingesetzt wird. Ein weiterer Vorteil ist das umfangreiche Q2E-Material, mit dessen Hilfe eine Feedbackkultur aufgebaut und Selbstevaluationen durchgeführt werden können (Kratzmeier 2005). Kennzeichnend für dieses Modell sind: Leitbildentwicklung, Aufbau eines schulinternen Qualitätsmanagementsystems mit Selbstevaluation, externe Fremdevaluation und Zertifizierung. Q2E entstand aufgrund der Annahme, dass für die Schweiz bis dahin kein für Schulen geeignetes QM-System existierte (Gonon et al. 1998). Damit ist auch schon der erste von zwei zentralen Unterschieden genannt, da im Gegensatz zu den Schulen der Nordwestschweiz sich die OES-Projektschulen an einem bereits etablierten QM-System orientieren und dieses adaptieren konnten. Ferner stehen den OES-Schulen von Beginn an umfangreiche Handreichungen zur Verfügung, die den Schritt in die Selbständigkeit erleichtern sollen (Euler 2005: 37). Neben diesem unterschiedlichen Wissensumfang zu Beginn der Projekte gab es auch einen Unterschied in der Zielgruppe. Während in der Nordwestschweiz allgemeinbildende und berufsbildende Schulen an dem Projekt teilnahmen, wurden für OES nur berufsbildende Schulen sowie die Staatlichen Seminare für Didaktik und Lehrerbildung ausgewählt. Gemeinsam sind beiden Projekten die beabsichtigten Ziele Qualitätsförderung bzw. -entwicklung an Schulen sowie die Dokumentation durch ein Qualitätshandbuch.

3. Das Qualitätshandbuch: Begriff und Funktionen

Ein Qualitätshandbuch wird im Rahmen von OES definiert als eine Dokumentation der Qualitätsentwicklung einer Schule in systematischer und schriftlicher Hinsicht. Es soll sowohl verbindliche Anleitung als auch Drehbuch sein, der Rechenschaftslegung dienen und den Prozess der Qualitätsentwicklung an der Schule weiterführen (Ohne Autor 2005: 5). Der Kanton Basel-Stadt, der auch Teil der Nordwestschweizer Projektregion ist, definiert ein Handbuch noch detaillierter:

„Das Qualitätshandbuch dokumentiert die Aufgaben, Prozesse, Ergebnisse oder Verantwortlichkeiten, die im Rahmen des schulischen Qualitätsmanagement relevant sind. Die durch das QM-Konzept ausgelöste QM-Praxis, aber auch sonstige qualitätsrelevante Verfahren und Instrumente der Schulpraxis, werden im Q-Handbuch festgehalten – im Sinne eines institutionalisierten Wissensmanagements. Es ist gleichzeitig ein Porträt der Schule und also von individuellem Zuschnitt." (Erziehungsdepartement des Kantons Basel-Stadt, 2005: 17).

Ein Qualitätshandbuch hat eine weitreichende Bedeutung für den Prozess der Qualitätsentwicklung an der Schule und erfüllt verschiedene Funktionen (Beck-Naumann et al. 2004)[1]:

---

1 Anmerkung: Die Inhalte der Funktionen ersten Grades basieren auf der bezeichneten Handreichung. Die Bezeichnungen der einzelnen Funktionen, die Kommunikationsfunktion und die Unterscheidung der Funktionen 1. und 2. Grades stammen vom Autor.

- Dokumentation: Es dokumentiert den Weg hin zur "lernenden Schulorganisation".
- Unsicherheitsreduktion: Das Handbuch dient als Nachschlagewerk für Lehrer und Schulleitung und erleichtert neuen Kollegen die Einarbeitung.
- Reflexion: Handbücher dienen als Basis für die Reflexion über den Qualitätsentwicklungsprozess.
- Transparenz: Im Handbuch werden Aufbau- und Ablauforganisation der Schule in strukturierter Form dargestellt.
- Steuerung: Es dient als Basis für die Durchführung der Selbstevaluation.
- Kontrolle: Es dient als Basis für die Durchführung der Fremdevaluation.

Als Funktion zweiten Grades bzw. als Metafunktion ist die Kommunikation zu nennen, die hinter den bereits genannten Funktionen steht. Qualitätshandbücher kommunizieren nach innen zum Kollegium, zur Schulverwaltung und Schulleitung sowie nach außen zu den Fremdevaluatoren. Im Handbuch ist Wissen gebündelt, welches für die gesamte Organisation als verbindlich gilt. Diese Verbindlichkeit wird zudem durch die Einbindung des Kollegiums bei der Entstehung des Qualitätshandbuchs gesteigert. Trotz all dieser Funktionen und der daraus resultierenden Bedeutung des Handbuchs, ist es wichtig den richtigen Umfang zu wählen: Es sollte nicht zu umfangreich sein, sonst besteht die Gefahr der unnötigen Bürokratisierung. Erfolgt die Dokumentation hingegen zu oberflächlich, so besteht das Risiko, dass es nicht genutzt wird (Erziehungsdepartement des Kantons Basel-Stadt, 2005: 17).

4. Die Methodik zur Untersuchung der Qualitätshandbücher

Qualitätshandbücher stellen ein sachliches Medium dar, die eine verbindliche Quintessenz von Aussagen zur Qualitätsentwicklung einer Schule enthalten und in einem intersubjektiven Prozess entwickelt wurden bzw. weiterentwickelt werden und wissenschaftlich nachvollziehbar sind. Als Untersuchungsmethode wurde auf die Qualitative Inhaltsanalyse nach Mayring zurückgegriffen (Mayring 2003). Dies bedeutet, dass relevante Textstellen als Ankerstellen genutzt wurden. Da jedes Qualitätshandbuch einer Schule jedoch einzigartig in qualitativer wie quantitativer Hinsicht ist, stellte sich die Frage nach der Dokumentation für den Fall, dass keine relevanten Textstellen zur Beantwortung der Frage gefunden werden konnten. Hierfür wurde ein Hilfskonstrukt eingeführt, das in Anlehnung an Mayring als „negative Ankerstelle" bezeichnet wird. Es handelt sich dabei um ein dreistufiges Vorgehen.

Zunächst wird das vollständige Inhaltsverzeichnis des Qualitätshandbuchs einer Schule dokumentiert. Notwendig sind die Angaben: Aktueller Stand des Handbuchs und das Einsichtsdatum. Anschließend wird der Suchpfad mit genauer Angabe der Kontexteinheiten, in denen relevante Kodiereinheiten vermutet, aber keine gefunden wurden, erfasst. Abschließend wird das gesamte Handbuch nach der gewünschten Information durchleuchtet. Dieses Vorgehen gewährleistet eine jederzeitige Nachprüfbarkeit der vorgenommenen Dokumentation und, falls in der Zwischenzeit Änderungen aufgetreten sind, zugleich eine Nachvollziehbarkeit des Zeitpunktes der Änderung. Ergänzend wurde neben der qualitativen Inhaltsanalyse den Schulleitungen eine mündliche Ergänzungsfrage mit vier (Baden-Württemberg) bzw. sechs Teilaspekten (Nordwestschweiz) im Rahmen eines Experteninterviews gestellt (Flick 2002: 139-141). Der Stichprobenumfang der untersuchten beruflichen Schulen betrug in Baden-Württemberg 16, in der Nordwestschweiz 9 Schulen. In beiden Regionen entsprach dies einer Vollerhebung.

5. Befunde zur Dokumentation strategischer Aussagen und operativer Aktivitäten im Qualitätshandbuch einer Schule

Das Leitbild stellt in strategischer Hinsicht das zentrale Dokument dar, in dem sich die Schule zu angestrebten Zielen äußert. Demzufolge kann es als Richtschnur einer zielorientierten Qualitätsentwicklung betrachtet werden. In beiden Regionen verfügen alle Projektschulen über eine Dokumentation strategischer Aussagen in ihren Qualitätshandbüchern. Während in Baden-Württemberg alle Schulen über ein Leitbild verfügten, gab es in der Schweiz ebenfalls an allen Schulen mindestens ein Dokument strategischen Inhalts. 33,3% verfügen über ein Leitbild, 22,2% hatten stattdessen ein Qualitätsleitbild und 44,4% hatten sowohl ein Leitbild als auch ein Qualitätsleitbild. Zentrale Unterschiede zwischen Leitbild und Qualitätsleitbild liegen in der anvisierten Zielgruppe sowie im Detaillierungsgrad der Aussagen begründet. Während sich das Leitbild v.a. an externe Zielgruppen in Form von eher generellen Aussagen richtet, soll das Qualitätsleitbild mit seinen sehr detaillierten Angaben zu einzelnen Input-, Prozess- und Outputqualitäten der Schule hauptsächlich den Lehrkräften und Mitarbeitern als Orientierung dienen. Gemeinsam ist beiden die grundsätzliche Beschreibung der Zielrichtung der Schule – lediglich auf unterschiedlichen Niveaus. In den beiden folgenden Tabellen sollen exemplarisch Gemeinsamkeiten und Differenzen von Leitbildern und bzw. oder Qualitätsleitbildern zwischen den beiden Projektregionen aufgezeigt werden. Die Tab. 1 zeigt eine Gegenüberstellung von Aussagen zu methodischen Aspekten der Unterrichtsgestaltung. Gemeinsam ist beiden Projektregionen die Betonung einer abwechslungsreichen und aktuellen methodischen Gestaltung von Unterricht. In der Schweizer Projektregion wird stärker auf eine Binnendifferenzierung, einer generellen Förderung der Kommunikation der Schüler sowie Freiräumen zur persönlichen Ausgestaltung von Lehrplänen und Inhalten auf Seiten der Lehrkräfte Wert gelegt als in Baden-Württemberg. Umgekehrt wird dort stärker die Vereinbarung von Regeln für Schule und Unterricht betont.

Tab.1: Aussagen zur Unterrichtsgestaltung – Methodik, eigene Darstellung

Aspekt der Unterrichtsgestaltung – Teilbereich: Methodik	Nordwestschweiz	Baden-Württemberg
Abwechslungsreiche und aktuelle methodische Gestaltung	78%	56%
Binnendifferenzierung	89%	38%
Förderung der Kommunikation bei den Schülern	56%	13%
Freiräume zur persönlichen Ausgestaltung von Lehrplänen und –Inhalten	33%	6%
Regeln für Schulleben und bzw. oder für den Unterricht	11%	44%

In den strategischen Dokumenten beider Projektregionen sind Aussagen zur Reflexion, Evaluation und Entwicklung von Unterricht weit verbreitet, zumindest was Aussagen von einer eher allgemeinen Natur betrifft. Werden diese Aussagen jedoch noch weiter differenziert, z.B. bezüglich des angestrebten 360°-Feedbacks (Q2E-Philosophie) oder dem Umgang mit Kritik, finden sich hierzu in der Nordwestschweiz im erheblich höherem Ausmaß Aussagen in den strategischen Dokumenten. Als Ursachen kommen neben dem größeren Erfahrungsvorsprung die weite Verbreitung des Qualitätsleitbilds (höherer Detaillierungsgrad) in Frage.

Tab.2: Aussagen zur Unterrichtsnachbereitung, eigene Darstellung

Aspekt der Unterrichtsnachbereitung	Nordwestschweiz	Baden-Württemberg
Allgemeine Aussagen zu Evaluation, Reflexion und Entwicklung	89%	69%
Weitergehende Differenzierung allgemeiner Aussagen zu Evaluation, Reflexion und Entwicklung		
Einbezug oder Berücksichtigung von Bildungspartnern wie Eltern, Betriebe, Verbände, Ehemaliger u.a. Zielgruppen	78%	6%
Allgemeine Aussagen zur Zufriedenheit, Unzufriedenheit und Beschwerden (interne und externe Zielgruppen)	56%	6%

Neben den eigentlichen Aussagen strategischer Dokumente ist die Verknüpfung dieser Aussagen zu den auf der Unterrichtsebene eingesetzten Rückmeldeinstrumenten entscheidend, um Aussagen zur Realisation der angestrebten Ziele treffen zu können. In der Nordwestschweiz wird diese Theorie-Praxis-

Verbindung nach Aussagen der Schulleitungen an allen (ehemaligen) Projektschulen umgesetzt. In Baden-Württemberg ist dies nach Aussagen der dortigen Schulleitungen an 81% der Schulen der Fall. Für weitere 13% gilt diese Verknüpfung mit Einschränkung, weil es dort z.b. auf das kollegiale Feedback oder nur auf die im Leitbild enthaltenen Werte beschränkt bleibt. Lediglich an einer Schule (6%) ist diese Verbindung noch nicht hergestellt, weil sich dort die Feedbackinstrumente noch in der Erprobungsphase befinden. Dieses Ergebnis zeigt, dass die strategischen Aussagen von Schulen sich nicht nur in „Sonntagsreden" wiederfinden, sondern die Schulleitungen grenzüberschreitend auf eine Operationalisierbarkeit der angestrebten Ziele Wert legen. Eine weitere entscheidende Verknüpfung ist die Gestaltung der Informationsrückflüsse aus den durchgeführten Feedbacks auf der Unterrichtsorganisationsebene, d.h. welche Daten erhält die Schulleitung von den Unterrichtsakteuren zurückgemeldet. Hierzu ist es notwendig, eine kurze begriffliche Unterscheidung zwischen Feedback und Evaluation nach Q2E vorzunehmen. Feedbacks dienen der persönlichen Weiterentwicklung einer Lehrkraft, daher werden auch Daten erhoben, die Rückschlüsse auf persönliche Parameter einer Person ermöglichen. Bei der Evaluation werden Daten erhoben, die der schulischen Weiterentwicklung dienen und keine Rückschlüsse auf einzelne Personen ermöglichen. Es gilt ferner bei beiden Formen die Datenhoheit desjenigen, der die Daten erhebt. Aus diesem Grund beschränkt sich die Fragestellung auch nur auf Feedbackdaten, da Evaluationsdaten immer der Schule als Ganzes zurückgemeldet werden um eine Weiterentwicklung auf gesamtschulischer Ebene zu ermöglichen. In beiden Regionen dominiert die rein formale Rückmeldung, d.h. die Schulleitung erfährt Zeitpunkt, Klasse und Name der feedbacknehmenden Lehrkraft. Die weiteren Variationen in Baden-Württemberg betonen die Aktualität des zum Erhebungszeitpunkt vorhandenen Projektcharakters.

Tab.3: Informationsrückflussgestaltung nach Feedbackerhebung, eigene Darstellung

Gestaltung der Informationsrückflüsse an die Schulleitung	Nordwestschweiz	Baden-Württemberg
Inhaltliche und formale Rückmeldung (1)	33%	---
Nur formale Rückmeldung (2)	67%	75%
Keine Rückmeldung (3)	---	19%
Wechselnde Lösung (von 3 zu 2)	---	6%

So finden sich dort die Möglichkeiten der Schulleitung keinerlei Rückmeldung zu geben, bzw. eines angestrebten Wechsels von keiner Rückmeldung zur formalen Rückmeldung. In der Nordwestschweiz hingegen fand sich mit der Möglichkeit der formalen und inhaltlichen Rückmeldung, die weitreichendste Form. Sie wurde an drei Projektschulen (33%) realisiert und wird im Folgenden ausführlicher beleuchtet.

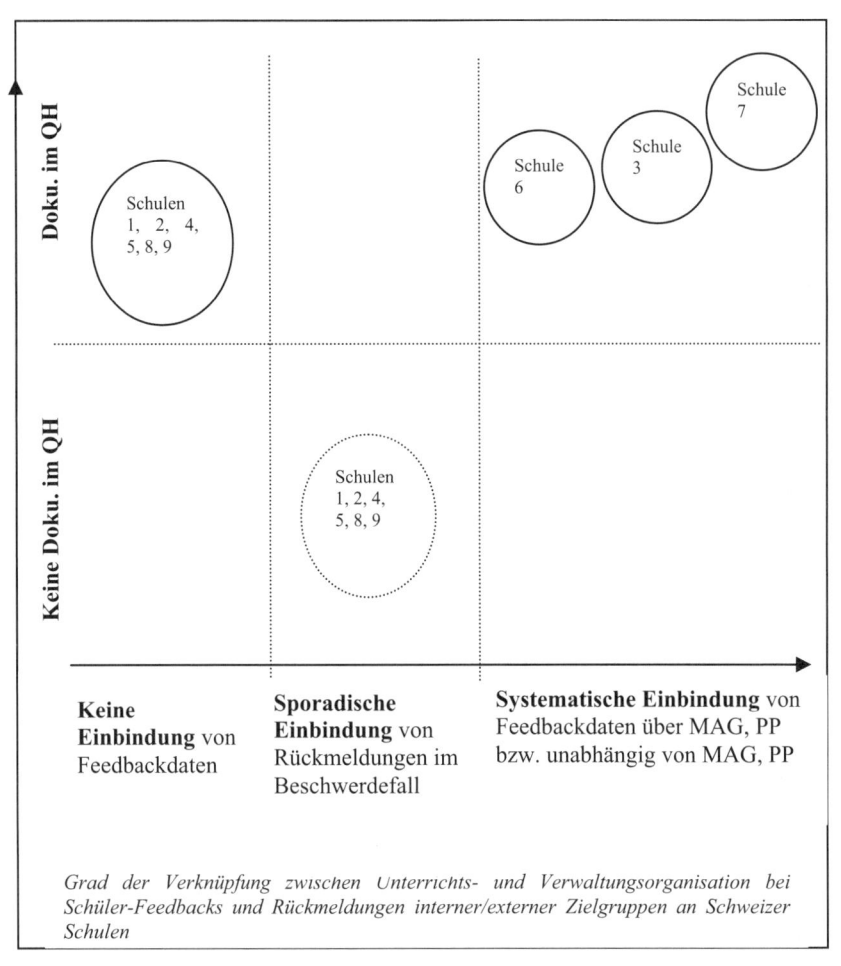

Doku. im QH		Schule 6	Schule 3 · Schule 7
Schulen 1, 2, 4, 5, 8, 9			
Keine Doku. im QH	Schulen 1, 2, 4, 5, 8, 9		
Keine Einbindung von Feedbackdaten	**Sporadische Einbindung** von Rückmeldungen im Beschwerdefall	**Systematische Einbindung** von Feedbackdaten über MAG, PP bzw. unabhängig von MAG, PP	

Grad der Verknüpfung zwischen Unterrichts- und Verwaltungsorganisation bei Schüler-Feedbacks und Rückmeldungen interner/externer Zielgruppen an Schweizer Schulen

An der Schule 6 erhält die Schulleitung die Möglichkeit, Einsicht in die aus dem Feedback mit der Klasse gezogenen gemeinsamen Maßnahmen zu erhalten. Diese erfolgt über das von der Lehrkraft geführte persönliche Portfolio (PP), welches die abgeleiteten Feedbackmaßnahmen enthält und im Rahmen des regelmäßigen Mitarbeitergesprächs (MAG) der Schulleitung vorgelegt wird. An der Schule 3 erhält die Schulleitung noch zusätzlich Einblick in die dem Feedback zugrunde liegenden Rohdaten (Fragebogenergebnisse). Im Gegensatz zu den beiden bisherigen Schulen erhält die Schulleitung der Schule 7 die Feedbackergebnisse nicht im Rahmen des MAG, sondern direkt nach Abgabe durch die Schüler, weil die elektronisch erfassten Feedbackbögen direkt auf den Server der Schulleitung übertragen und ausgewertet werden. Anschließend bespricht die Schulleitung mit der Lehrkraft die Ergebnisse, die dann wiederum das eigentliche Gespräch mit der Klasse führt und gemeinsam mit der Klasse weitere Maßnahmen beschließt. Die Schulleitung hat somit die prinzipielle Möglichkeit, den abschließenden Gesprächsverlauf zwischen Schülern und Lehrkraft aktiv zu beeinflussen, indem sie auf die, aus ihrer Sicht, kritischen Punkte hinweisen kann. Die restlichen Schulen werden aufgrund der Tab. 4 jetzt alle in der Grafik 5 in dem Segment „Keine Einbindung der Feedbackergebnisse / Dokumentation im Handbuch" eingeordnet.

Allerdings ergab sich aufgrund der mündlichen Ergänzungsfrage eine Erweiterung. Die Schulleiter der Schweizer Schulen wurden nach dem Sanktionscharakter von Feedbacks gefragt. Eine Verdichtung des Antwortspektrums führte zu zwei zentralen Erkenntnissen. Erstens: An 89% der Schulen wurde der Ansicht widersprochen, dass Feedbacks einen Sanktionscharakter hätten, vielmehr würden Feedbacks unterstützende und beratende Aktionen auslösen. Zweitens: Als Beispiel für diese unterstützenden und beratenden Aktionen wurde an den Schulen 1, 2, 4, 5, 8 und 9 der „Beschwerdefall" genannt.

Dies führt zu einer Neuordnung, die im Folgenden erläutert wird. Auf der Y-Achse kann nach dem Kriterium der Dokumentation bzw. fehlenden Dokumentation im Umgang mit Feedbackergebnissen auf der Verwaltungsorganisationsebene im Qualitätshandbuch unterschieden werden. Diese Unterscheidung ist wichtig im Sinne einer Transparenz gegenüber dem Kollegium und dem Anspruch einer umfassenden Dokumentation des Ablaufs und der Gestaltung von Rückmeldeprozessen. Auf der X-Achse kann zwischen den grundsätzlichen Alternativen „Keine Einbindung der Feedbackergebnisse", einer „sporadischen Einbindung von Rückmeldungen im Beschwerdefall" und einer „systematischen Einbindung der Feedbackergebnisse" unterschieden werden. Q2E hat als Feedbackregel die Vertraulichkeit der Ergebnisse zwischen den Feedbackebenen festgelegt. Diese grundsätzliche Haltung wurde an den Schulen 1, 2, 4, 5, 8 und 9 festgestellt, an den anderen drei Schulen wurde diese Regel zum Teil erheblich aufgeweicht.

Neben der Vertraulichkeit der systematisch erhobenen Feedbacks existiert an den genannten sechs Schulen aber noch die weitere Möglichkeit der „sporadischen Einbindung von Rückmeldungen im Beschwerdefall". Kommt es von Seiten der Schüler oder einer externen Zielgruppe zu Beschwerden über eine Lehrkraft, so kann dort die Schulleitung Maßnahmen ergreifen, die vom Aspekt der Qualitätsentwicklung (Feedback) bis zur Personalführung (angeordnete Unterrichtsbesuche) hineinreichen können.

Bei der Feldbezeichnung wird bewusst auf das Wort „Feedback" verzichtet und anstatt dessen die Bezeichnung „Rückmeldung" verwendet um die Trennung zum systematischen Feedback aber auch zur Einbindung der systematischen Feedbackdaten im Rahmen des MAG deutlich hervorzuheben. Andererseits handelt es sich um eine Art Feedback, da Schüler der Schulleitung eine Rückmeldung über das Unterrichtsgeschehen aus ihrer Sicht geben. Aus diesem Grund kann auf die Darstellung dieser Möglichkeit in der Grafik nicht verzichtet werden. Allerdings kann diesem mittleren Feld in der Grafik auch kein eindeutiger Charakter zugeordnet werden. Es handelt sich dabei vielmehr um eine Grauzone (gestrichelt) aufgrund der zugrunde liegenden Datenbasis, der Breite des Maßnahmenspektrums sowie der fehlenden Dokumentation im Handbuch. Folglich werden auch beide Segmente separat mit den sechs Schulen ausgewiesen. Ferner zeigt sich an dieser Stelle eine zumindest theoretische Verbindung zur Leitbildanalyse und dem Aspekt der Unterrichtsnachbereitung mit den Differenzierungen „Einbezug oder Berücksichtigung von Bildungspartnern" sowie dem „Umgang mit Kritik", der sich explizit auf Aussagen hinsichtlich der Zufriedenheit und Unzufriedenheit interner und externer Zielgruppen bezieht. Aus diesem erweiterten Blickwinkel heraus, ist die sporadische Einbindung von Rückmeldungen im Beschwerdefall nur eine sachlogische Konsequenz.

Abschließend ist noch anzumerken, dass die Grafik nur die prinzipiellen Alternativen im Umgang mit Feedbackdaten aufzeigen soll. Keineswegs darf sie im Sinne einer Wertigkeit nach dem Motto: „Je höher der Grad der Verknüpfung zwischen den beiden Organisationsebenen, desto besser die Schule" interpretiert werden. Die richtige Wahl in Bezug auf den Umgang mit Feedbackdaten kann nur im Zusammenhang mit der Berücksichtigung der lokalen Gegebenheiten insbesondere des Klimas zwischen Kollegium und Schulleitung jeweils vor Ort getroffen werden. Dies trifft zumindest dann zu, wenn der helfende und nicht der sanktionierende Charakter im Vordergrund stehen soll. Unabhängig von der Wahl der Alternative ist jedoch die Dokumentation der Alternative im Handbuch, die auf jeden Fall aus Gründen der Transparenz-, Dokumentations- und Steuerungsfunktion erfolgen sollte.

6. Fazit

Alle Schulen verfügen über ein Leitbild, ein Qualitätsleitbild oder auch über beide Dokumente. Im überwiegenden Maße finden sich dort Aspekte zur methodischen Gestaltung und Reflexion des Unterrichts. Die Leitbilder dienen als Orientierungsmaßstab bei der Gestaltung der Feedbackinstrumente. Es wurden zwei Formen der Rückmeldung von Daten an die Schulleitung vorgefunden. Die inhaltlich-formale Rückmeldung bedient sich des Mitarbeitergesprächs (MAG) und des Persönlichen Portfolios (PP) als Gestaltungshilfen. Ferner gibt es Schulen, die im Normalfall lediglich formale Daten zurückgemeldet bekommen möchten. Kommt es an diesen Schulen zu Beschwerden, so können die Schulleitungen Maßnahmen einleiten, deren Spektrum bis in den Bereich der Personalführung hineinreichen, auch wenn Feedbacks aus Sicht der Schulleitung keinen sanktionierenden Charakter beinhalten. Doch gerade dieser unterstützende und fördernde Charakter eines Feedbacks, auch im Beschwerdefall, sollte in den Handbüchern dokumentiert sein.

Literatur

Beck-Naumann, G. & Bumiller, G. & Döbber, K.-O. & Maier, R. & Prumbs, I. (2004). Handreichung zur Gestaltung eines Qualitätshandbuchs, online unter: www.schule-bw.de/schularten/berufliche_schulen/OES/qm/qm.htm [letzter Zugriff: 21.12.05].

Euler, D. (2005). Qualitätsentwicklung in der Berufsbildung – Untersuchung von Prof. Dr. Dieter Euler, Universität St. Gallen, Hrsg.: Bund-Länder-Kommission für Bildungsplanung und Forschungsförderung (BLK), Heft 127, Bonn.

Erziehungsdepartement des Kantons Basel-Stadt, Ressort Schulen (2005). Kantonales Rahmenkonzept: Qualitätsmanagement an den Schulen des Kantons Basel-Stadt, online unter: www.edubs.ch/die_schulen/schulen_bs/qualitaetsmanagement/rahmenkonzept.pdf (letzter Zugriff: 22.02.07].

Flick, U. (2002). Qualitative Sozialforschung. Eine Einführung. Reinbek.

Gonon, P. & Hügli, E. & Landwehr, N. & Ricka, R. & Steiner, P. (1998). Qualitätssysteme auf dem Prüfstand: Die neue Qualitätsdiskussion in Schule und Bildung, Aarau.

Kratzmeier, U. (2005). Evaluation: Ausweg oder Sackgasse?, in: bildung & wissenschaft, 57 (7/8), S. 31-34.

Landwehr, N. & Steiner, P. (2003). Qualität durch Evaluation und Entwicklung. Konzepte, Verfahren und Instrumente zum Aufbau eines Qualitätsmanagements an Schulen, (5 Broschüren im Schuber), Bern.

Mayring, P. (2003). Die qualitative Inhaltsanalyse, 8. Aufl., Weinheim.

Ministerium für Kultus, Jugend und Sport Baden-Württemberg (2004). STEBS – Abschlussberichte der Schulen, Stuttgart.

Ohne Autor (2005). Qualitätsmanagement an Beruflichen Schulen in Baden-Württemberg QM-BW, online unter: http://www.schule-bw.de/schularten/berufliche_schulen/oes/modellvorhaben/Rahmenvorgaben-qm-2003-12-10.pdf [letzter Zugriff: 27.07.05].

Presseinformation von KWB, BLBS und VLW (2003). Dringender Reformbedarf in Schule und Berufsbildung. online unter: http://www.kwb-berufsbildung.de/frontend.php3?id=77 [letzter Zugriff: 03.08.2005].

Ausbildungsabschluss durch Anerkennung informeller Kompetenzen – Implementation eines Gleichwertigkeitsverfahrens im Gesundheitsbereich

Stefanie Stolz, Philipp Gonon, Willi Roth

1. Ausgangsüberlegungen

Nicht zuletzt anlässlich tief greifender Veränderungen in der Konzeption von Beruf und Arbeit, die etwa durch diversifizierende berufliche Qualifikationsanforderungen und Tätigkeitsprofile (Haase/Neß 2005: 15) zu charakterisieren sind, gewinnt die Anerkennung und Validierung informellen Wissens neben der formellen Aneignung entsprechender Fähigkeiten an Bedeutung. Darüber hinaus verfügen viele Beschäftigte mit langjähriger Erfahrung über eine Vielzahl an Fertigkeiten, die aufgrund nicht absolvierter Ausbildungen oder nicht anerkannter Bildungswege keinen Berufsabschluss vorweisen können, der jedoch durch ergänzende bzw. nachholende Qualifizierungsmaßnahmen zu erlangen wäre.

Diese Ausgangslage setzt auf Seiten der erwerbsfähigen Individuen die beständige Bereitwilligkeit und Befähigung zum Lernen und Flexibilität im Umgang mit den sich ändernden Rahmenbedingungen voraus (Frank/Gutschow/Münchhausen 2003: 16f.). Die rasche Veralterung des Wissens und der steigende Bedarf an qualifizierten Arbeitskräften generiert eine zunehmende Menge an Kenntnissen, die flexiblere Lernformen notwendig machen. Zugleich steigt das Bedürfnis nach zertifizierten Lernergebnissen. Dies setzt andere Formen der Anerkennung des angeeigneten Wissens voraus, die auch die Anrechnung von nicht in Kursen und Schulen erworbenen Kompetenzen und Erfahrungen einschließen.

In diesem Kontext wird im Folgenden ein neu initiiertes Pilotprojekt des Kantons Zürich dargelegt, das durch ein Gleichwertigkeitsverfahren die Anerkennung informeller Kompetenzen ermöglicht und durch eine entsprechende Nachholbildung zu einem anerkannten Berufsausbildungsabschluss „Fachangestellte/r Gesundheit" (FaGe) führt. Im Hinblick auf die angestrebte reguläre Etablierung des Pilotprojektes wurde die Entwicklung des Verfahrens durch den Lehrstuhl für Berufsbildung der Universität Zürich wissenschaftlich begleitet, sowie die Durchführung des Pilotprojekts evaluiert[1].

---

1   Die Entwicklung des Gleichwertigkeitsverfahrens sowie die Begleitung und Evaluation des

Im Folgenden wird nun eine kurze Einordnung der Begrifflichkeiten vorgenommen, um dann den Entstehungskontext des Pilotprojekts zu skizzieren. Anschließend wird das Gleichwertigkeitsverfahren vorgestellt und damit verbundene Fragen und Probleme der Validierung, das heißt der Überprüfung und Anerkennung von Kompetenzen, aufgegriffen.

Den Begrifflichkeiten informelles Lernen und Kompetenz, sowie deren Messung und Anerkennung wird in den letzten Jahren eine gesteigerte Aufmerksamkeit entgegengebracht, die den Eindruck einer innovativen Thematik erwecken könnte. Gleichwohl blicken die Termini bereits auf eine längere Begriffstradition zurück. So hält bspw. John Dewey im Hinblick auf das informelle Lernen fest, dass die formale Erziehung aus der informellen Erziehung und den entsprechenden Lehr- und Lernformen hervorgehe. Gegenüber einer allzu formalisierten Bildung plädiert er hierbei für ein ausgewogenes Verhältnis zwischen formalem und informellem Lernen (vgl. dazu ausführlicher Gonon 2002).

Im aktuellen Diskurs finden neben dem klarer an schulischen Vorgaben definierten formalen Lernen für die weniger strukturierten Lernarten wie das non-formale oder informelle Lernen unterschiedlichste Auslegungen Verwendung, „die einmal eher nach ihrer organisatorischen Beschaffenheit, dann wiederum bezüglich ihrer Anerkennung, schließlich auch hinsichtlich ihrer lern- und kognitionspsychologischen Strukturierung differenziert werden" (Gonon 2002: 15). Grundlegend für die Entwicklung des Gleichwertigkeitsverfahrens war die Orientierung an der international geläufigen Begriffsdifferenzierung nach Bjørnåvold, der das formale Lernen in einem organisierten Kontext im förmlichen Bildungswesen verankert. Im Gegensatz dazu werden das nicht formale bzw. nicht formelle und das informelle Lernen als halbstrukturierte Lernformen bezeichnet. Während ersteres in planvollen Tätigkeiten integriert ist, aber nicht ausdrücklich als Lernen bezeichnet wird, findet das informelle Lernen im Alltag (Arbeitsplatz, Familie, Freizeit, etc.) statt (Bjørnåvold 2001: 221f.).

Um den vielschichtigen Begriff (Handlungs-)Kompetenz für das Verfahren operationalisierbar zu machen, wurde Bezug auf die Definition der Bildungsverordnung und des Bildungsplans für die Ausbildung zur/m Fachangestellte/n Gesundheit genommen, da diese gleichermaßen für das Gleichwertigkeitsverfahren gelten. Unter Kompetenz „wird die situationsgerechte und sachlich wie fachlich korrekt kombinierte Anwendung von Haltungen, Kenntnissen, Fähigkeiten und Fertigkeiten verstanden" (Schweizerisches Rotes Kreuz 2002).

Projekts fand im Auftrag des Mittelschul- und Berufsbildungsamts des Kantons Zürich unter der Leitung von Susanne Hardmeier statt.

2. Entstehungskontext für die Entwicklung des Pilotprojekts

Vorangehend wird nun der Kontext für die Entstehung des Gleichwertigkeitsverfahrens und der Nachholbildung geschildert, um eine bessere Verortung zu ermöglichen.

2.1 Reorganisation der Gesundheitsberufe

Die Berufsausbildung im Gesundheitsbereich in der Schweiz wurde in den letzten Jahren umfassend neu gestaltet. Seit der Revision der Bundesverfassung Anfang 2000 ist der Bund für die gesamte Berufsbildung zuständig, einschließlich aller landwirtschaftlichen, industriellen und dienstleistungsbezogenen Berufe. Bis anhin wurde die Ausbildung in den Gesundheitsberufen durch die einzelnen Kantone reglementiert und durch das Schweizerische Rote Kreuz (SRK) gesamtschweizerisch auf der operativen Ebene gesteuert.

Seit Inkrafttreten des neuen Berufsbildungsgesetzes und der neuen Berufsbildungsverordnung im Jahre 2004 obliegt daher die Verantwortung für die Berufsausbildung im Gesundheitsbereich dem Bundesamt für Berufsbildung und Technologie (BBT). Mit der Integration aller Ausbildungsberufe in die Kompetenz des Bundes wurde insbesondere ein kongruenteres Berufsbildungssystem angestrebt. Diese Entwicklungen hatten zur Folge, dass innerhalb nur weniger Jahre eine neue Bildungssystematik der Gesundheitsberufe entwickelt und eingeführt wurde. So wurde u.a. die dreijährige Ausbildung zur/m Krankenschwester/-pfleger (Diplomniveau I) durch eine „Generalisten-Ausbildung" zur/m Fachangestellten Gesundheit (FaGe) abgelöst, die als Ausbildungsabschluss durch das Eidgenössische Fähigkeitszeugnis FaGe bescheinigt wird und die Absolventen zu vielfältigeren Einsatzmöglichkeiten im Berufsfeld befähigen soll.

2.2 Verankerung der Anerkennung nicht formalisierter Bildung im Berufsbildungsgesetz

Ein weiterer zentraler Aspekt des neuen Berufsbildungsgesetzes ist die Förderung der Durchlässigkeit im (Berufs-)Bildungssystem. So wurde festgelegt, dass die außerhalb üblicher Bildungsgänge erworbene berufliche oder außerberufliche Praxiserfahrung und fachliche oder allgemeine Bildung angemessen angerechnet werden soll (Art. 9, Abs. 2) und dass zudem die berufliche

Grundbildung auch durch eine nicht formalisierte Bildung erworben werden kann (Art. 17, Abs. 5).

Damit ist die Anerkennung informell erworbener Kompetenzen grundsätzlich möglich und ein Berufsabschluss kann unabhängig von einem formalen Schulbesuch und auch ohne eine Lehrabschlussprüfung durch andere Qualifikationsverfahren erlangt werden.

Dementsprechend wurden gemäß dem neuen Berufsbildungsgesetz Qualifikationsverfahren entwickelt, die auch die Anerkennung informeller Kompetenzen für den Erwerb eines Ausbildungsabschlusses gestatten. Im Kanton Zürich wurde das Mittelschul- und Berufsbildungsamt von der Bildungsdirektion mit der Entwicklung eines Gleichwertigkeitsverfahrens und einer Nachholbildung zur Erlangung des Eidgenössischen Fähigkeitszeugnisses Fachangestellte/r Gesundheit beauftragt[2].

2.3 Gleichwertigkeitsverfahren als Nachholbildungsmöglichkeit für Beschäftigte im Pflegebereich

Insbesondere der Pflegebereich zeichnet sich durch eine Vielzahl an ungelernten oder gering qualifizierten Kräften aus. Überwiegend sind es Frauen, die schon über eine mehrjährige Berufserfahrung verfügen und bspw. aufgrund ihrer familiären Situation, ihres Alters oder ihrer beruflichen Erfahrung keinen Ausbildungsabschluss auf dem „regulären" Bildungsweg erwerben konnten bzw. nicht mehr in der Lage sind, ihn zu erwerben. An ebendiese Zielgruppe richten sich das Gleichwertigkeitsverfahren und die Nachholbildung, um diesen Beschäftigten auf der Grundlage der neuen gesetzlichen Bestimmungen das Nachholen eines Berufsabschlusses unabhängig von der formalen Vorbildung zu ermöglichen.

3. Das Gleichwertigkeitsverfahren und die Nachholbildung zur Erlangung des Eidgenössischen Fähigkeitszeugnisses Fachangestellte/r Gesundheit

3.1 Aufbau des Gleichwertigkeitsverfahrens

Die Zulassungsbedingungen für den Ausbildungsabschluss sind eine mehrjährige Berufserfahrung (während der letzten fünf Jahre) im Gesundheits-

---

2 Die Konzeption und Organisation des Gleichwertigkeitsverfahrens und der Nachholbildung wurde von Willi Roth (Leiter der Berufsschule) und Kathrin Müller von der Berufsschule für Pflege in Männedorf übernommen.

bereich mit einer mindestens 40% Anstellung, die erst die Teilnahme am Gleichwertigkeitsverfahren ermöglichen. Implizit vorausgesetzt sind auch ausreichende Kenntnisse der deutschen Sprache in mündlicher und schriftlicher Form.

Verpflichtend für alle Teilnehmerinnen und Teilnehmer ist als Grundbedingung des Gleichwertigkeitsverfahrens die selbständige Erarbeitung einer allgemeinen Kompetenzbilanz in Form eines Portfolios, das sich an den Vorgaben der kantonal-zürcherischen Berufs- und Laufbahnberatung orientiert. Mit Bezug auf die Bildungsbiographie, die eine Aufarbeitung der erworbenen Zeugnisse, Zertifikate und Abschlüsse, aber auch die Berücksichtigung informell entwickelter beruflicher und nicht-beruflicher Kompetenzen umfasst, soll den Teilnehmenden eine individuelle Standortbestimmung ermöglicht werden, die denkbare Perspektiven für die weitere berufliche Zukunft offenlegt.

Das eigentliche Gleichwertigkeitsverfahren setzt sich aus vier verschiedenen sogenannten Kompetenznachweisen (1, 2a, 2b, 3) zusammen, die sowohl Selbst- und Fremdbeurteilungen als auch schriftliche und praktische Formen der Kompetenzerfassung beinhalten. Grundlegend orientiert sich das gesamte Verfahren, als auch die anschließende Nachholbildung an den regulären Ausbildungsmodulen der/s Fachangestellten Gesundheit bzw. an den darin formulierten Handlungskompetenzen. Im Folgenden werden nun in komprimierter Form die vier Kompetenznachweise, die die Teilnehmenden bearbeiten müssen, erläutert:

Im *Kompetenznachweis 1* nehmen die Teilnehmerinnen und Teilnehmer eine Selbsteinschätzung der eigenen Fähigkeiten und Fertigkeiten anhand der in den Ausbildungsmodulen beschriebenen Handlungskompetenzen vor. Anhand dieser Beurteilung werden die vorhandenen beruflichen als auch außerberuflichen Kompetenzen in Bezug zu den Kompetenzen des Zielberufs „FaGe" gesetzt. Der Kompetenznachweis 1 ist tabellenförmig aufgebaut. Die Selbsteinschätzung erfolgt anhand des Ankreuzens auf einer siebenstufigen Skala zwischen „trifft vollumfänglich zu" und „trifft absolut nicht zu" oder „nicht ausgeführt". Um ein Modul anerkannt zu bekommen müssen gewisse Erfüllnormen erreicht werden. Die bestandenen Module sind wiederum Gegenstand des Kompetenznachweises 2a.

Im *Kompetenznachweises 2a „Unter der Lupe"* werden die Teilnehmenden dazu aufgefordert durch ein dreistufiges Vorgehen eine detaillierte schriftliche Beschreibungen von konkreten Arbeitssituationen und Handlungsabläufen vorzunehmen, diese anschließend hinsichtlich des eigenen Verhaltens zu reflektieren und abschließend die aufgezeigten Kompetenzen zu benennen[3]. Die differenzierte sowie reflektierende Deskription von Ar-

---

3 Beispiel für eine Aufgabe. *Aufgaben/Tätigkeiten/Verhalten* (1. Schritt): Sie unterstützen

beitsprozessen soll bei den Teilnehmerinnen und Teilnehmern ein Gewahrwerden bzw. eine bessere Sichtbarkeit der eigenen Kompetenzen bewirken. Jeder Teilnehmende bearbeitet die Module, die er vorher im Kompetenznachweis 1 bestanden bzw. in denen eine durchweg positive Selbsteinschätzung vorliegt. Um die Module im Kompetenznachweis 2a anerkannt zu bekommen, sind ebenfalls wieder bestimmte Erfüllnormen zu erreichen.

Tab. 1: Aufbau des Gleichwertigkeitsverfahrens

Verfahrensschritte	Instrument/Element	Ziel	Anerkennung
Kompetenzbilanz	Portfolio	Kompetenzprofil bzw. Standortbestimmung	Überprüfung & Abschlussgespräch
Gleichwertigkeits-Verfahren, beruhend auf vier geprüften Kompetenz-Nachweisen	Kompetenznachweis 1 (Selbstbeurteilung) Kompetenznachweis 2a (Selbstbeurteilung) Kompetenznachweis 2b (Fremdbeurteilung) Kompetenznachweis 3 (Fremdbeurteilung)	Erhebung der vorhandenen Kompetenzen auf der Grundlage der Ausbildungsmodule für den Zielberuf FaGe	Überprüfung der Kompetenzen durch Fachexperten Anerkennung von Modulen nach festgelegten Erfüllkriterien
Nachholbildung	Module	Besuch der fehlenden Ausbildungsmodule um FaGe-Kompetenzprofil zu vervollständigen	Anerkennung der nachgeholten Module

⇨ *Erlangung Eidgenössisches Fähigkeitszeugnis Fachangestellte/r Gesundheit*

Quelle: Eigene Darstellung.

Der *Kompetenznachweis 2b „Qualifizierender Arbeitsbesuch"* erlaubt es, den Teilnehmerinnen und Teilnehmern sich als handelnde Personen in einer realen beruflichen Situation darzustellen. Auf der Grundlage von vier festgelegten Modulen werden sie während des Arbeitsprozesses durch eine Expertin oder Experten (Fremdbeurteilung) beobachtet und beurteilt. Diese Form der auf Beobachtung aufbauenden Bewertung ermöglicht einerseits eine partielle Überprüfung der Einschätzung der Teilnehmenden und andererseits können implizite Kompetenzen, dessen sie sich nicht bewusst waren, aufgedeckt werden. Auch hier sind wiederum zur Modulanerkennung gewisse Kriterien zu erfüllen.

Im *Kompetenznachweis 3* werden die Teilnehmenden durch ihre direkten

---

eine Patientin/einen Patienten beim Ausscheiden. Beschreiben Sie Ihre Unterstützung unter folgenden Gesichtspunkten. Wahrung der Intimsphäre, (…); *Ergebnis* (2. Schritt): Lesen Sie ihre Beschreibung nochmals durch und überdenken Sie ihr Handeln und Verhalten. Was ist ihnen gut gelungen? (…). *Fähigkeiten/Fertigkeiten (Kompetenzen)* (3. Schritt): Welche Fähigkeiten/Fertigkeiten (Kompetenzen) haben Sie dabei bewiesen?

Vorgesetzten beurteilt. Als Instrument dient erneut wie im Kompetenznachweis 1 die tabellenförmige Auflistung der Module und der entsprechenden Handlungskompetenzen. Dementsprechend bildet diese Fremdbeurteilung das Gegenstück zur vorangegangen Selbsteinschätzung der Teilnehmerinnen und Teilnehmer. Es gelten die gleichen Erfüllnormen wie im ersten Kompetenznachweis.

Insgesamt wird somit eine umfassende Darstellung der vorhandenen Kompetenzen eines jeden Teilnehmenden erstellt. Dieses „Kompetenzdossier", beruhend auf den vier Kompetenznachweisen, wird anhand von Beurteilungskriterien und Erfüllnormen durch ausgewählte Fachexpertinnen und -experten überprüft. Auf der Grundlage dieser Bewertung erfolgt für jeden Teilnehmenden einzeln die Zusammenstellung der zu besuchenden Module in der Nachholbildung. Nach Abschluss der Nachholbildung findet dann, als Ergebnis dieses Gleichwertigkeitsverfahrens, die offizielle Anerkennung und Zertifizierung statt, die mit der Überreichung des Eidgenössischen Fähigkeitszeugnisses Fachangestellte/r Gesundheit („FaGe") ihren krönenden Abschluss findet.

3.2 Ausgewählte Aspekte der Evaluation

3.2.1 Zusammensetzung der Teilnehmerinnen und Teilnehmer[4]

Das Pilotprojekt startete mit einem Seminar zur Erstellung der Kompetenzbilanz, an welchem 145 Personen im Herbst 2005 teilnahmen.

Die Zusammensetzung der Teilnehmendengruppe war äußerst heterogen. Auch die Altersspanne zwischen den Teilnehmenden ist sehr breit gefächert, die jüngste Teilnehmerin war zum Zeitpunkt der Befragung 21 Jahre und die Älteste 58 Jahre alt. Dementsprechend sind die beruflichen Erfahrungshorizonte, als auch die Nähe zu einer schulischen Ausbildung innerhalb der Gruppe sehr different. Der Ausbildungsstand der Teilnehmenden reicht von einfachen Anlehren im Gesundheitswesen über Ausbildungen in anderen Berufsfeldern bis hin zu verschiedenartigsten anderen (ausländischen) Abschlüssen. Die kulturelle Vielfalt der Teilnehmendenschaft drückt sich auch in der der Herkunft der Befragten und dementsprechend in der Vielfalt der Muttersprachen aus (13 verschiedene Nationalitäten).

Die heterogene Zusammensetzung der Gruppe verdeutlicht, dass die Teilnehmerinnen und Teilnehmer unterschiedlichste Voraussetzungen und

---

4 Detaillierte Informationen zur gesamten Evaluation: http://mba.zh.ch/rebege/revision/Download/Reorganisation_Ausbildungen/FaGe/Nachholbildung_FaGe/Schlussbericht_Evaluation_Gleichwetigkeitsverfahren.pdf

Bildungshintergründe mitbringen, die sich auch in divergierenden Ansprüchen und Bedürfnissen äußern. Diesen Disparitäten versucht das Gleichwertigkeitsverfahren und die Nachholbildung entgegenzukommen, indem keine homogene oder pauschale Anrechnung von Kompetenzen erfolgt. Vielmehr wurde ein Verfahren entwickelt, dass individuell die Fähigkeiten und Fertigkeiten erfasst und eine jeweils auf die Einzelperson zugeschnittene Anerkennung der Kompetenzen und die entsprechend notwendige Nachholbildung vorsieht.

3.2.2 Selektionsinstrument Kompetenznachweis 2a „Unter der Lupe"

Bei der Durchführung des Gleichwertigkeitsverfahrens bzw. bei der Beurteilung der Kompetenzdossiers durch die Fachexperten stellte sich heraus, dass von 118 geprüften Dossiers in 107 Fällen eine Nichtanerkennung von Modulen aufgrund einer mangelhaften Leistung im Kompetenznachweis 2a „Unter der Lupe" resultierte.

Häufig waren es jedoch nicht fehlendes Wissen oder mangelnde Handlungskompetenz, sondern Sprach- und Verständnisprobleme, die die Teilnehmerinnen und Teilnehmer an diesem Verfahrensschritt („Lupe") scheitern ließen.

Die befragten Fachexpertinnen und Fachexperten wiesen zudem darauf hin, dass die Teilnehmenden meist zwischen der Reflexion des eigenen Handelns und der Benennung der eigenen Kompetenzen nicht differenzieren konnten (Stolz 2007: 56).

Dementsprechend besteht hinsichtlich der Erfassungs- und Bewertungsintention des Kompetenznachweises 2a Veränderungsbedarf. Unklar ist insbesondere, ob durch die „Lupe" wirklich die Fähigkeiten die eigenen Handlungsabläufe explizieren und reflektieren zu können geprüft werden oder ob die Kompetenz etwas schriftlich beschreiben zu können bzw. die schriftliche Ausdrucksfähigkeit einer Person beurteilt wird.

Den Teilnehmenden wird durch die Bearbeitung der „Lupe" ein hohes Maß an Schriftlichkeit abverlangt. Dies wird jedoch im Sinne des Gleichwertigkeitsverfahrens als notwendig erachtet, da der Abschluss einer Berufsausbildung immer auch an schriftliche und sprachliche Ausdrucksfähigkeit gebunden ist (Stolz 2007: 70).

Von entscheidender Bedeutung ist außerdem, dass in keinem der anderen Kompetenznachweise eine explizite Auseinandersetzung mit den eigenen Fähigkeiten und Fertigkeiten sowie mit den eigenen Handlungen stattfindet. Die schriftliche Form der Bearbeitung erzeugt darüber hinaus eine vertiefende Wirkung (ebd.).

Bemerkenswert sind in diesem Zusammenhang auch die Reaktionen der

Teilnehmerinnen und Teilnehmer auf die Bearbeitung der „Lupe", die in einem erheblichen Widerspruch zu den Ergebnissen der Beurteilung steht. Sowohl in den Fragebögen als auch in den Interviews äußerte sich die Mehrheit der Befragten durchwegs positiv. Die Teilnehmenden gaben an, dass sie die eigenen Kompetenzen im Kompetenznachweis 2a gut zum Ausdruck bringen konnten. Das Schreiben wurde erstaunlicherweise als unproblematisch empfunden, ja sogar als positives Erlebnis geschildert (bspw. „Das Schreiben hat mir Spaß gemacht" oder „Ich fand es sehr spannend"). Auch wurde in den Interviews häufiger hervorgehoben, dass die Arbeit an der „Lupe" eine gute Vertiefung, Vergegenwärtigung und Reflektion der eigenen Kompetenzen ermöglichte.

Für die berufliche Kompetenzentwicklung ist die Auseinandersetzung mit den eigenen Arbeitsprozessen, die Bewusstwerdung und Reflexion der eigenen Handlungen von entscheidender Bedeutung. Dementsprechend kommt dem Kompetenznachweis 2a, der den Reflexionsprozess auslösen bzw. vertiefen soll, eine fundamentale Funktion, auch im Sinne eines Selektionsinstrumentes zu.

4. Ausblick

Non-formales und informelles Lernen gehören ebenso wie die formale Bildung zu den grundlegenden Formen des Kompetenzerwerbs. Der Erfassung und Anerkennung informell erworbener Kompetenzen kommt somit eine entscheidende und künftig wohl auch immer bedeutsamere Funktion zu. Das skizzierte Gleichwertigkeitsverfahren bietet in Verbindung mit der ergänzenden Nachholbildung gering qualifzierten Arbeitnehmenden die Möglichkeit ihre in der Berufspraxis erworbenen Fähigkeiten und Fertigkeiten angemessen anerkennen und anrechnen zu lassen und einen Lehrabschluss zu erreichen, der nicht an ein formelles Qualifikationsverfahren gebunden ist. Zentral für eine erfolgreiche Implementierung des Pilotprojekts ist die Akzeptanz der Akteure im Gesundheitsbereich. Dementsprechend wurde das Verfahren möglichst transparent und gemäß anerkannter Vorgaben gestaltet. Wesentlich war auch der Einbezug aller relevanten Beteiligten. Durch die Evaluation des Gleichwertigkeitsverfahrens wurden weiterhin Stärken und Schwachstellen aufgezeigt, die die Transparenz und Glaubwürdigkeit des Gleichwertigkeitsverfahrens zusätzlich erhöhen. Dies wurde auch in den Interviews mit den Vorgesetzen bestätigt, die den Absolventen des auf diesem Weg erlangten Fähigkeitszeugnisses hohe Erfolgschancen prognostizierten, was die Akzeptanz des Gleichwertigkeitsverfahrens und der Nachholbildung positiv bestätigt.

Mit Blick auf die Geringqualifizierten in anderen Ausbildungsbereichen gilt es dort ähnlich pragmatische Verfahren zu entwickeln und zu implementieren, die von allen Beteiligten des Dualen/Trialen Systems mitgetragen werden und durch die Anschlussfähigkeit an die entsprechenden Berufsbildungsgesetze und -verordnungen die Durchlässigkeit im Berufsbildungssystem erhöhen.

Literatur

Frank, Irmgard/Gutschow, Katrin/Münchhausen, Gesa (2003): Von Meistern des Lebens – Dokumentation und Anerkennung informell erworbener Kompetenzen. In: BWP – Berufsbildung in Wissenschaft und Praxis, 4, S. 16-20.

Gonon, Philipp (2002): Informelles Lernen – ein kurzer historischer Abriss von John Dewey zur heutigen Weiterbildung. In: Dehnbostel, Peter/Gonon, Philipp (Hrsg.): Informelles Lernen – eine Herausforderung für die berufliche Aus- und Weiterbildung. Bielefeld: wbv, S. 13-22.

Haase, Klaudia /Neß, Harry (2005): Verfahren zur Anerkennung informellen Lernens. In: Grundlagen der Weiterbildung (GdWZ) 16, 2, S. 15-17.

Schweizerisches Rotes Kreuz (2002): Glossar Fachangestellte Gesundheit. http://mba.zh.ch:80/rebege/revision/Download/Reorganisation_Ausbildungen/FaGe/Lehrplan_FaGe/Glossar.pdf (23.01.2007)

Stolz, Stefanie (2007): Evaluation des Gleichwertigkeitsverfahrens zur Erlangung des Eidgenössischen Fähigkeitszeugnisses Fachangestellte/r Gesundheit. Schlussbericht. Forschungsbericht (unveröff.).

Zeit und Zeiterleben in unterschiedlichen Berufen
Exemplarische Ergebnisse einer hermeneutisch-empirischen Studie[1]

Franz Schapfel-Kaiser

1. Zielsetzung

Das Berufskonzept ist innerhalb der Berufs- und Wirtschaftspädagogik derzeit relativ unumstritten, auch wenn es wieder eine Debatte zur Reformierung des Dualen Systems in Deutschland gibt. Ohne jetzt näher darauf eingehen zu wollen, an welchen Stellen und zu welchen Zeiten die Debatten um das Berufskonzept stattgefunden haben und vermutlich wieder stattfinden werden[2], zeigen nicht nur diese Debatten, sondern auch die mitunter zögerliche Antwort auf die Frage, was denn nun genau einen Beruf ausmacht, dass Berufe als soziale Konstrukte nicht so ohne weiteres zu bestimmen sind. Ihre Bedeutung im Spannungsfeld zwischen Erziehungs- und Wirtschaftssystem, im Übergang zwischen Jugend- und Erwachsenenalter und als Identifikationsmuster ist weithin unbestritten.

Die bisherigen Orientierungspunkte für die Gestaltung und Dechiffrierung von Berufen bezogen sich auf Branchen und deren Qualifikationsanforderungen, auf Studien, die sich Handlungsregulationstheorien der Arbeits- und Organisationspsychologie oder der Industriesoziologie bedienten, bis hin zu systemtheoretischen Studien in der jüngsten Zeit. Zeitmuster blieben bislang in den Berufen weitgehend unberücksichtigt.

Hierzu will dieser Artikel mit einer subjektorientierten Zugangsweise neue Hinweise geben[3].

Er geht der Bedeutung von Zeit als konstituierende Größe von Berufen

---

1 Der Beitrag fußt auf einer sich im Abschluss befindenden Promotion bei Prof. Dr. J. Rützel an der TU Darmstadt, die u.a. während der forschenden Tätigkeit des Autors an der Universität Erfurt entwickelt wurde. Für die Unterstützung bei den Abschlussarbeiten ist dem Bundesinstitut für Berufsbildung in Bonn zu danken.
2 „Eines steht fest: Deutschland ist im internationalen Vergleich der Berufsbildung Weltmeister in der Entwicklung von Konzepten und Gutachten zur Reform der dualen Berufsausbildung in Deutschland", so Felix Rauner auf dem Abschlusspodium der Frühjahrstagung 2007 in Zürich.
3 Der Ansatz einer kritisch subjektorientierten Berufspädagogik kann hier nicht entfaltet werden. Exemplarisch sei hier auf Rützel, Schapfel 1997, Schapfel-Kaiser 1998 und Schapfel-Kaiser 2003 verwiesen.

nach und betrachtet zunächst, was Zeit in der historischen Entwicklung darstellte und wie sie im Lauf der historischen Entwicklung gedacht wurde. Wäre nun der Nachweis zu bringen, dass Zeit explizit in unterschiedlichen Berufen unterschiedlich wahrgenommen wird, es gar in den Berufen unterscheidbare Zeitmodelle gibt, so könnten diese nicht nur für eine verbesserte Berufswahl der heranwachsenden Generation genutzt werden, sondern auch Hinweise auf die Gestaltung beruflicher Curricula geben.

2. Ausgangspunkt und Weg

Die grundlegende These der Arbeit ist, dass sich Berufe nach ihren Tätigkeiten und Handlungskontexten (Subsysteme der Gesellschaft, in die sie eingebunden sind) und den daraus hervorgehenden Motiven und Sinngebungen; sprich Kulturen und Ideologien, im Sinne der Deutungsmuster von Welt unterscheiden lassen. Sie prägen also in ihren Gruppenbildungsprozessen Phänomene von Subkulturen aus und lassen sich demzufolge zum einen als solche untersuchen und müssten dann auch spezifische „Zeitmuster" oder „Zeitmodelle" aufweisen, die einer Untersuchung zugänglich sind. Karl Mannheim warf erstmals die These 1936 auf, dass die Vorstellungen von Zeit von entscheidender Bedeutung für die Untersuchung einer Gruppe sind. „The innermost structure of the mentality of a group can never be as clearly grasped as when we attemped to understand its conception of time..." (Mannheim 1936, S. 188) Auf diesem Ausgangspunkt aufbauend sollte ein über den eigenen Horizont hinausgehendes Verständnis von Zeit geschaffen, aus diesem heraus eine Auswahl von typischen Berufen für unterschiedliche Zeitmuster und -verständnisse gefunden und für deren Untersuchung ein geeignetes Befragungsinstrument entwickelt werden.

Dieses Instrument sollte dann in weitgehend standardisierter Form angewandt und die Befragungsergebnisse mit einer methodisch abgesicherten Form ausgewertet und die so gewonnenen Ergebnisse an der Ausgangsthese gespiegelt werden.

3. Hermeneutische Studien und exemplarische Ergebnisse

Es wurde bereits angedeutet, dass zu Beginn der Untersuchung eine Auseinandersetzung mit der historischen Entwicklung des Zeitverständnisses stand. Dies diente, wie auch die Betrachtung der Philosophie der Zeit und weiterer

Ergebnisse unterschiedlicher Wissenschaftsdisziplinen zur Untersuchung der Zeit, der Erweiterung des Horizontes des Autors im Hinblick auf das Phänomen Zeit. Hier können nur exemplarische Exkursionen zu Ergebnissen den Ertrag dieser Untersuchungen andeuten.

3.1 Schattenstab und Obelisk

Die „Gnomonik" (Kenner, Erkenner), der Schattenstab ist die erste überlieferte Form der Zeitmessung innerhalb des Tagesverlaufes und jenseits der Betrachtung der Veränderung der Gestirne, aus der unser heutiger Kalender hervorging. Sie entspricht in der Technologie weitgehend der uns heute vertrauten Sonnenuhr und entstand im Ägyptischen Reich um 5000 v. Chr. Kennzeichnend für die Gnomonik ist die Tatsache, dass sich die Länge der Stunde noch nach der Jahreszeit und der damit verbundenen Dauer des Sonnenlaufs richtet und abhängig ist vom Standort. Gerade dieser Umstand wurde den Römern, die eben nicht „Kenner" der Gnomonik waren, zum Verhängnis, als sie unter Kaiser Augustus mit hohem Aufwand einen ägyptischen Obelisken und das dazugehörige Bodenmosaik nach Rom brachten und dort aufstellen ließen. Das Ergebnis war eine Zeit, die nicht dem Ort entsprach und so eine untaugliche Uhr (Wendorff 1985: 50).

Abb. 1: Der Obelisk auf dem Petersplatz in Rom (Quelle: Google)

Gleichwohl verweist diese Geschichte auf zweierlei. Zum einen auf die Abhängigkeit der Zeitmessung von der Komplexität einer gesellschaftlichen Organisation und die Bedeutungszunahme derselben im zivilisatorischen Fortschritt, zum anderen auf die Kopplung von Wissen um die Zeit und Herrschaft. Uhren wurden an bedeutenden Plätzen aufgestellt (s. Abb. 1) und es waren die Priester und Herrscher, die in der Lage waren die Zeit zu bestimmen. Letzteres in mehrfacher Hinsicht. Zum einen, weil sie die Uhren lesen konnten, zum anderen, weil sie durch Festlegung der kultischen Feiertage, des Jahresbeginns und Benennung der Tage und Monate das Leben und Denken der Völker bestimmten[4].

3.2 Industrialisierung und Sirenen – Arbeit prägt Lebenszeit

Im Verlauf des Mittelalters entwickelte sich die Technik der Zeitmessung durch das Räderwerk mit Hemmung bedeutend und verbreitete sich, verbunden mit der Entwicklung der christlichen Religion, von den Klöstern über die städtischen Kirchtürme, weithin sichtbar und durch die Glocken auch hörbar, dann in der aufstrebenden spätmittelalterlichen Stadt an die bürgerlichen Rathäuser. Anschließend prägten sie, als erste Maschinen, wie keine zweite Erfindung die Industrialisierung und die mit ihr verbundene Beschleunigung. Der standardisierte Takt und die vorgegebenen Arbeitszeiten, kontrolliert mit Stechuhren sind ebenso prägend für das Arbeitsleben in der Industrialisierung, wie die Gleichmäßigkeit und Gleichgültigkeit der neuen Fortbewegungsform, die mit der Eisenbahn einherging (Schivelbusch 1979).

Die Industrie platzierte sich transportstrategisch und steigerte so die Geschwindigkeit von Warenproduktion und Vermarktung (s. Abb. 2).

Abb. 2: Krupp-Rheinhausen (Quelle Google)

Entscheidend für die Steigerung von Gewinnen war nun nicht mehr das Verfügen über Land, sondern vielmehr über Arbeitskraft und damit über Zeit. Sie durch vernünftige Planung der Arbeitsprozessketten und der Verbreitung der Waren und deren schnellen Umschlag zu nutzen, stellte die größten Gewinne in Aussicht. Die Wirkungen auf die Denk- und Lebensweise der Menschen

---

4 Noch heute erinnern die Bezeichnungen Sonn- und Montag an ihre Herkunft von den Planeten des Sonnensystems, während der Freitag bspw. auf die Göttin Freya zurückgeht. Auch Julius Cäsar und Augustus haben sich in unseren Sommermonaten verewigt. Aktuelle Hinweise auf die Verbindung von Zeit und Herrschaft können die immer noch üblichen Neujahrsansprachen von Staatsoberhäuptern sein.

lassen sich neben der prägenden Dominanz der Arbeitswelt und Arbeitszeit auf die Lebenszeit außerhalb der Erwerbsarbeit bis heute ablesen, wirkten aber auch bereits damals in die Alltagswelt der nicht unmittelbar an der Industrieproduktion Beteiligten. So berichten bspw. die Ehefrauen der Arbeiter des Tagebaus Rheinbraun bei Köln, dass sie ihre Gartenarbeit einstellten, wenn die Werkssirene ertönte, um das Abendessen für ihre Männer vorzubereiten. Auch für sie war dann „Feierabend".

3.3 Heideggers Phänomenologie der Zeit

Neben den bereits angerissenen historischen Phänomenen der Zeit sei nun exemplarisch für die Auseinandersetzung mit der Philosophie der Zeit das Denken Heideggers zum Phänomen Zeit skizziert[5]. Für dessen Kritik an der mathematischen Zeitvorstellung Leibniz' war die Husserlsche Phänomenologie wegweisend. Sie machte mit Bezug auf Platon und Augustinus deutlich, dass das menschliche Zeiterleben nicht zusammengesetzt ist aus einer Abfolge von Jetztpunkten, sondern durch die Konstitution des Menschen nicht anders erlebt werden kann als die fließende und gleichzeitige Wahrnehmung von Vergangenheit, Gegenwart und Zukunft, weil alle drei Zeitmodi in der Gegenwart vom Menschen wahrgenommen werden[6]. Die Zeit im menschlichen Dasein wird nach Heidegger bestimmt durch das Nichtdasein, den Tod (Heidegger 1927: 422). Alle Versuche das eigene Dasein nicht in Aussicht auf den Tod zu führen werden zu uneigentlichem Dasein, der vermeintlichen Ausflucht aus der Welt und der Zeit, führen zum Von-sich-selbst-abfallen und der „Ruinanz". Deshalb kann Zeit nicht zerteilt werden in messbare Abschnitte, weil dies eine Verräumlichung der Zeit voraussetzt, die sie zu vergleichbaren Abschnitten macht, wo sie doch in ihrem Prozess eine Fülle unverwechselbarer, miteinander verwobener Augenblicke der handelnden Sorge ist[7]. Zeit ist also bei Heidegger Seinsverstehen in seiner Ganzheit, ist Selbstergreifung gegen die Verdinglichung, die ihrerseits dazu führt, „das der Mensch nur in ganz wenigen Augenblicken auf der Spitze seiner eigenen

---

5   Innerhalb der Promotion findet sich ein philosophischer Abriss des Denkens über die Zeit von Platon über Aristoteles, Augustinus und Kant bis zur Phänomenologie und Heidegger.
6   Dies lässt sich am Beispiel der Wahrnehmung einer Melodie in einem Lied verdeutlichen. Wir könnten die Melodie nicht als solche wahrnehmen, wenn wir nur den jeweilig präsenten Ton wahrnehmen würden, sie wird gerade durch die gegenwärtige Verbindung des vorangegangenen Tons und die gespannte Erwartung auf den Folgenden zu einer Melodie. Das gleiche gilt auch für unsere Fähigkeit aus Buchstaben Wörter und aus diesen Sätze zu bilden.
7   Heidegger nimmt hier das Bild der künstlich eingefrorenen, verräumlichten Zeit, die sich wie ein Eisblock in seiner Ausdehnung messen lässt, wohingegen sich das fließende Gewässer dem verräumlichten Messen mit seiner Dynamik entzieht.

Möglichkeiten existiert" (Heidegger 1929: 290). Mit dieser Skizze wird die Nähe Heideggers Denken zu dem hoch aktuellen Diskurs um die Ökologie der Zeit (Held/Geißler) und Eigenzeit (Nowotny) deutlich, der sich auf die Suche nach Nischen und Möglichkeiten zum Widerstand gegen die fremd getaktete Zeitmacht begibt und nach dem Finden des rechten Zeitmaßes und der Versenkung in die Gegenwart (Csikszentmihalyi) trachtet, um dort Gelassenheit zu gewinnen[8].

3.4 Zeitmodelle

Aus den bisherigen Betrachtungen und den weiteren Überlegungen, die in den hermeneutischen Studien vorgenommen wurden, lassen sich drei Zeitmodelle unterscheiden:

A: Dynamisch -lineare Zeitvorstellung
Zeit wird verstanden wie in der Physik als linear darstellbare objektive Dauer, die sich mit Uhren messen lässt und deren optimierte Nutzung durch Planung bspw. von Projektzielen und deren Erreichung erzielt werden kann.

B: Zirkuläre Zeitvorstellung
Die Wiederkehr des Gleichen, die natürlichen Wiederholungsprozesse prägen die Zeit. Die Abweichungen von der Wiederholung sind marginal und die Konsequenz ist eine Orientierung an den natürlichen, vorgegebenen Prozessen.

C: Kairos und Ereigniszeitvorstellung
Zeit bietet die Gelegenheit, den günstigen Moment, den Augenblick zum Handeln. Sie muss mit ihren jeweiligen Potentialen wahrgenommen werden bis hin zur Möglichkeit sich im gegenwärtigen Handeln zu versenken und die Zeit zu vergessen.

4. Aufbau der Empirischen Studie zu Berufen und exemplarische Ergebnisse

Die aus den hermeneutischen Studien herausgearbeiteten und soeben skizzierten „Zeitmodelle" könnten sich, so die Ausgangsthese, in unterschied-

---

[8] „Später wird Heidegger die Verwandlung der Welt in etwas bloß Vorhandenes *Seinsvergessenheit* nennen, und die bewusste Bewahrung des *zuhandenen* Lebensraumes wird zur Seinsverbundenheit, verstanden als *Nähe* oder *Wohnen bei den Dingen*. Die entsprechende Haltung wird dann *Gelassenheit* heißen." (Safranski 1994: 181)

lichen Berufen wiederfinden und das Zeiterleben derjenigen, die in diesen Berufen arbeiten und mit diesen Berufen leben, prägen. Für das empirische Design wurden deshalb zunächst prototypische Berufe ausgewählt. Die Wahl fiel auf:

- Hebammen, als Beruf, in dem die Berücksichtigung natürlicher Prozesse und deren zeitlicher Abläufe eine Rolle spielen könnte;
- Bauleiter, die Baustellen projektieren und deren Abläufe steuern und planen,
- Künstler, die ihre Zeit flexibel im Sinne des rechten Augenblicks einsetzen und dem Phänomen der Zeitvergessenheit in der Arbeit nahe kommen könnten, sowie schließlich
- Straßenbahnfahrer, die einerseits in engen Zeitvorgaben agieren, die zum einen eng getaktet und dem linearen Zeitmodell entsprechend geplant sind, zum anderen aber auch durch wiederkehrende, nur gering beeinflussbare Vorgänge gekennzeichnet sein könnte.

Für die Befragungen wurde ein Befragungsleitfaden mit hohem Standardisierungsgrad entwickelt, der zum einen spontane Antworten als Satzergänzungen ermöglichte, um Einstellungen zur Zeit zu erfassen, zum anderen biografische Einflussgrößen zu berücksichtigen versuchte und auch Einstellungen zur Zukunft sowie unmittelbares Zeiterleben in der Arbeit abfragte. Das Erhebungsinstrument wurde getestet, weiterentwickelt und dann für die Erhebung einheitlich verwendet. Die Datenerhebung fand im Umfeld der jeweiligen Arbeitsplätze statt und umfasste aus den jeweiligen Berufsgruppen 3-4 Befragte. Die Ergebnisse wurden neben mehreren intersubjektiven Verständigungsprozessen zwei systematischen Analyseverfahren, in Form der qualitativen Inhaltsanalyse (Mayring) und der Anwendung der Grounded Theory (Strauß) unterzogen[9].

Im Folgenden sollen exemplarisch Ergebnisse aus der Datenanalyse basierend auf der Grounded Theory zum Beruf der Straßenbahnfahrer vorgestellt werden.

4.1 Phänomene in der Fahrplanzeit – StraßenbahnfahrerInnen

Straßenbahnfahrer oder Straßenbahnfahrerin ist kein staatlich anerkannter Ausbildungsberuf, sondern wird von den jeweiligen Betriebsgesellschaften (meist Stadtwerken) in ca. 7 Wochen qualifiziert. Die Befragten verfügten vor der Qualifizierung überwiegend über Fahrerfahrungen als Werks- oder Taxifahrer. Betrachtet man ihren Werdegang und ihre Freizeitgestaltung, so sind sie gerne alleine bei ihren Tätigkeiten. Sie verbindet miteinander die Be-

---

9 Die beiden Methoden wurden dann jeweils kritisch gewürdigt.

geisterung für das technische Gerät und die Suche nach Entspannung in der Freizeit[10].

Für die nachfolgenden Ergebnisse wurden im Wesentlichen die Aussagen der Straßenbahnfahrerinnen und der Straßenbahnfahrer bezogen auf ihr unmittelbares Zeiterleben im Beruf verwendet. Beispielhafte Fragen waren hier:

- Gibt es an ihrem Arbeitsplatz Zeitvorgaben, deren Einhaltung kontrolliert wird?
- Welche Einflussfaktoren bestimmen Ihren Arbeitsrhythmus?
- Wenn Sie den besten Umgang mit Zeit in Ihrem Beruf beschreiben müssten, wie würden sie das tun?

Abb. 3: Phänomene der Straßenbahnfahrerzeit

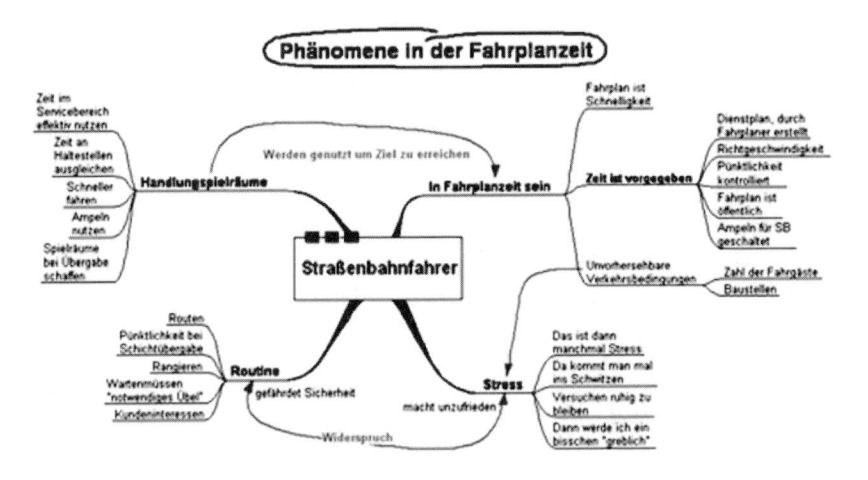

Dominantes Phänomen bei dieser Berufsgruppe bezogen auf Zeit ist die „Fahrplanzeit" und die Anforderung in den eigenen Handlungsvollzügen, sei es beim Erscheinen am Arbeitsplatz oder bei der Steuerung des Triebwagens sich permanent an dieser zu orientieren (s. Abb. 3)[11]. Neben der Fahrplanzeit, die einen engen äußeren Rahmen vorgibt, der zudem den Fahrgästen auch noch bekannt ist, ergeben sich Zeitvorgaben aus den Höchst- und Richtgeschwindigkeiten und den vorgeschriebenen Pausenzeiten. Da diese Zeiten in bestimmten Rhythmen wiederkehren und die Orientierung an diesen inter-

---

10   3 von 4 Befragten verbringen ihre Freizeit im Schrebergarten.
11   Unter- oder überschreitet ein Straßenbahnfahrer die vorgegebene Ankunftszeit an Haltestellen, so wird ihm/ihr die Abweichung unmittelbar minutengenau mittels eines speziellen Gerätes angezeigt. Wird die Abweichung noch höher, so meldet sich die Zentrale und erkundigt sich nach dem Problem.

nalisiert wird, ergeben sich aus ihnen in einem hohen Maße Routinen, die zu routinierten Handlungen ohne Bewusstseinspflicht führen.

Trotz dieser Dominanz des Handelns in engen Vorgaben ergeben sich Handlungsspielräume, die sich auch auf die Zeit beziehen, wenn sie das Tempo beschleunigen oder Gäste trotz deren Verspätung noch mitnehmen.

Was deutlich wird, ist die Identifikation mit der vorgegebenen Zeit: „Fahrplan ist Schnelligkeit" sagt einer der Straßenbahnfahrer wörtlich und sie stimmen auch in ihrer Zuschreibung überein, was die Besten in ihrem Beruf auszeichnen würde: „Pünktlichkeit und Freundlichkeit zu den Kunden, das ist das A und O".

Zusammenfassend wird deutlich, wie stark StraßenbahnfahrerInnen gefordert sind ihre individuellen Zeitbedürfnisse den beruflichen Erfordernissen im Sinne einer gleichbleibenden Leistungserbringung zu unterwerfen. Dabei wirkt bei ihnen zum einen ein Modell der linearen Zeit, die sich spannt zwischen dem Abfahrtspunkt und dem Ankunftspunkt mit den Teilstrecken zwischen den einzelnen Haltestellen. Weitere Zeithorizonte oder Strecken ergeben sich eher aus der Freizeit, die den Arbeitsalltag begrenzt, als aus dem eigenen beruflichen Handeln; zum andern konstituiert sich ihre Zeit aus permanenten Wiederholungen sowohl der Kleinsequenzen des Fahrens der Straßenbahn, als auch bei der Wiederholung der Strecken.

5. Work in process

Beispielhafte Rückbezüge zwischen den kleinen Skizzen aus den hermeneutischen Betrachtungen und den StraßenbahnfahrerInnen zeigen, dass auch heute noch das Verfügen über die Zeit, in diesem Falle das Erstellen des Fahrplans und der Einsatzpläne, ein Moment der Macht und Herrschaft ist, wie in dem Exkurs zur Antiken angedeutet. Es zeigt sich, dass der Takt und die strukturierte Regelung der Arbeitszeit ihre Auswirkungen auf die Freizeit haben, wie zur Zeit der Industrialisierung, und dass schließlich die Zeitwahrnehmung geprägt ist von der „Sorge", wie Heidegger es nennt, also dem jeweiligen „Zur-Welt-sein" in dem, was die Sorge kennzeichnet – bei den StraßenbahnfahrerInnen die Sorge um die Pünktlichkeit der Gäste.

Bezieht man nun diesen beispielhaften Einblick auf die Ausgangsthese und betrachtet auch die Ergebnisse der anderen Berufsgruppen, so zeichnet sich eine Bestätigung der Ausgangsthese ab, weil sich in den unterschiedlichen Berufen deutliche Orientierungen an bestimmten Zeitmustern finden lassen.

Aus diesen Ergebnissen folgen weitere Fragen:

- Lassen sich die Ergebnisse durch eine repräsentative Befragung weiter festigen?
- Lassen sich aus der festgestellten Bedeutung von Zeit und der Fähigkeit der Berufsausübenden sich entsprechend selbst zu steuern und zu verhalten, Konsequenzen für berufliche Qualifizierungsgestaltung (inhaltlich und methodisch) ableiten?
- Lassen sich zeitbezogene Klassifizierungen von Berufen entwickeln und evtl. auch für die Berufsorientierung nutzen? Dies insbesondere, weil der biografische Befragungsteil darauf hindeutet, dass es eine Ähnlichkeit der zeitlichen Orientierung in Kindheit und Jugend innerhalb der Berufsgruppen gibt.

Betrachtet man die Ergebnisse noch unter einem weiteren Horizont, so deutet sich an, dass die Berufserziehung[12], nicht im Sinne von Ausbildung *für* einen Beruf, sondern Formung der Persönlichkeit *durch* einen Beruf hier Bestätigung findet. Sie prägt nach wie vor nicht nur die Handlungs- und Denkweisen innerhalb der beruflichen Handlungen, sondern auch weit darüber hinaus, wie abschließend ein Zitat eines Straßenbahnfahrers zeigen soll.

„Selbst im Urlaub ist alles durchgeplant, bis auf die Minute fast. Zeit habe ich nicht.... Auch im Garten, fast auf die Minute. Um 19.00h gibt's Abendbrot, da muss ich zuhause sein, dann wird bis ¾ gearbeitet. – Die Zeit ist vollkommen verplant."

Literatur

Csikszentmihalyi, M. (1996): Das Flow-Erlebnis. Jenseits von Angst und Langeweile: im Tun aufgehen. Stuttgart
Heidegger, M. (1925): Prolegomena zur Geschichte des Zeitbegriffs. In: Ders.: Gesamtausgabe. Bd. 20. Frankfurt
Heidegger, M. (1927): Sein und Zeit. Halle
Held, M.; Geißler, K. A. (1993). (Hrsg.): Ökologie der Zeit. Vom Finden der rechten Zeitmaße. Stuttgart
Lempert, W. (2006): Berufliche Sozialisation : Persönlichkeitsentwicklung in der betrieblichen Ausbildung und Arbeit. Baltmannsweiler
Mannheim, K. (1936): Ideology and Utopia. Collected works. Volume I. (ursprgl. New York, 1936) Reprint 1997
Mayring, P. (2000): Qualitative Inhaltsanalyse. In: Forum Qualitative Sozialforschung (Online Journal) 1 (2). Abrufbar über: http://qualitative-research.net/fqs/fqs-d/2-00inhalt-d.htm Zugriff 30.10.2004
Nowotny, H. (1995): Eigenzeit. Entstehung und Strukturierung eines Zeitgefühls. (2. Aufl.) Frankfurt
Rützel, J.; Schapfel, F. (1997): Grundzüge einer Didaktik arbeitsplatznahen Lernens aus kritisch-subjektorientierter Sicht. In: Rützel. J./Schapfel,F. (Hrsg): Gruppen-

arbeit und Qualität. Qualifizierungspraxis und Forschung in der betrieblichen Erstausbildung. Alsbach

Safranski, R. (1994): Ein Meister aus Deutschland. Heidegger und seine Zeit. München

Schapfel-Kaiser, F. (1998): Vom verstreuten Treibholz zum Floß. Lernen an und Lernen mit der Biographie in der beruflichen Bildung. Ein Aspekt kritisch-subjektorientierter Berufspädagogik. In: Rützel, J./Sesink, W. (Hrsg): Bildung nach dem Zeitalter der großen Industrie. Frankfurt

Schapfel-Kaiser, F. (2003): Kritisch-subjektorientierte Berufsbildungstheorie und exemplarische Praxisfelder. In: Bernhard, A../Kremer, A../Rieß, F. (Hrsg): Kritische Erziehungswissenschaft und Bildungsreform. Band 2. Baltmannsweiler. S. 56-76

Schivelbusch, W. (1979): Geschichte der Eisenbahnreise: zur Industrialisierung von Raum und Zeit im 19. Jh. Frankfurt/M.

Schulte, R. (1994): Zeit als Glaubenserlebnis. Aspekte christlich-theologischer Einsicht. In: Baumgartner, H. M.:. Zeitbegriffe und Zeiterfahrungen. Grenzfragen. (Naturwissenschaften – Philosophie – Theologie). Freiburg, München, S. 217-271

Strauß, A. (2004): Methodologische Grundlagen der grounded theory. In: Strübing, J.; Schnettler, B. (Hrsg.): Methodologie interpretativer Sozialforschung. Klassische Grundlagentexte. Konstanz

Wendorff, R. (1985): Zeit und Kultur : Geschichte des Zeitbewußtseins in Europa. Opladen

‚Konzeptuale Kompetenz' und ‚Selbstregulation' als Grundlagen einer berufsbezogenen Kompetenzforschung

Esther Winther, Frank Achtenhagen

In dem Beitrag soll ein Kompetenzmodell für den Bereich der kaufmännischen Erstausbildung vorgestellt werden, das empirisch prüfbar ist und über berufsreale Anforderungssituationen die Struktur, die Graduierung und die Entwicklungsverläufe kaufmännischer Kompetenz abbilden kann. Grundlage des Modells sind wirtschaftsdidaktische Instrumentalisierungen sowie entwicklungspsychologische und instruktionstheoretische Ansätze, die primär auf Lernprozessvariablen abstellen. Insbesondere durch den wirtschaftsdidaktischen Bezug wird im Gegensatz zur PISA-Konzeption eine a priori-Modellformulierung begünstigt, da didaktisch aufbereitete Leistungsthemen als Input des Modells dienen. Vor diesem Hintergrund werden komplexe Anforderungsformate und entsprechende Lösungsräume konstruiert, die sowohl die kognitive Leistung (*conceptual competence*) als auch die notwendigen Vermittlungsleistungen (*self-regulation*) abzubilden vermögen. Hierbei basiert die kognitive Modellierung auf der Kompetenzkonzeption von Greeno und anderen (u.a. Gelman & Greeno, 1989). Die Autoren unterscheiden zur Beschreibung kompetenter Handlungen auf der Ebene der conceptual competence zwischen domänenspezifischen und domänenverbundenen Variablen (Gelman & Greeno, 1989, S. 172). In Anlehnung an die Kompetenzdefinition der PISA-Studien (u.a. OECD, 2003) wird kaufmännische Kompetenz definiert als Fähigkeit, auf Grundlage eines systemischen Verstehens betrieblicher Teilprozesse und deren Rekonstruktion aus realen Unternehmensdaten in berufsrealen Situationen unternehmerische Entscheidungen treffen und diese validieren zu können, um damit das eigene Wissens- und Handlungspotential vor dem Hintergrund der Entwicklung individueller beruflicher Regulationsfähigkeit auszubauen (vgl. Baethge, Achtenhagen, Arends, Babic, Baethge-Kinsky & Weber, 2006). Mit dieser Definition sollen konzeptuale Kompetenzen bei der Bewältigung konkreter Anforderungssituationen mit regulativen Vermittlungsleistungen zur Bewältigung vorgegebener Situationen verbunden werden. Fähigkeiten zur Selbstregulation kommen in Situationen unterschiedlichen Anforderungsniveaus unterschiedlich stark zum Einsatz (situationsabhängiger Ressourceneinsatz; vgl. Winther, 2006; Achtenhagen & Winther, 2006); über ihre Erfassung z.B. in Form eines Schwellenwertmodells können sie Hinweise zum objektiven Anforderungsniveau der berufsrealen Anforderungssituationen geben. Im Vordergrund der laufenden Arbeiten stehen in diesem Zusammenhang die Formulierung und die Erprobung von beruflichen Anforderungssituationen, zu deren Lösung domänenspezifische, domänenverbundene sowie selbstregulative Fähigkeiten erforderlich sind. In die nachfolgend beschriebenen Modellierungsschritte fließen zentrale Ergebnisse des DFG-Projektes „Integrierte Kompetenzentwicklung in den beruflichen Fächern des Wirtschaftsgymnasiums" (Ac 35/24-1,2) ein.

1. Kognitive Modellierung eines Kompetenzmodells für die kaufmännische Erstausbildung

Nachfolgend wird das Konstrukt ‚Konzeptuale Kompetenz' als theoretische Säule eines Kompetenzmodells für die kaufmännische Erstausbildung skizziert und über inhaltliche Dimensionen abgebildet.

1.1 Konzeptuale Kompetenz als theoretisches Konstrukt

Greeno, Riley und Gelman (1984; modifiziert: Gelman, & Greeno, 1989) greifen in ihrem entwicklungspsychologischen Kompetenzmodell mit dem Konstrukt der *conceptual competence* die Beziehung zwischen fachlich-kognitiven, übergreifenden kognitiven und handlungsregulativen Faktoren zur Planung und Ausführung kompetenter Handlungen in einer Domäne auf und betonen dabei in besonderer Weise die Notwendigkeit der regulativen Auseinandersetzung mit der Anforderungssituation für das Erbringen der Leistung (Gelman & Greeno, 1989, S. 136). Sie beziehen sich auf instruktionstheoretische Ansätze, die zur Identifizierung kompetenten domänenspezifischen Handelns auf kognitionstheoretische Überlegungen zur Systematisierung von Wissensbeständen und Lerneingangsvariablen und auf solche zum Prozess des Lernens zurückgreifen (u.a. Anderson, & Krathwohl, 2001). *Conceptual competence* wird als regelbasiertes, abstraktes Wissen in einer Domäne charakterisiert, das in einem spezifischen Handlungsplan umgesetzt und in der spezifischen Handlung wirksam wird. Greeno et al. (1984) differenzieren in der Kategorie der *conceptual competence* zwischen domänenspezifischer und domänenverbundener (‚domain-linked') Kompetenz, wobei die Generalisierung in der Anwendung das relevante Unterscheidungskriterium ist. Domänenspezifische Kompetenz bezieht sich auf die Bewältigung von Anforderungen in der Domäne, während domänenverbundene Kompetenz die Bewältigung von einzelnen Anforderungen in der Domäne unterstützen kann. Hierzu wäre beispielsweise die Nutzung von *economic literacy* zu rechnen. Die Autoren verwenden den Kompetenzbegriff im Sinne kognitiver Leistungserbringung auf Basis der Konstruktion domänenspezifischer Schemata. Demnach verfügen Lernende umso mehr über ein Verständnis der Domäne, je stärker sie ihr Wissen durch domänenspezifische Prinzipien/Termini charakterisieren können (Gelman, & Greeno, 1989, p. 130).

1.2 Konzeptuale Kompetenz als Inhaltskategorie

Die für eine inhaltliche Gestaltung zentrale Annahme des theoretischen Konstrukts ‚Konzeptuale Kompetenz' ist die in kompetenten Handlungen anzutreffende Differenzierung zwischen domänenverbundenen und domänenspezifischen Aktionsmustern. D.h., dass Greeno und Kollegen im Unterschied zum Kompetenz-Performanz-Modell Chomskys (u.a. 1980) nicht auf eine Gegenüberstellung und die damit verbundene Unterscheidung von Leistung und Kompetenz abstellen, sondern Handlungen in Kompetenzdomänen über Approximationsphänomene in domänenverbundenen sowie domänenspezifischen Herausforderungen/Situationen beschreiben (Gelman & Greeno, 1989). Im Rahmen des DFG-Projektes „Integrierte Kompetenzförderung in den beruflichen Fächern des Wirtschaftsgymnasiums" wurden verschiedene Handlungsbereiche erfasst (Abb. 1): zur Abbildung kaufmännischer Grundfertigkeiten die domänenverbundenen Bereiche „economic literacy" sowie „kaufmännisches Rechnen"; zur Erschließung ökonomischen Wissens sowie zur Bearbeitung komplexer ökonomischer Zusammenhänge wurden domänenspezifische Geschäftsvorfälle in den Unterricht implementiert.

Das Konzept der *economic literacy* stellt auf die kulturelle Teilhabe und Entwicklungszustände in wirtschaftsbezogenen Kontexten ab. In Anlehnung an den International Adult Literacy Survey (IALS; OECD, 1995) sowie an die vom National Council on Economic Education herausgegebenen Standards und den Test ökonomischer Grundbildung (als deutsche Adaption vgl. Beck, 2001) werden text- und bildsprachliche Kenntnisse sowie das Verständnis von quantitativen Werten und Verhältnissen in wirtschaftlichen Alltagskontexten erfasst.

Der Bereich des „kaufmännischen Rechnens" erfasst grundlegende mathematische Kenntnisse und Fertigkeiten vor dem Hintergrund konkreter Unternehmensprozesse aus zwei Perspektiven: (1) Zum einen sollen Rechenoperationen mit unternehmensinternen Bezügen aufgestellt und gelöst werden können, (2) zum anderen sind unternehmensinterne Realwerte hinsichtlich ihres Zustandekommens und ihrer Aussagekraft zu interpretieren. In den Ergebnissen unseres DFG-Projekts wird deutlich, dass domänenspezifische Leistungen in den zu bearbeitenden Geschäftsvorfällen von beiden domänenverbundenen Leistungsbereichen abhängig sind. Analysiert wurden vor diesem Hintergrund die Zusammenhänge zwischen der Vorwissensleistung und der beobachteten Lernleistung in zwei verschiedenen Lernsituationen (Abb. 2).

Abb. 1: Inhaltsbereiche konzeptualer Kompetenz

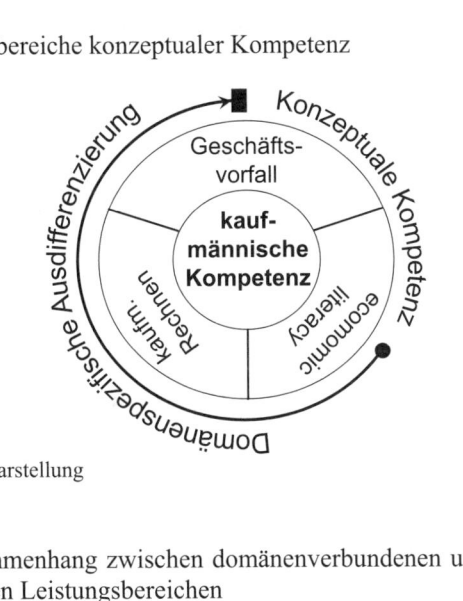

Quelle: Eigene Darstellung

Abb. 2: Zusammenhang zwischen domänenverbundenen und domänenspezifischen Leistungsbereichen

Vergleich zwischen	domänenspezifische Leistungsbereiche	
	Eingangsunterricht (Geschäftsvorfall)	Rechnungswesen/ Controlling (Geschäftsvorfall)
Einfache Korrelation zwischen Vorwissensleistung und Lernleistung	,189**	,177**
Partialkorrelation zwischen Vorwissensleistung und Lernleistung bei Auspartialisierung der Leistung im Bereich **‚Economic Literacy'**	,004	,154*
Partialkorrelation zwischen Vorwissensleistung und Lernleistung bei Auspartialisierung der Leistung im Bereich **‚Kaufmännisches Rechnen'**	,198**	,066

Quelle: Eigene Darstellung

Innerhalb des Eingangsunterrichts wurde mit Hilfe des komplexen Lehr-Lernarrangements Kettenfabrik A&S GmbH (Siemon, 2003) ein Geschäftsvorfall implementiert, der ein Unternehmen mit seinem wirtschaftlichen Gefüge und seiner sozialen Verantwortung abbildet. Ziel des Geschäftsvorfalls ist es, Geschäfts- und Produktionsprozesse zu erkunden und in ihrer Interdependenz zu verstehen. Der statistische Zusammenhang zwischen Vorwissensleistung und der Geschäftsvorfallbearbeitung ist moderat, jedoch auf dem Niveau von .001 signifikant. Auffallend ist die gegen Null gehende Partialkorrelation zwischen Vorwissensleistung und domänenspezifischer Lernleistung bei Auspartialisierung der domänenverbundenen Leistung im Bereich „economic literacy" ($r=.004$). Die Leistungen innerhalb des Geschäftsvorfalls gehen damit vorrangig auf den domänenverbundenen Bereich zurück. Vergleichbares lässt sich für die Geschäftsvorfallbearbeitung im Inhaltsbereich Rechnungswesen und Controlling feststellen. Der zu bearbeitende Geschäftsvorfall basiert auf einem beleggebundenen Grundkurs Rechnungswesen (Getsch & Preiss, 2003), in dem die Finanzbuchführung von Beginn an mit dem operativen Controlling verknüpft wird. Die statistisch signifikante einfache Korrelation ($r=.177**$) reduziert sich bei Auspartialisierung des domänenverbundenen Leistungsbereiches „kaufmännisches Rechnen" auf $r=.066$; ein Großteil des Zusammenhanges zwischen Vorwissensleistung und der domänenspezifischen Leistung kann folglich auf die Fähigkeiten im Bereich des kaufmännischen Rechnens zurückgeführt werden.

Die inhaltliche Gestaltung der konzeptualen Kompetenz über domänenverbundene und domänenspezifische Kompetenzbereiche lässt eine Kennzeichnung der Übergänge zwischen allgemeinen kognitiven Fähigkeiten und domänenspezifischen wissensbasierten Entscheidungen erwarten. Mit zunehmendem Fachbezug scheinen allgemeine Fähigkeiten zur Bewältigung der Anforderungssituation von spezifischen Fachkenntnissen abgelöst zu werden. Aus der Kennzeichnung solcher Übergänge sollen fachdidaktische Implikationen abgeleitet werden, die die Neustrukturierung des kaufmännischen Unterrichts auf der Grundlage moderner Unternehmenssoftware weiter voranbringen.

1.3 Prozess des Instrumentalisierens

Domänenspezifische und domänenverbundene Inhaltsbereiche werden über den vollständigen Prozess des Instrumentalisierens abgebildet. Für kaufmännische Leistungsinhalte liegt eine Beschreibung dieses Prozesses des Instrumentalisierens in Anlehnung an Vorschläge im Bereich der Didaktik der Mathematik für das wirtschaftsinstrumentelle Rechnungswesen vor (Preiß, 2005). Grundidee dieser Konzeption ist die Abbildung kaufmännischer konzeptualer Kompetenz anhand quantitativer Unternehmensdaten. In allen Bereichen der kaufmännischen Bildung müssen auf Basis realer Belege (Versandlisten, Kontoauszüge, Rechnungen etc.) Mathematisierungen der realen Situation vorgenommen werden. Diese Mathematisierungen finden ihren Niederschlag in den Geschäftsdaten einer Unternehmung und geben Auskunft über unternehmensinterne Prozesse. Darüber hinaus ist dieses Zahlenwerk der quantitative Beleg für die Initiierung unternehmerischen Entscheidens und Handelns sowie Maß für die Validierung unternehmerischer Aktivitäten (Abb. 3). Der Prozess des Instrumentalisierens erfasst die Prozessstufen ‚Identifizieren', ‚Verarbeiten', ‚Interpretieren/ Validieren' sowie ‚Entscheiden' und bildet damit die Inhalts- und Handlungsstruktur eines unternehmensrealen Geschäftsvorfalls ab (zur Diskussion des Instrumentalisierungsbegriffs vgl. Knoche, Lind, Blum et al., 2003).

Abb. 3: Prozess der kaufmännischen Steuerung (vgl. Preiss, 2005)

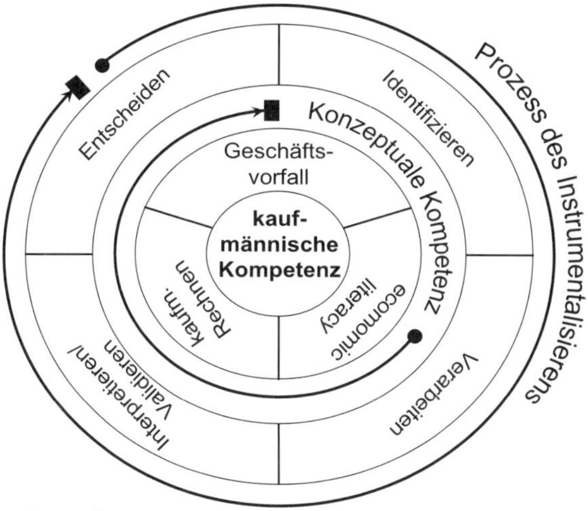

Quelle: Eigene Darstellung

Die Geschäftsvorfälle und der anschließende Prozess des Mathematisierens können unterschiedlich komplex ausgestaltet werden. Anders formuliert: Die getroffene Entscheidung zusammen mit den davorliegenden Prozessschritten dient als Grundlage der Rekonstruktion und Evaluation der jeweils gewählten Vorgehensweise. Hierbei wird eine a priori-Kompetenzstufung angestrebt, indem inhaltsabgeleitete Lern- und Verständnisstufen konstruiert und über Optimallösungsräume der Domäne beschrieben werden.

2. Regulative Vermittlungsleistungen als Modellkomponenten

Werden komplexe Aufgabenformate und entsprechende Lösungsräume konstruiert, ist ein Ergebnis aus den empirischen Studien zum Selbstregulierten Lernen besonders zentral: Selbstregulation kommt in Situationen unterschiedlichen Anforderungsniveaus verschieden stark zum Einsatz (u.a. Pintrich, 2000; Winther, 2006). Die zentrale These ist, dass nicht jede gegebene Situation das Vermittlungspotential der Lernenden ausreizt, also Lernende nicht in jeder Situation das individuelle Wechselspiel von Kompetenz und Komplexität der Lösungsprozesse ihren Vermittlungsleistungen anpassen. Die Ergebnisse im Rahmen des DFG-Projekts „Integrierte Kompetenzentwicklung in den beruflichen Fächern des Wirtschaftsgymnasiums" replizieren hinsichtlich regulativer *traits* (i.s. stabiler lernbegleitender Eigenschaften und Fähigkeiten) die Befunde vergleichbarer Studien. Es zeigt sich, dass generelle motivationale Orientierungen (hier „Selbstbestimmte Motivation" in Anlehnung an Prenzel, Kramer & Drechsel, 2001) sowie kognitive und metakognitive Lernstrategien keine aussagekräftigen Prädiktoren der Lernleistung darstellen (als Vergleichstudien u.a. Baumert, 1993; Schiefele, Streblow, Ermgassen & Moschner, 2003). Hinsichtlich regulativer *states* (i.S. situational abhängigen Vermittlungspotentials) zeigen sich am Beispiel von drei verschiedenen Lernsituationen stabile prädiktive Zusammenhänge:

(1) Die *Motivationale Regulation* (F=1,62 bis 11,15; p<,05; η^2=,24 bis ,60) im Sinne aktualisierter Motivation der kognitiven Motivationsmodelle ist als Reflexionsprozess das Ergebnis kognitiver Bewertungen im Handlungsvollzug. Die kognitiven Bewertungen betreffen das Aufgabenwissen, die Wahrnehmung der Aufgabenvalenz und den Strategieeinsatz zur Aufgabenbewältigung. Die Reflexion über vorhandene Wissensbestände stärkt die Persistenz des Lernverhaltens, forciert die Auswahl und die Adaption von Lernstrategien und setzt Zielerreichungsprozesse in Gang (vgl. Pintrich, 2000). Individuelle Unterschiede in der Performanz lassen sich vor dem Hintergrund dieser Überlegungen auf die Qualität der motivationalen Regulation zurückführen.

(2) Die *Volitionale Kontrolle* (F=4,77 bis 17,52; p<,01; η^2=,31 bis ,62) regt Vermittlungsprozesse an, die die Verwirklichung der aktuellen Absicht begünstigen, indem die Steuerung der Ausführung der Absicht kontrolliert wird. Lernende regulieren Anstrengung und Ausdauer entsprechend dem Anstrengungsbedarf der Aufgabe, um so die Ausführung der Absicht zu gewährleisten. Schwellenwerte der volitionalen Kontrolle be-

zeichnen im Rahmen eines Kompetenzmodells die kognitiven Einschätzungen hinsichtlich des Anforderungsniveaus der Situation.

(3) Die *Kognitive Kontrolle* (F=3,15 bis 7,77; p<,01; η^2=,42 bis ,50) ist im Lösungsprozess zum einen auf der Ebene der Repräsentation der Anforderungssituation und zum anderen hinsichtlich des metamemorialen Wissens über die Anforderungssituation relevant. Die Repräsentationsebene bestimmt das Abstraktionsniveau, die Qualität des metamemorialen Wissens beeinflusst eine realistische. Über die Bestimmung von Schwellenwerten der kognitiven Kontrolle können damit im Rahmen eines Kompetenzmodells Hinweise zum objektiven Anforderungsniveau der vorliegenden Situation bestimmt werden; damit lassen sich Aussagen hinsichtlich der subjektiven mentalen Repräsentation der Domäne treffen, indem die Anforderungssituation durch die Nutzung von zentralen, lösungsrelevanten Merkmalen klassifiziert.

Es wird vorgeschlagen, das kognitive Kompetenzmodell um regulative Vermittlungen auf der *state-Ebene* zu erweitern (Abb. 4).

Es kann angenommen werden, dass mit zunehmendem Schwierigkeitsgrad einer domänenspezifischen Anforderungssituation der Einfluss der regulativen Vermittlung auf den Lösungsprozess steigt. Für diesen Zusammenhang werden unabhängig von der Ausprägung der kaufmännischen Kompetenz lernerindividuelle Unterschiede erwartet: Ein Übergewicht an kognitiver Kontrolle führt unter Bezugnahme auf die Arbeiten zu Kontrollüberzeugungen (Krampen, 1991) sowie im Hinblick auf Theorien der Metakognition (u.a. Anderson & Krathwohl, 2001) zu einer raschen Aufgabe kompetenzübersteigender Anforderungssituationen, ein Übergewicht an volitionaler Kontrolle zu einer stärkeren Persistenz (Kuhl, 1983). Für die motivationale Regulation wird ein Zusammenhang mit der kognitiven Planungssicherheit angenommen (Pintrich, 2000), d.h., dass bei Anforderungssituationen, die umfassend mental repräsentiert sind (z.B. Authentizität durch Berufserfahrung), die Bereitschaft zur motivationalen Regulation stärker ausgeprägt ist als in Anforderungssituationen, die in ihrer Zielsetzung vage bleiben. Aus diesen Zusammenhängen sind folgende Forschungsfragen ableitbar: (1) Die Ausprägung domänenspezifischer sowie domänenverbundener Kompetenz ist abhängig von regulativen Vermittlungsleistungen. (2) Unabhängig von der Ausprägung domänenspezifischer und domänenverbundener Kompetenz lassen sich Regulationsstereotypen identifizieren. (3) Regulative Vermittlungsleistungen werden umso stärker in den Lösungsprozess eingebracht, je berufsrealer/authentischer die gegebenen Anforderungssituationen wahrgenommen werden. Das Beantworten dieser Forschungsfragen vermag weitreichende Hinweise für die fachdidaktische Aufbereitung sowie die instruktionale Umsetzung der curricular vorgegebenen Lernziele und -inhalte zu geben. Es lägen dann Hinweise vor, wie kaufmännische Kompetenz beispielhaft zu beschreiben wäre.

Abb. 4: Kompetenzmodell für die kaufmännische Erstausbildung

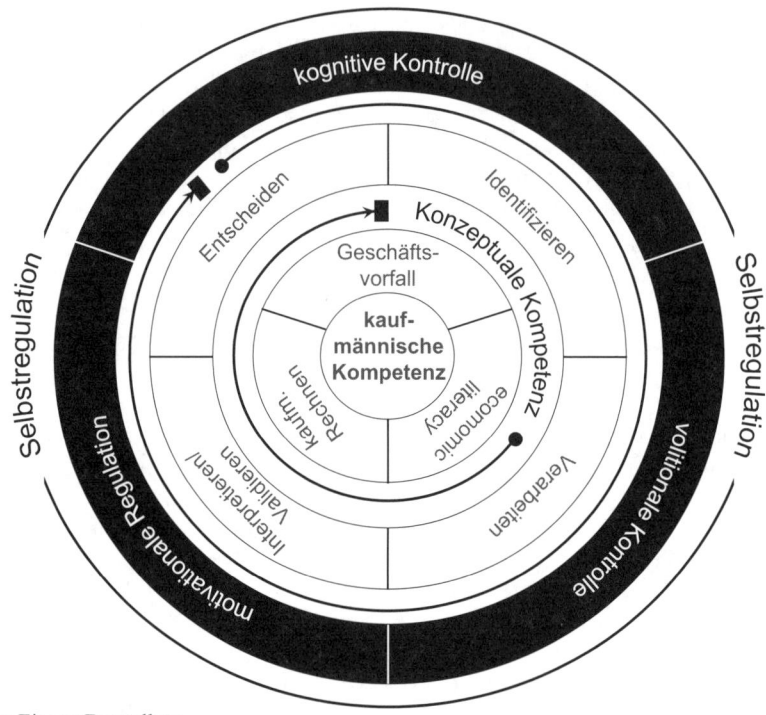

Quelle: Eigene Darstellung

Literatur

Achtenhagen, F. & Winther, E. (2006). Möglichkeiten des Kompetenzaufbaus und seiner Erfassung bei Schülerinnen und Schülern in der kaufmännischen Erstausbildung. In G. Minnameier & E. Wuttke (Hrsg.), *Berufs- und wirtschaftspädagogische Grundlagenforschung. Lehr-Lern-Prozesse und Kompetenzdiagnostik.* (S. 345-360). Frankfurt a. M. u. a: Peter Lang.

Anderson, L. W. & Krathwohl, D. R. (with Airasian, P. W., Cruikshank, K. A., Mayer, R. E., Pintrich, P. R., et al.) (Eds.) (2001*). A Taxonomy for Learning, Teaching, and Assessing. A Revision of Bloom's Taxonomy of Educational Objectives.* New York: Longman.

Baethge, M., Achtenhagen, F., Arends, L., Babic, E., Baethge-Kinsky, V. & Weber, S. (2006). *Berufsbildungs-PISA - Machbarkeitsstudie.* Stuttgart: Steiner.

Baumert, J. (1993). *Lernstrategien, motivationale Orientierung und Selbstwirksamkeitsüberzeugungen im Kontext schulischen Lernens.* Unterrichtswissenschaft, 21, 327-354.

Beck, K. (2001). WBT – Wirtschaftskundlicher Bildungstest. In W. Sarges & H. Wottawa (Hrsg.), *Handbuch wirtschaftspsychologischer Testverfahren* (S. 559-562). Lengerich: Pabst Science Publishers

Chomsky, N. (1980). *Rules and Representations.* The Behavioral and Brain Sciences, 3, 1-61.

Gelman, R. & Greeno, J. G. (1989). On the Nature of Competence: Principles for Understanding in a Domain. In L. B. Resnick (Ed.), *Knowing, Learning and Instruction. Essays in Honor of Robert Glaser* (pp. 125 – 186). Hillsdale, N. J.: Lawrence Erlbaum.

Getsch U. & Preiß, P. (2003). *Modellunternehmen Kettenfabrik A & S GmbH – Grundkurs Rechnungswesen – belegorientiert. Geschäftsjahre 2010-2014. Belege und Grafiken zum Bearbeiten und Lösungsheft.* Troisdorf: Bildungsverlag Eins.

Knoche, N., Lind, D., Blum, W., Cohors-Fresenborg, E., Flade, L., Löding, W., Möller, G., Neubrand, M. & Wynands, A. (2003). *Die PISA-2000-Studie, einige Ergebnisse und Analysen.* Artikel der Deutschen PISA-Expertengruppe Mathematik, PISA 2000.

Krampen, G. (1991). *Fragebogen zu Kompetenz- und Kontrollüberzeugungen (FKK).* Göttingen: Hogrefe.

Kuhl, J. (1983). *Motivation, Konflikt und Handlungskontrolle.* Heidelberg: Springer.

OECD (1995). *Literacy, Economy and Society. Results of the First International Adult Literacy Survey.* Paris: OECD.

OECD (2003). *The PISA 2003 Assessment Framework – Mathematics, Reading, Science and Problem Solving Knowledge and Skills.* Paris: OECD.

Pintrich, P. R. (2000). The Role of Goal Orientation in Self-Regulated Learning. In M. Boekaerts, P. R. Pintrich & M. Zeidner (Eds.), *Handbook of Self-Regulation* (pp. 451-502). San Diego et al.: Academic Press.

Preiß, P. (2005). Entwurf eines Kompetenzkonzepts für den Inhaltsbereich Rechnungswesen/Controlling. In: P. Gonon, F. Klauser, R. Nickolaus & R. Huisinga (Hrsg), *Kompetenz, Kognition und neue Konzepte der beruflichen Bildung* (S. 67-85). Wiesbaden: VS, Verlag für Sozialwissenschaften.

Prenzel, M., Kramer, K. & Drechsel, B. (2001). Selbstbestimmt motiviertes und interessiertes Lernen in der kaufmännischen Erstausbildung – Ergebnisse eines Forschungsprojekts. In K. Beck & V. Krumm (Hrsg.), *Lehren und Lernen in der beruflichen Erstausbildung. Grundlagen einer modernen kaufmännischen Berufsqualifizierung* (S. 37-63). Opladen: Leske+Budrich.

Schiefele, U., Streblow, L. Ermgassen, U. & Moschner, B. (2003). *Lernmotivation und Lernstrategien als Bedingungen der Studienleistung.* Zeitschrift für Pädagogische Psychologie, 17, 185-198.

Siemon, J. (2003): *Evaluation eines komplexen Lehr-Lern-Arrangements. Eine netzwerk- und inhaltsanalytische Studie am Beispiel der Einführung in ein Modellunternehmen.* Wiesbaden: DUV.

Winther, E. (2006). *Motivation in Lernprozessen. Konzepte in der Unterrichtspraxis von Wirtschaftsgymnasien.* Wiesbaden: DUV.

Anwendungs- und problemorientierter Unterricht (APU) –ein Unterrichtsforschungsprojekt an deutschschweizerischen Gymnasien in den Fächern „Wirtschaft & Recht" und „Geographie"

Maren Oepke, Stephan Schumann, Nina Barske, Claude Müller, Michael Pflüger, Stefan Hesske & Franz Eberle

1. Einleitung

Verschiedene Studien verweisen u.a. für Deutschland, abgeschwächt jedoch auch für die Schweiz auf eine Kleinschrittigkeit des Vorgehens im Rahmen der oft dominierenden fragend-entwickelnden Unterrichtsmethodik (Klieme et al. 2001: 45; Clausen et al. 2003: 122ff.; Pauli/Reusser 2003: 253). Dabei sind in der Schweiz kaum oder nur wenig bedeutsame Unterschiede zwischen den verschiedenen Schulformen zu beobachten (Pauli/Reusser 2003: 262). Zugleich sind die mehrheitlich rezeptiven Schüleraktivitäten von einer gängigen Prüfungspraxis begleitet, die in erster Linie eine Reproduktion gelernter Inhalte erfordert (Reinmann-Rothmeier/Mandl 2001: 640). Wissenserwerbsprozesse sind damit oft sehr kurzfristig und zudem wenig vernetzend angelegt (Stern 2006: 49). Zudem bleiben die verankerten Wissensbestände häufig „träge" (Bransford et al. 2000; Gruber, Mandl/Renkl 2000; Renkl 1996).

Ein weiterer Kritikpunkt an der gegenwärtig dominierenden Unterrichtspraxis bezieht sich darauf, dass im Rahmen der Auseinandersetzung mit Sachinhalten bei der Entwicklung von Kompetenzen außerhalb des fachlich-kognitiven Bereichs kaum substanzielle Verbesserungen, sondern im Gegenteil teilweise sogar rückläufige Entwicklungen zu beobachten sind (für Schweizerische Gymnasiastinnen und Gymnasiasten vgl. Ramseier 2004; Maag Merki 2006). Dabei repräsentieren Komponenten, die sich der Fähigkeit zum selbstregulierten Lernen zuordnen lassen (z.B. Lernmotivation, Metakognition, Volition) nicht nur Voraussetzungen für erfolgreiches (Weiter-)Lernen, sondern sie sind zugleich eigenständige Bildungsziele (für Schweizerische Maturitätsschulen vgl. MAR 1995, Art. 5).

Ausgehend von den skizzierten Problembereichen gilt es für die Allgemeine Didaktik, aber besonders für die Fachdidaktiken, theoretisch und empirisch gut begründete domänenspezifische Lernumgebungen mit dem Ziel der systematischen Verbesserung der Unterrichtsqualität zu entwickeln. Vor dem Hintergrund der oben beschriebenen Defizite zielt eine Hauptargumentationsrichtung dabei darauf ab, Unterrichtskonzepte mit einem höheren Grad an Anwendungs- und Problemorientierung zu entwickeln (Gräsel/Parchmann 2004: 171; Reinmann-Rothmeier/Mandl 2001: 627ff.).

In der Folge gilt es, derartige Modelle erfolgreich in der gymnasialen Schulpraxis zu implementieren, das Implementationsgelingen zu prüfen und die Wirksamkeit der Programme auf Seiten der Lernenden zu erfassen. Letzteres markiert häufig eine Leerstelle im Bereich der (Fach-)Didaktik und fällt – zumindest bisher – in den Bereich der Lehr-Lern-Forschung. Dies legt nahe, die spezifischen Stärken der beiden Bereiche miteinander zu verschränken (Gräsel/Parchmann 2004: 177; Helmke 2003: 29), auch wenn deren Verhältnis nicht zuletzt aufgrund unterschiedlicher historischer Ursprünge manchmal schwierig ist (Terhart 2002).

Im schweizerischen Projekt „*Anwendungs- und problemorientierter Unterricht in gymnasialen Lehr-/Lernumgebungen (APU)*"[1] werden die oben formulierten Überlegungen aufgegriffen. Eine wesentliche Voraussetzung stellt dabei die Integration der Perspektive der Fachdidaktik und der Lehr-Lern-Forschung dar. Das Unterrichtsmodell wurde im Rahmen eines Vorprojekts im ersten Semester des Schuljahrs 2002/03 bereits ein erstes Mal in die gymnasiale Praxis implementiert und evaluiert (Eberle et al. 2004). Die Ergebnisse lassen erwarten, dass das Modell fachspezifisch geeignet ist, die Qualität des gymnasialen Unterrichts zu steigern. Im hier vorgestellten Nachfolgeprojekt rücken mittels einer Verlängerung der Interventionsphase und einer Weiterentwicklung und Ausdifferenzierung des Versuchsplans sowie des Instrumentensets verstärkt Wirkungen auf Seite der Schülerinnen und Schüler in den Fokus.

Im Folgenden wird ein Überblick über das Projekt gegeben. Zunächst wird das Unterrichtsmodell in seinen Grundzügen dargestellt. Über die Formulierung der Hypothese und der postulierten Wirkungen des Programms fokussiert der Beitrag abschließend auf die Forschungsanlage und die eingesetzten Methoden.

2. Unterrichtsmodell

Die Diskussion über die Konzeption adäquater Unterrichtsumgebungen war über Jahrzehnte von ideologisch geprägten Grundauffassungen überformt. Nicht zuletzt aufgrund der Uneindeutigkeit der empirischen Befundlage fin-

---

1 Das Projekt läuft von Februar 2006 bis Juli 2008 und ist vom Schweizerischen Nationalfonds (SNF) (co-)finanziert. Es wird an sieben Gymnasien der deutschsprachigen Schweiz in 10. und 11. Klassen in den Fächern „Wirtschaft und Recht" und „Geographie" durchgeführt.

det in der jüngeren Vergangenheit zunehmend eine integrierende und pragmatische Position zum Lehren und Lernen Beachtung (Reinmann-Rothmeier/ Mandl 2001: 624ff). Mit Bezug auf die eingangs beschriebene mangelnde Anwendbarkeit schulisch erworbenen Wissens bei gleichzeitig ungenügender Förderung so genannter überfachlicher Kompetenzen verstehen diese Ansätze Lernen als einen aktiven, konstruktiven, selbstgesteuerten, situativen und sozialen Prozess (Reinmann-Rothmeier/Mandl 1997). In einer solchen Auffassung sind sowohl einer ursprünglich kognitivistischen als auch einer konstruktivistischen Vorstellung zuzuordnende Elemente enthalten (Gräsel/ Parchmann 2004: 173)[2].

Ein wesentlicher Aspekt derartiger Lernumgebungen ist die Orientierung an semantisch reichhaltigen, aktuellen und möglichst authentischen Problemen (Reusser 2005: 159). Die problemorientierte Unterrichtsgestaltung stützt sich u.a. auf eine Kombination von Merkmalen, die andere situierte Ansätze wie der *Anchored Instruction*-Ansatz (Cognition and Technology Group at Vanderbilt 1997), die *Cognitive Flexibility*-Theorie (Jacobson/Spiro 1992) und der *Cognitive Apprenticeship*-Ansatz (Collins et al. 1989) gemeinsam haben (Reinmann-Rothmeier/Mandl 2001: 627).

Auch das Modell des anwendungs- und problemorientierten Unterrichts beruht auf einer vergleichbar gemäßigt konstruktivistischen Position[3]. Die Operationalisierung des Modells schlägt sich in 11 Leitlinien nieder. Dabei werden Erkenntnisse der Lern- und Kognitionsforschung sowie der Lehrtheorie mit einer fachdidaktisch-normativen Perspektive verschränkt[4]. Eine begründete Herleitung der Leitlinien findet sich bei Eberle (2006). Die Leitlinien werden daher hier nur überblicksartig dargestellt:

Fachdidaktisch-normative Perspektive
– Leitlinie 1: Erarbeitung curricular wichtigen Grundlagenwissens und wichtiger Einsichten

---

2 Reinmann/Mandl (2006: 616) sprechen aktuell von einer „technologischen" statt von einer „kognitivistischen" Position.

3 Es lehnt sich dabei eng an die konzeptionellen Arbeiten von Dörig (2003) an. Dörig (2003) expliziert das Modell für das Fach „Wirtschaft & Recht" im berufsbildenden Bereich. Damit bietet es für APU auch aufgrund seiner Domänenspezifik besonders günstige Anknüpfungspunkte.

4 Ein weiteres bedeutsames Element des APU ist der Einsatz von Formen und Methoden der erweiterten Leistungsbeurteilung. In Übereinstimmung mit den Leitlinien 2 bis 8 ist damit die Forderung verbunden, über das traditionelle, zumeist schriftliche Prüfen von Wissen (Lernprodukte) hinaus auch die Lernprozesse einschließlich der Beurteilung von Kompetenzentwicklung außerhalb des reinen fachlich-kognitiven Bereichs stärker als bisher für die Beurteilungen zu berücksichtigen. Gerade vor dem Hintergrund des aktiven, selbstgesteuerten und sozialen Charakters von Lernprozessen sollten die Verfahren der Leistungsbeurteilung auch Möglichkeiten der Schülerselbst- und Schülerfremdbeurteilung umfassen (vgl. u. a. Sacher 2004; Winter 2004).

Lern- und kognitionstheoretische Perspektive
Verknüpfung der Erarbeitung des Fachwissens mit
- Leitlinie 2: dem Erwerb von typischen Denkstrategien und Arbeitstechniken
- Leitlinie 3: der Entwicklung von Lernstrategien
- Leitlinie 4: der Förderung von Metakognition
- Leitlinie 5: der Entwicklung von sozialen und kommunikativen Kompetenzen
- Leitlinie 6: Aspekten der Werthaltungsbildung sowie der Kritik- und Urteilsfähigkeit
- Leitlinie 7: der Förderung der Lernmotivation und des fachlichen Interesses
- Leitlinie 8: der Förderung der Selbstverantwortung für das eigene Lernen

Lehrtheoretische Perspektive
- Leitlinie 9: Problemorientierte Lernsituationen schaffen
- Leitlinie 10: Bewusstmachung der Bedeutung und Nützlichkeit der Kenntnisse und Kompetenzen, die gelernt werden sollen (Einsicht in Bedeutung des Wissens)
- Leitlinie 11: keine Banalisierung der Wissensstrukturen (keine Reduktion auf einfache Wissensstrukturen und Abläufe)

Jenseits von einer nicht zuletzt eng mit der Konstruktivismusdebatte einhergehenden Methodendogmatisierung hat die Unterrichtsforschung gezeigt, dass es *die* eine Vorgehensweise im Unterricht nicht gibt (Brophy 2000). Aufgrund der multikriterialen Komplexität von Lehr-Lern-Prozessen ist vielmehr eine gut begründete Methodenvariation entscheidend (Wiechmann 2000: 10; Weinert 2000, 46).

Vor diesem Hintergrund stecken die Leitlinien des APU einen Rahmen ab, der eine breite Palette von Umsetzungsmöglichkeiten zulässt. Um der damit verbundenen Gefahr von Beliebigkeit zu begegnen, kommt der Begründung für den Einsatz einer Unterrichtsmethode durch die Lehrperson eine zentrale Bedeutung zu (Helmke 2003: 65; vgl. Kap. 3). Betont wird dabei auch, dass der APU grundsätzlich unterschiedliche Realisierungsgrade der einzelnen Leitlinien toleriert. Die Erarbeitung eines Themas wird nicht zu jedem Zeitpunkt mit einer maximalen Realisierung aller 11 Leitlinien einhergehen können. Zu begründen ist daher auch die systematische Kombination der einzelnen Leitlinien und deren besondere Akzentuierung zu den unterschiedlichen Zeitpunkten in den Lehr-Lern-Prozessen.

Es wird hier betont, dass mit APU kein Ausschließlichkeitsanspruch formuliert wird. So bedeuten die einzelnen Leitlinien des APU – jede für sich allein betrachtet – keine entscheidende Neuentwicklung. Viele von ihnen finden sich in den verschiedenen existierenden Unterrichtstheorien. Als innovativ wird vielmehr die systematische Verknüpfung der Leitlinien angesehen. In der Konsequenz zielt APU auch auf eine Vielzahl unterschiedlicher Wirkungen auf Schülerseite.

3. Hypothese und postulierte Wirkungen

Es wird postuliert, dass Unterricht, in dem die Lehrkräfte die 11 APU-Leitlinien systematisch und kohärent in der Planung, Durchführung und Reflexion anwenden, im Vergleich zu Unterricht ohne eine solche explizite Orientierung vermehrt zu wünschenswerten Wirkungen auf Seiten der Lernenden im Gymnasium führt. Die empirische Bestätigung dieser Veränderungshypothese wäre ein substanzieller Erkenntnisgewinn im Hinblick auf eine Verbesserung der Qualität gymnasialen Unterrichts.

Auf welche Wirkungen ist der anwendungs- und problemorientierte Unterricht ausgerichtet? Grundsätzlich wird auf einen verbesserten Erwerb von so genannten Handlungs- und Anwendungskompetenzen abgezielt. Wissend um die relative Unbestimmtheit einer solchen Etikettierung stehen folgende acht domänenbezogene Wirkungskategorien im Sinne von Teilkomponenten hinter diesem Begriff[5]:

Erwerb von anwendbarem Wissen, Erwerb von fachlichen Denk- und Arbeitsstrategien, Erwerb von Lernstrategien, Verbesserung der Metakognition, Verbesserung sozialer (und kommunikativer) Kompetenzen, Entwicklung der Werthaltungsbildung sowie der Kritik- und Urteilsfähigkeit, Entwicklung des Interesses und der Lernmotivation für das Fach sowie Entwicklung der Selbstverantwortung für das eigene Lernen.

Hinter den postulierten Wirkungen verbergen sich Bildungsziele, wie sie sich in ähnlicher Form in einschlägigen Klassifikationen wieder finden (vgl. z.B. Weinert 2000). Ihr Zusammenwirken steht dabei dem „breiten" Kompetenzverständnis von Weinert (2001: 27f.) nah, das u.a. die theoretische Konzeption der Bildungsstandards in Deutschland beeinflusst (vgl. Klieme et al. 2003: 21).

Ebenso wie die systematische Verschränkung der Leitlinien als neuartig angesehen wird, kommt der Perspektivenerweiterung auf das multikriteriale Zusammenwirken der acht oben genannten Wirkungskategorien ein innovativer Aspekt zu.

---

5 Die Wirkungskategorien 2 bis 8 entsprechen semantisch den Unterrichtsleitlinien 2 bis 8 (vgl. Abschnitt 2).

4. Forschungsdesign, Methoden und Stichprobe

Die pädagogische Intervention, d.h. die Implementation des APU erfolgt im Schuljahr 2006/07. Der Schwerpunkt der empirischen Prüfung liegt auf der Erfassung der Wirkungen auf Schülerseite. Eine Implementationsforschung im eigentlichen Sinne erfolgt nicht. Jedoch wird das Gelingen der Umsetzung des Unterrichtsmodells über die Erfassung von Lehrer- und Schülerwahrnehmungen zu mehreren Zeitpunkten sowie über die qualitative Analyse von Logbüchern geprüft, die von den Lehrpersonen geführt werden.

Die Prüfung der Treatmenteffekte auf Schülerseite erfolgt im Rahmen eines quasiexperimentellen Designs. Da derartige Versuchspläne mit dem Problem der möglichen Überlagerung durch Störvariablen zu leben haben, kommen im Forschungsprojekt verschiedene Kontrolltechniken zur Anwendung. Zur Kontrolle der Schuleffekte werden je Schule und Fach jeweils parallele Treatment- und Kontrollklassen geführt. Als Lehrpersonen sind darüber hinaus in beiden Versuchsgruppen so genannte Lehrexperten tätig. Deren gemeinsames Merkmal ist, dass sie über zumindest fünf Jahre Berufserfahrung verfügen sollten. Über diese Maßnahmen der Parallelisierung hinaus werden weitere potentielle Störfaktoren über den rechnerischen Weg kontrolliert. Ausgehend von einschlägigen Modellen schulischen Lernens werden diesbezüglich Schülermerkmale, Unterrichtsmerkmale und Merkmale der außerschulischen Umwelt erfasst (vgl. Wang et al. 1993).

Nicht nur in der pädagogischen Forschung beruhen viele Studien zur Überprüfung von Veränderungshypothesen auf einem Pretest-Posttest-Versuchsplan mit zwei Messzeitpunkten (Singer/Willett 2003: 10; Schmitz/ Perels 2006: 46). Im Projekt APU werden die meisten Zielvariablen zu drei Messzeitpunkten erfasst: einmal zu Beginn der Intervention (Eingangserhebung), einmal während der Intervention (Prozesserhebung) und einmal am Ende der Intervention (Schlusserhebung). Mit dem Einbezug eines dritten Messzeitpunkts sind Vorteile verbunden: So schafft die Verwendung von mehr als zwei Messzeitpunkten die Voraussetzung dafür, den Entwicklungsprozess der interessierenden Merkmale im Interventionszeitraum besser nachvollziehen zu können (van der Leeden 1998: 282f.). Zudem ermöglicht dies eine zuverlässigere Erfassung möglicher Veränderungen (Bortz/Döring 2002: 554; Willett 1989: 587ff.).

Zur Prüfung der Veränderungshypothese kommen vorrangig quantitative Erhebungsmethoden zum Einsatz. Das Instrumentenset wurde im Frühjahr 2006 pilotiert. Mehrheitlich wurde dabei auf in der Unterrichtsforschung vorliegende operationalisierte Konstrukte zurückgegriffen. In Teilen wurden auch Eigenentwicklungen vorgenommen. Mit dem Ziel, ein möglichst veränderungssensitives Instrumentarium zu verwenden, wurden die sprachlichen

Formulierungen der Items – wenn möglich und sinnvoll – auf das jeweilige gymnasiale Fach, d.h. auf „Wirtschaft und Recht" bzw. auf „Geographie" bezogen. In die Hauptuntersuchungen wurden nur Skalen mit einer internen Konsistenz von mindestens $\alpha = 0.70$ aufgenommen (Cronbachs Alpha)[6].
Darüber hinaus sind qualitative Analysen vorgesehen. Diese beziehen sich auf die Auswertung der qualitativen Lehrerbefragungen und der APU-Logbücher. Zudem ist vorgesehen, diverse Schülerunterlagen und die schriftlichen Prüfungen ausgewählter Klassen zu analysieren. Besondere Erwähnung soll in diesem Zusammenhang die Erfassung der Wirkungskategorie „Erwerb von anwendbarem Wissen" erfahren. Da sich die Lernziele und Lerninhalte an schweizerischen Gymnasien erheblich unterscheiden, können keine standardisierten Leistungstests zum Vergleich der fachlichen Lernleistungen eingesetzt werden. Um dennoch eine Überprüfung zu ermöglichen, werden im Projekt APU die schriftlichen Klausuren von den beteiligten Lehrpersonen jeweils so konzipiert werden, dass ihr struktureller Aufbau derselbe ist. Alle Klausuren beinhalten Aufgaben aus allen Kategorien des auf Bloom et al. (1956) zurückgehenden kognitiven Bereichs von Metzger et al. (1993). Bei zumindest mittelkomplexem Inhaltsniveau werden deklarative, prozedurale und konditionale Wissensaspekte geprüft[7].

Die Eingangserhebung zu Beginn der Intervention wurde Ende August/ Anfang September 2006 in sieben deutschschweizerischen Gymnasien durchgeführt. In die Auswertungen fließen die Angaben von 444 Schülerinnen und Schülern ein. Von diesen befinden sich 256 in Experimentalklassen und 188 in Kontrollklassen[8]. Die Geschlechtsverteilung ist ausgeglichen (49% Schülerinnen; 51% Schüler). Anhand des Indikators der sprachlichen Sozialisation im Elternhaus lässt sich ableiten, dass ca. ein Viertel der Jugendlichen einen Migrationshintergrund aufweist. Aus forschungsmethodischer Sicht ist relevant, dass in den Ausgangswerten zwischen Treatment- und Kontrollgruppe möglichst keine überzufälligen Unterschiede bestehen. Wie die entsprechende Analyse zeigt, ist diese Voraussetzung – abgesehen von wenigen Fällen – in Bezug auf die eingesetzten Skalen gegeben. Innerhalb der jeweiligen 4- bzw. 5-stufigen Antworträume sind auf Skalenebene zudem keine ausgeprägten Boden- oder Deckeneffekte zu beobachten (zur Bedeutung derartiger Effekte vgl. Urban/Mayerl 2006: 310f.). Erste Ergebnisse zur Prüfung der Veränderungshypothese und zu den Wirkungen des Unterrichtsmodells werden im Sommer 2007 vorliegen.

---

6   In der Eingangsmessung kamen insgesamt 34 Skalen zum Einsatz. Im Mittel lassen sich dabei Werte der internen Konsistenz von $\alpha = 0.78$ beobachten. Dies kann als zufrieden stellend bezeichnet werden (Bortz/Döring 2002: 198f.).
7   Dieses Verfahren der Prüfungskonstruktion wurde zuvor in einer Fallstudie auf der Tertiärstufe angewendet (Eberle/Müller 2004).
8   Fachverteilung: Wirtschaft und Recht: N=248; Geographie: N=196

Literatur

Bloom, B.S./Engelhart, M.D./Furst, E.J./Hill, W.H./Krathwohl, D.R. (1956): Taxonomy of educational objectives. The classification of educational goals. Handbook I: Cognitive domain. New York: Longmans.

Bortz, J./Döring, N. (2002): Forschungsmethoden und Evaluation für Human- und Sozialwissenschafter. 3. Auflage. Berlin, New York: Springer.

Bransford, J.D./Brown, A.L./Cocking, R.R. (2000): How people learn. Brain, mind, experience, and school. Washington, DC: National Academy Press.

Brophy, J.E. (2000): Teaching. In: Educational Practise Series, Vol. 1. Brussels: International Academy of Education & International Bureau of Education.

Clausen, M./Reusser, K./Klieme, E. (2003): Unterrichtsqualität auf der Basis hochinferenter Unterrichtsbeurteilungen: Ein instruktionspsychologischer Vergleich zwischen Deutschland und der deutschsprachigen Schweiz. In: Unterrichtswissenschaft, 31 (2), S. 122-141.

Cognition and Technology Group at Vanderbilt (1997): The Jasper project: Lessons in curriculum, instruction, assessment, and professional development. Mahwah, NJ: Erlbaum.

Collins, A./Brown, J.S./Newman, S.E. (1989): Cognitive apprenticeship. Teaching the crafts of reading, writing, and mathematics. In: Resnick, L.B. (Ed.): Knowing, learning and instruction. Essays in honor of Robert Glaser. Hillsdale, New Jersey: Lawrence Erlbaum Associates, pp. 453-492.

Dörig, R. (2003): Handlungsorientierter Unterricht – Ansätze, Kritik und Neuorientierung unter bildungstheoretischer, curricularer und instruktionspsychologischer Perspektive. Stuttgart: WiKu-Verlag.

Eberle, F. (2006): Anwendungs- und problemorientierter Unterricht (APU). Ein Unterrichtsmodell für Gymnasien. In: Netzwerk - Zeitschrift der Wirtschaftsbildung Schweiz, 3, S. 20-30.

Eberle, F./Müller, C. (2004): Ansätze zu einer neuen Didaktik in der Hochschullehre: Zwei Beispiele aus den Wirtschaftswissenschaften. In: Dubs, R./Euler, E./Seitz, H. (Hrsg.): Aktuelle Aspekte in Schule und wissenschaftlichem Unterricht. Festschrift Christoph Metzger zum 60. Geburtstag. St. Gallen: Institut für Wirtschaftpädagogik, S. 234-261.

Eberle, F./Müller, C./Otazo P./Pflüger, M. (2004): Unterrichts-Leitlinien für einen problem- und handlungsorientierten Unterricht in gymnasialen Lehr-/ Lernumgebungen: Theoretische Festlegung, Umsetzung und Wirkung in der Schulpraxis – Eine Pilot-Studie. In: Höheres Lehramt für Berufsschulen & Höheres Lehramt Mittelschulen der Universität Zürich (Hrsg.): Beiträge zur Handlungsorientierung – Berichte aus Forschung und Praxis 1. Auflage. Bern, Zürich: h.e.p. Verlag, S. 35-139.

Gräsel, C./Parchmann, I. (2004): Die Entwicklung und Implementation von Konzepten situierten und selbstgesteuerten Lernens. In: Zeitschrift für Erziehungswissenschaft, Sonderheft 3, S. 169-182.

Gruber, H./Mandl, H./Renkl, A. (2000): Was lernen wir in Schule und Hochschule: Träges Wissen? In: Mandl, H./Gerstenmaier, J. (Hrsg.): Die Kluft zwischen Wis-

sen und Handeln, Empirische und theoretische Lösungsansätze. Göttingen: Hogrefe, S. 139-156.
Helmke, A. (2003): Unterrichtsqualität erfassen, bewerten und verbessern. Seelze-Velber: Kallmeyer.
Jacobson, M.J./Spiro, R.J. (1992): Hypertext learning environments and cognitive flexibility: Characteristics promoting the transfer of complex knowledge. In: Birnbaum, L. (Ed.): The International Conference on the Learning Sciences. Proceedings of the 1991 Conference. Charlottesville: Association for the Advancement of Computing in Education, pp. 240-248.
Klieme, E./Schümer, G./Knoll, S. (2001): Mathematikunterricht in der Sekundarstufe I: „Aufgabenkultur" und Unterrichtsgestaltung. In: Bundesministerium für Bildung und Forschung (Hrsg.): TIMSS – Impulse für Schule und Unterricht. Forschungsbefunde, Reforminitiativen, Praxisberichte und Videodokumente. Bonn: BMBF, S. 43-57.
Klieme, E./Avenarius, H./Blum, W./Döbrich, P./Gruber, H./Prenzel, M./Reiss, K./ Riquarts, K./Rost, J./Tenort, H.-E./Vollmer, H.J. (2003): Expertise zur Entwicklung nationaler Bildungsstandards. Bonn: Bundesministerium für Bildung und Forschung.
Maag Merki, K. (Hrsg). (2006): Lernort Gymnasium. Individuelle Entwicklungsverläufe und Schulerfahrungen im Gymnasium. Bern: Haupt Verlag.
MAR (Maturitäts-Anerkennungsreglement) (1995): Verordnung des Bundesrates/ Reglement der EDK über die Anerkennung von gymnasialen Maturitätsausweisen (Maturitäts-Anerkennungsreglement MAR) vom 16. Januar 1995. Systematische Sammlung des Bundesrechts 413.11.
Metzger, C./Waibel, R./Henning, C./Hodel, M./Luzi, R. (1993): Anspruchsniveau von Lernzielen und Prüfungen im kognitiven Bereich. St. Gallen: Institut für Wirtschaftspädagogik, Universität St. Gallen.
Pauli, C./Reusser, K. (2003): Unterrichtsskripts im schweizerischen und im deutschen Mathematikunterricht. In: Unterrichtswissenschaft, 31 (3), S. 238-272.
Ramseier, E. (2004): Motivation als Ergebnis und Determinante schulischen Lernens. Universität Zürich: Zentralstelle der Studentenschaft.
Reinmann-Rothmeier, G./Mandl, H. (1997): Lehren im Erwachsenenalter. Auffassungen vom Lehren und Lernen, Prinzipien und Methoden. In: Weinert, F.E./ Mandl, H. (Hrsg.): Psychologie der Erwachsenenbildung, Enzyklopädie der Psychologie, Bd. 4, D, 1. Göttingen: Hogrefe, S. 355-403.
Reinmann-Rothmeier, G./Mandl, H. (2001): Unterrichten und Lernumgebungen gestalten. In: Krapp, A./Weidenmann, B. (Hrsg.): Pädagogische Psychologie (4., vollständig überarbeitete Auflage). Weinheim: Beltz PVU, S. 601-646.
Reinmann, G./Mandl, H. (2006): Unterrichten und Lernumgebungen gestalten. In: Krapp, A./Weidenmann, B. (Hrsg.): Pädagogische Psychologie (5. vollständig überarbeitete Auflage). Weinheim: Beltz PVU, S. 613-658.
Renkl, A. (1996): Träges Wissen: Wenn Erlerntes nicht genutzt wird. In: Psychologische Rundschau, 47, S. 78–92.
Reusser, K. (2005): Problemorientiertes Lernen – Tiefenstruktur, Gestaltungsformen, Wirkung. In: Beiträge zur Lehrerbildung, 23 (2), S. 159-182.

Sacher, W. (2004): Leistungen entwickeln, überprüfen und beurteilen. Bad Heilbrunn: Klinkhardt.
Schmitz, B./Perels, F. (2006): Potentiale der Zeitreihenanalyse in der Pädagogischen Psychologie. In: Ittel, A./Merkens, H. (Hrsg.): Veränderungsmessung und Längsschnittstudien in der empirischen Erziehungswissenschaft. Wiesbaden: Verlag für Sozialwissenschaften, S. 45-59.
Singer, J.D./Willett, J.B. (2003): Applied Longitudinal Data Analysis. Modeling Change and Event Occurrence. Oxford: Oxford University Press.
Stern, E. (2006): Was wissen wir über erfolgreiches Lernen in der Schule? In: Pädagogik, 58 (1), S. 45-49.
Terhart, E. (2002): Fremde Schwestern. Zum Verhältnis von Allgemeiner Didaktik und empirischer Lehr-Lern-Forschung. In: Zeitschrift für Pädagogische Psychologie, 16 (2), S. 77-86.
Urban, D./Mayerl, J. (2006): Regressionsanalyse: Theorie, Technik und Anwendung. Wiesbaden: VS Verlag.
Van der Leeden, R. (1998): Multilevel analysis of longitudinal data. In: Bijleveld, C./ van der Kamp, L. (Hrsg.): Longitudinal Data Analysis: Designs, Models and Methods. London: Sage, pp. 267-317.
Wang, M.C./Haertel, G.D./Walberg, H.J. (1993): Toward a knowledge base for school learning. In: Review of Educational Research, 63, pp. 249-294.
Weinert, F.E. (2000): Lehr-Lernforschung an einer kalendarischen Zeitenwende: Im alten Trott weiter oder Aufbruch zu neuen wissenschaftlichen Horizonten? In: Unterrichtswissenschaft, 28 (1), S. 44-48.
Weinert, F.E. (2001): Vergleichende Leistungsmessung in Schulen – eine umstrittene Selbstverständlichkeit. In: Weinert, F. E. (Hrsg.): Leistungsmessung in Schulen. Weinheim und Basel: Beltz, S. 17-31.
Wiechmann, J. (2000): Unterrichtsmethoden. Vom Nutzen der Vielfalt. In: Wiechmann, J. (Hrsg.): Zwölf Unterrichtsmethoden. Vielfalt für die Praxis. Weinheim: Beltz, S. 9-19.
Wild, K.-P. (2000): Lernstrategien im Studium. Münster: Waxmann.
Willett, J. B. (1989): Some Results on Reliability for the Longitudinal Measurement of Change: Implications for the Design of Studies of Individual Growth. In: Educational and Psychological Measurement, 49, pp. 587-602.
Winter, F. (2004): Leistungsbewertung – Eine neue Lernkultur braucht einen anderen Umgang mit den Schülerleistungen. Baltmannsweiler: Schneider.

//
Zur empirischen Analyse des Umgangs mit Fehlern im wirtschaftskundlichen Unterricht

Gerhard Minnameier

1. Problemstellung

Irren ist bekanntlich menschlich und damit unvermeidlich. Aus pädagogischer Sicht lässt sich dieser Aspekt menschlichen Daseins jedoch auch dezidiert positiv wenden, denn spätestens seit der konstruktivistischen Welle in den 1990er Jahren gelten Irrtümer bzw. Fehler als die Basis allen Lernens überhaupt (vgl. z.B. Piaget 1976; Glasersfeld 2006). Ohne Fehler keine Perturbation bzw. Disäquilibration kognitiver Strukturen und damit auch keine Lernfortschritte!

Insofern sind Fehler – auch wenn man sie sich freilich nicht herbeiwünscht – pädagogisch produktiv und bilden den Boden, auf dem fruchtbare Lehr-Lern-Prozesse stattfinden und neue Erkenntnisse gedeihen können. Darüber hinaus können sie Lehrkräften als diagnostische Schlüsselinformationen und damit zugleich als Anknüpfungspunkte für zielgerichtete Interventionen dienen. Sie weisen folglich nicht nur dem Lernenden, sondern auch den Lehrenden den Weg.

Dennoch scheinen Lehrkräfte ihren Unterricht oftmals so zu planen, dass die Lernenden *möglichst wenig* falsch machen können und – sozusagen ohne Umweg – direkt zum jeweils Richtigen geführt werden (vgl. Oser & Spychiger 2005, S. 164-167). Die Autoren sprechen in diesem Zusammenhang von „Übersteuerung". Problematisch ist nach Oser und Spychiger bei einer solchen Fehlervermeidungsstrategie insbesondere der Umstand, dass nachfolgend (doch) auftretende Fehler oftmals nicht mehr angemessen diskutiert, sondern nur noch mit dem jeweils Richtigen kontrastiert werden (vgl. ebd., S. 162-163). Man könnte hier auch von einer „Pfingstwunderdidaktik" (vgl. Wahl 2005, S. 14) sprechen, weil man hofft, das zu erwerbende Wissen werde irgendwann irgendwie (doch noch) verstanden, wenn man es nur immer wieder vorgibt.

Die Erziehungswissenschaft hat vor diesem Hintergrund das „Lernen aus Fehlern" als zentralen didaktischen und methodischen Bezugspunkt erkannt, was sich in der aktuellen Literatur deutlich niederschlägt (Weingardt 2004; Oser & Spychiger 2005; Bauer u.a. 2004). Was allerdings bislang noch weitgehend fehlt, ist eine Theorie der Fehlerarten und des spezifischen Umgangs mit Fehlern. Letztere Frage nach dem Umgang wird meist nur im – freilich ebenfalls hoch relevanten – emotional-motivationalem Zusammenhang diskutiert („Fehlerkultur" etc.; vgl. z.B. Oser & Spychiger 2005), aber kaum im Hinblick auf spezifische kognitive Defizite in den jeweiligen Erwerbs- bzw. Anwendungsprozessen. Mit dem nachfolgend vorzustellenden Ansatz soll diese Lücke geschlossen und dabei auch an einem Beispiel aufgezeigt werden, wie Lehr-Lern-Prozesse im kognitiven Bereich systematisch analysiert werden können. Dabei steht speziell die empirische Auswertungsstrategie im Vordergrund. Bevor diese in den Abschnitten 1-3 im Detail dargestellt wird, soll allerdings zunächst das theoretische Rationale entwickelt werden (Abschn. 2). Den Abschluss bilden forschungsbezogene Folgeüberlegungen, aber auch erste inhaltliche Überlegungen im Rückgriff auf das analysierte Datenmaterial.

2. Inferentielles Lernen und inferentielle Fehler

Aus einer im weitesten Sinne konstruktivistischen Perspektive wäre individueller Wissenserwerb als Prozess der Wissenserschließung aufzufassen, weil ja unterstellt wird, dass ausgehend von Vorwissen und auf dessen Basis gemachter Erfahrung neues Wissen hervorgebracht wird (vgl. Dubs 2006). Vorwissen und aktuelle Erfahrung sind sozusagen die einzigen Ingredentien des Wissenserwerbs, wobei kognitive Konflikte bzw. Perturbationen den Ausgangspunkt für Neukonstruktionen bilden sollen. Wenn nun freilich auf diesem Wege neues Wissen erworben wird und zum Begriff des Wissens die Idee der Rechtfertigung gehört (vgl. hierzu Minnameier 2005, S. 137-160), so muss neues Wissen ausgehend vom Vorwissen erschlossen werden.

Neues Wissen kann nun freilich nicht deduktiv generiert werden. Das ist bekannt. Aber auch auf induktivem Wege sind neue Konzeptualisierungen nicht zugänglich, weil die Induktion lediglich Generalisierungen aus bekannten Konzepten erlaubt (vgl. z.B. Copi & Cohen 2005, S. 504; Minnameier 2004). Zentral im genuinen Erwerbsprozess ist daher eine dritte Schlussform, die von Charles S. Peirce herausgearbeitet und im Anschluss an ihn auch heute als Abduktion bezeichnet wird (vgl. z.B. Magnani 2001; Hoffmann 2005; Minnameier 2004, 2005; Paavola 2006).

Ein vollständiger Wissenserwerb kann dabei als über alle drei Inferenzen vermittelter Prozess verstanden werden (vgl. hierzu Minnameier 2005; 2006): Per Abduktion werden Erklärungen für überraschende Phänomene oder Lösungsmöglichkeiten für praktische Probleme allererst hervorgebracht, wobei das dem Schluss zugrunde liegende Rationalitätskriterium darin besteht, dass die abduzierte Idee prinzipiell als mögliche Erklärung bzw. Lösung in Frage kommt, also die problematischen Fälle der kognitiven Struktur zu assimilieren erlaubt. Aus einer einmal gewonnenen Sichtweise (und der Zuordnung der Fallbeschreibung zu den betreffenden theoretisch-begrifflichen Konzepten) lassen im zweiten Schritt notwendige Folgerungen ableiten, die sich deduktionslogisch aus diesen Prämissen (und dazugehörigem Hintergrundwissen) ergeben. Auf Basis dieser Ergebnisse lassen sich schließlich empirische Prüfungen durchführen oder bereits gemachte Erfahrungen heranziehen, die letztlich zur Akzeptanz des zunächst nur als möglich erwogenen Ansatzes führen, womit letzterer auf alle aktuellen und potentiellen Fälle projiziert wird (Induktion).

Abb. 1: Der inferentielle Zusammenhang

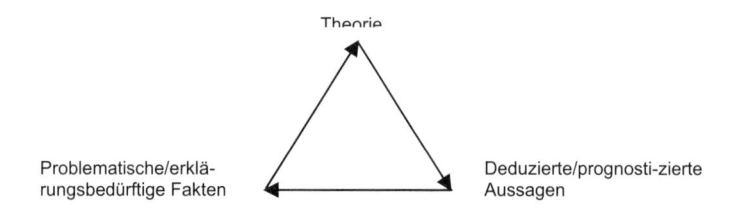

```
                        Theorie
                          ▲
                         ╱ ╲
                        ╱   ╲
                       ╱     ╲
  Problematische/erklä-      ╲     Deduzierte/prognosti-zierte
  rungsbedürftige Fakten ◄────▼    Aussagen
```

Tab. 1: Inferenzen und inferentielle Teilprozesse

	Abduktion	Deduktion	Induktion
Kolligation	Problematischer Fall	Theorie und entspr. gedeuteter Fall	Ergebnisse der Deduktion
Beobachtung	Assimilation an Theorie bzw. Konzept	Notwendige Folgerungen	Betrachtung aktueller/ früherer Erfahrung
Urteil	Schluss (Gültigkeit der Abduktion)	Schluss (Gültigkeit der Deduktion)	Schluss (Gültigkeit der Induktion)

Jede Inferenz lässt sich ferner – wiederum im Anschluss an Peirce – in drei Phasen unterteilen, nämlich zunächst die Zusammenstellung der jeweils relevanten Prämissen („Kolligation" [colligation]), deren Betrachtung im Sinne der Suche nach einem Ergebnis („Beobachtung" [observation]) sowie der bewussten Akzeptanz bzw. Kontrolle des gefundenen Ergebnisses im Sinne des für jede Inferenz charakteristischen Rationalitäts- bzw. Validitätskriteriums („Urteil" [judgment]) (vgl. Peirce, CP 2.444)[1]. Daraus ergeben sich im infe-

---

1 Die hier verwendete, übliche Zitationsweise bezieht sich auf Peirce, C. S. (1935-1958): Collected papers of Charles Sanders Peirce, hrsg. v. C. Hartshorne, P. Weiss (Bde. 1-6) & A. Burks (Bde. 7-8). Cambridge, MA: Harvard University Press. Die erste Zahl bezeichnet jeweils den Band, die zweite Zahl den betreffenden Paragraphen.

rentiellen Zusammenhang neun verschiedene Prozessmomente, die in Tab. 1 darstellt sind (für eine formallogische Analyse vgl. Minnameier 2005, S. 130-136).

Aus der verbalen Umschreibung wird bereits ersichtlich, dass die Schritte nicht nur für den Wissenserwerb, sondern auch im Kontext der Wissensanwendung relevant sind. Abduktives Denken bedeutet hier, dass Probleme an bereits vorhandene Strukturen assimiliert und dieses Wissen damit aktiviert wird (etwa wenn man konkrete Geschäftsvorfälle unter Konten und die entsprechenden Buchungsprinzipien subsumiert, die in der Folge deduktiv angewandt werden). Das Problem des „trägen Wissens" könnte insofern spezifisch auf Defizite im abduktiven Denken zurückgeführt werden (vgl. Minnameier 2005, S. 163-174; vgl. auch Neber 1993, S. 217-218).

Ein weiterer relevanter Aspekt betrifft die Möglichkeit *inversen* Schließens, also jeweils von der Konklusion auf die Prämissen, aus denen die Konklusion abduktiv, deduktiv oder induktiv resultiert. Das Peirce'sche Konzept der „theorematischen Deduktion" (vgl. z.B. Peirce, CP 2.267) könnte so erklärt werden. Dieses steht insbesondere für die Suche nach mathematischen Beweisen für Theoreme, was in der Tat einer retrograden Deduktion entspricht. Analog ließen sich eine „theorematische Abduktion" und eine „theorematische Induktion" konstruieren (vgl. Minnameier 2005, S. 206-216), wobei Erstere in der Suche nach (Beispiel-)Fällen für eine Theorie bzw. ein abstraktes Konzept besteht, Letztere in der Suche nach empirischen Ereignis(zusammenhäng)en, aus denen unmittelbar – ohne weitere Abwägung der Ergebnisse eines Tests – auf Annahme oder Ablehnung einer Hypothese geschlossen werden kann.

Bedeutsam im vorliegenden Zusammenhang ist schließlich, dass Fehler wie auch die Reaktionen auf sie vor diesem Hintergrund differenziert erfassbar sind. Fehler können nach Inferenzen differenziert und dabei wiederum auf den jeweiligen Teilprozess bezogen werden. Ein *Kolligationsfehler* würde darin bestehen, dass relevante Prämissen entweder gar nicht zur Kenntnis genommen oder aber falsch verstanden werden können. Ein *Beobachtungsfehler* bestünde im fehlenden oder im spontanen Generieren eines unpassenden inferentiellen Ergebnisses. Schließlich wäre ein *Urteilsfehler* in der Unfähigkeit, einen Schluss begründet zu ziehen bzw. nachzuvollziehen, zu erblicken (kein Urteil oder fehlerhaftes Urteil).

3. Ein Beispiel zum Thema „Rationalisierung"

Eine Klasse von Industriekaufleuten wurde mit dem Problem eines Polstermöbelfabrikanten konfrontiert, dessen Unternehmen von einem Berater darauf aufmerksam gemacht wird, dass man sich in der Produktion umständliche und kostspielige Transportwege leiste. Die Polstermöbel werden in 40 Leder- und 120 Stoffarten gefertigt, so dass je nach Auftrag die Stoffe bzw. Leder zu einer der 80 Näherinnen gebracht und die teilweise fertig genähten Stücke von diesen wieder zu einer der beiden Disponentinnen zurückgebracht werden müssen. Diese Gänge werden von den Näherinnen als willkommene Abwechslung empfunden, umfassen aber pro Sitzelement zwölf Transportwege à 0,5 Minuten (insgesamt werden für das Nähen eines Sitzelements 100 Minuten beansprucht).

Der Berater empfiehlt deshalb den Einsatz einer Direktbeschickungsmaschine, durch die die Botengänge überflüssig werden. Die Schülerinnen und Schüler sollen nun überlegen, wie sie an Stelle des Polstermöbelfabrikanten entscheiden würden. In diesem Zusammenhang sollen sie auch einen Kostenvergleich anstellen, für den folgende Angaben gemacht werden:

- Eine Näherin verdient € 10,-- pro Stunde (zuzüglich Lohnnebenkosten 60 %).
- Die tägliche Arbeitszeit beträgt 8 Stunden bei 220 Arbeitstagen pro Jahr.
- Monatsgehalt der Disponentin: € 2000,-- (zuzüglich Lohnnebenkosten 60 %).
- Die Anschaffungskosten für die Maschine betragen € 400.000,-- → als *jährliche Kosten* angesetzt wird die Abschreibung in Höhe von 12,5 % pro Jahr.
- Jährliche Instandhaltungskosten für die Maschine betragen 4 % vom Neupreis.
- Die Energiekosten für die Maschine betragen laut Hersteller € 1.000,-- pro Jahr.
- Bei maschinellem Transport ist nur noch eine Disponentin erforderlich (bisher zwei).
- Da bei maschinellem Transport der Fertigungsablauf beschleunigt wird, verringern sich die Lohnkosten bei den Näherinnen um 2 %.

Arbeitsaufträge:
1) Berechnen Sie *die jährliche Ersparnis* bzw. *die jährlichen Mehrkosten* der Maschine! (Berücksichtigen Sie dabei auch die Ersparnis durch geringere Lohnkosten bei den Disponentinnen und den Näherinnen.)
2) Überlegen Sie, welche Vor- und Nachteile die Anschaffung der Maschine für das gesamte Unternehmen bzw. für die Arbeitnehmer haben könnte.

Eine Musterlösung für Aufgabe 1 könnte folgendermaßen aussehen:

Rechnung ohne Maschine:
Lohnkosten (Näherinnen): 16 € x 8 x 80 x 220 =	2.252.800 €
Disponentinnen: (24.000 + 60 %) x 2 =	76.800 €
Summe	2.329.600 €

Rechnung mit Maschine:
Lohnkosten (Näherinnen): (s.o.), abzüglich 2% (45.056 €) =	2.207.744 €
Disponentin: 24.000 + 60% =	38.400 €
Abschreibung	50.000 €
Instandhaltung und Energie =	17.000 €
Summe	2.313.144 €

Es ergibt sich ein jährlicher Kostenvorteil der Maschine von € 16.456,--.

Aufgabe 2 ist offener angelegt, wobei sich einige Vorteile unmittelbar aus der Aufgabenstellung ergeben bzw. ableiten lassen, während andere durch weiterführende Überlegungen erschlossen werden müssen. Diese Aufgabe lässt sich im Rahmen einer *theorematischen Induktion* rekonstruieren, denn sie zielt auf Kriterien, die am Ende eine definitive Entscheidung ermöglichen sollen. Mehr als diese Andeutung lässt der zur Verfügung stehende Raum nicht zu. Eine detaillierte Analyse kann daher in den nachfolgenden Abschnitten nur für Aufgabe 1 erfolgen.

4. Auswertungsstrategie

Zur Bestimmung kognitiver Leistungen und Fehlleistungen im Umgang mit der Aufgabenstellung wird in zwei Stufen verfahren. Im ersten Schritt werden die Aufgaben ihrem inferentiellen Anspruch nach rekonstruiert, d.h. es werden zunächst die lehrerseitig intendierten Denkschritte expliziert. Für den ersten Arbeitsauftrag ergibt sich folgendes Bild:

DK[2]: Aufgabenstellung lesen (zunächst bezogen auf Kostenvergleich) und entsprechende Aktivierung von Hintergrundwissen zur Kostenrechnung (→ jährliche Kosten berechnen)
DB: Lohnkosten der Näherinnen ausrechnen
DU: Akzeptanz des Ergebnisses i.S. deduktionslogischer Validität
DB: Kosten der Disponentinnen berechnen
DU: Akzeptanz des Ergebnisses i.S. deduktionslogischer Validität
DB: (Für Maschine) Lohnkosten der Näherinnen abzüglich 2% ausrechnen
DU: Akzeptanz des Ergebnisses i.S. deduktionslogischer Validität
DB: (Für Maschine) Kosten nur einer Disponentin berechnen
DU: Akzeptanz des Ergebnisses i.S. deduktionslogischer Validität
DB: Abschreibungen, Instandhaltung und Energiekosten errechnen
DU: Akzeptanz des Ergebnisses i.S. deduktionslogischer Validität
DB: Beide Gesamtergebnisse verrechnen → Kostenvergleich
DU: Akzeptanz des Ergebnisses i.S. deduktionslogischer Validität

---

2   D = Deduktion; K = Kolligation; B = Beobachtung; U = Urteil

Aufgabe 1 ist als *deduktive* Aufgabe intendiert, denn es wird nicht gefragt, wie man einen Kostenvergleich vornehmen könnte bzw. müsste, sondern es wird vorgegeben, dass man jährlichen Mehrkosten bzw. Ersparnisse berechnen soll. Dies setzt zwar voraus, dass man weiß, wie das geht, aber dieses Wissen wird eben direkt durch die Aufgabenstellung angesprochen. Man muss also nur die Aufgabenstellung als solche (korrekt) verstehen, um zu wissen, was im deduktiven Zusammenhang zu tun ist. Die einzelnen Deduktionsschritte werden differenziert erfasst, weil sie so auch sukzessive abzuarbeiten und am Ende zum Gesamtergebnis zu integrieren sind. Es wird dabei unterstellt dass jeder im Rahmen der „Beobachtung" anfallende Zwischenschritt für sich „beurteilt" und als deduktiv valide akzeptiert wird (womit das jeweilige Ergebnis als Input für Folgeschritte genutzt werden kann).

Auf Basis dieser systematischen Analyse des unterrichtlichen Vorgehens werden die Transkripte bzw. Mitschnitte schrittweise auf entsprechende Leistungen und Fehlleistungen untersucht und kodiert. Für jeden Probanden wird dabei pro Schritt festgelegt, (1) ob der Schritt korrekt vollzogen wurde bzw. welche Art von Fehler begangen wurde (differenziert nach fehlendem bzw. falschem Vollzug), (2) ob der Denkschritt selbst vollzogen oder nachvollzogen wurde, (3) ob etwaige Fehler korrigiert wurden (und auf welche Weise) und (4) wie von dem so Korrigierten darauf reagiert wurde. Auf die Einzelheiten dieser Kodierungen kann aus Platzgründen im vorliegenden Beitrag nur im Rahmen einer kurzen Beispielanalyse im folgenden Abschnitt eingegangen werden.

5. Beispielanalyse kognitiver (Fehl-)Leistungen

Wie erläutert besteht Aufgabe 1 darin, die Kosten für beide Varianten (mit und ohne Maschine) zu berechnen. Wie dies zu geschehen hat, wird nicht nur durch die Angaben zum Kostenvergleich nahe gelegt, sondern durch den Auftrag, „die *jährliche Ersparnis* bzw. die *jährlichen Mehrkosten* der Maschine" zu berechnen, festgelegt. Freilich muss man den Ansatz für die periodenbezogene Kostenermittlung kennen, aber soweit dies der Fall ist (was bei der Klasse unterstellt wird), muss dieses Wissen angesichts des Stimulus hier nur im Rahmen einen deduktiven Vorgehens kolligiert werden. Man muss also nicht zuerst abduktiv auf ein geeignetes Verfahren schließen. Dennoch kommt es bei der Bearbeitung zu Fehlern, die nicht typische Deduktions- oder gar bloße Rechenfehler sind, sondern im Bereich einer fehlerhaften Kolligation anzusiedeln sind, die auf ein defizitäres Theorieverständnis hindeutet. In einer Gruppe von Schülern (S) wurden die folgenden Überlegungen angestellt:

S 1: Also gehen wir dann bei der Maschine von 350.000 aus, oder was?
S 2: Nee, von 400.000, weil wir ja den Anschaffungswert im ersten Jahr brauchen, darum machen wir, weil wir den ja im ersten Jahr ausgeben müssen.
S 1: Ja, mein ich ja, zieh'n wir die Abschreibungen erstmal gar nicht ab. (Nach einer Weile stillen Rechnens, G.M.:) Dann würde das Ganze 2.663.144 kosten.
S 2: Was hast du noch mal raus?
S 1: 2.663.144.
S 2: Ja, das hab ich auch raus.

Versucht man nun zu rekonstruieren, wie die Schüler gerechnet haben, kommt man auf folgendes Ergebnis für die Rechnung mit Maschine:

Jährliche Lohnkosten (N):	2.207.744 €
Dispontentin:	38.400 €
Anschaffung Maschine:	400.000 €
Instandhaltung u. Energie:	17.000 €
Summe	2.663.144 €

Es wurde also der volle Anschaffungswert angesetzt. Als die Lehrkraft (L) darauf aufmerksam wird, korrigiert sie:

L: Sie dürfen nicht die Maschine als solche mit reinrechnen, sondern nur die Kosten, denn die Maschine wird ja einfach aktiviert.
S 2: Ja, wir müssen doch die Anschaffungskosten mit einrechnen, die 400.000 €.
L: Ja, aber sie müssen doch nur die Annualkosten der Maschine ausrechnen!
S 1: Also quasi die Abschreibungen.
L: Genau.

Damit wissen die Schüler, wie sie rechnen sollen und folgen der Anweisung entsprechend. Ob sie aber auch verstanden haben, warum, das bleibt zumindest offen. Wenn die Lehrkraft darauf hinweist, dass „nur die Kosten" angesetzt werden dürfen, dann geht das zumindest am Problem der Lernenden vorbei, denn aus ihrer (irrigen) Sicht sind es ja „Kosten". Und was sie im Folgenden – auch nach der Intervention durch die Lehrkraft – durchführen, ist eine Amortisationsrechnung, die hier weder gefordert, noch für die Fragestellung relevant ist. Die Schüler gehen hier schlicht von falschen Voraussetzungen aus (deduzieren auf dieser falschen Basis aber korrekt).

Klar ist insofern, dass es sich um einen *Kolligationsfehler* im deduktiven Zusammenhang handelt, und zwar in dem Sinne, dass die Aufgabenstellung falsch verstanden bzw. der falsche Ansatz gewählt wurde. Die Korrektur setzt aber so an, als handelte es sich um einen Beobachtungs- bzw. Urteilsfehler.

An sich müsste die Korrektur an der Frage ansetzen, was mit „jährlichen

Kosten" hier gemeint ist (Verständnis der Aufgabenstellung) oder warum man so rechnet, wie die Schüler(innen) es sollen (Verständnis der Sinnhaftigkeit des Vorgehens). Beides sind *abduktive* Ansatzpunkte, die hinter die Aufgabenstellung zurückgreifen, weil sie nicht wie intendiert aufgefasst wird: (1) Wie bestimmt man die auf ein Jahr bezogenen Kosten? [Abduktion/Beobachtung]; (2) Löst das gewählte Vorgehen überhaupt das zugrunde liegende Problem des Kostenvergleichs? [Abduktion/Urteil].

6. Weiterentwicklung des Verfahrens

Auch wenn im vorliegenden Rahmen nur eine kurze Beispielsequenz erläutert werden konnte, wird doch ersichtlich, dass auf der Grundlage der inferentiellen Lehr-Lern-Theorie die kognitiven Prozesse des Wissenserwerbs und der Wissensanwendung systematisch, detailliert und präzise erfasst werden können. Das Gleiche gilt für entsprechende pädagogische Interventionen der Lehrkraft, womit auch deren Funktionalität und Adäquatheit analytisch und empirisch greifbar wird. Letzteres erscheint besonders im Umgang mit Fehlern von Bedeutung, denn wie das obige Beispiel zeigt, packen Lehrkräfte womöglich das Problem nicht immer bei der Wurzel. Darauf weisen auch Oser und Spychiger hin, wenn sie in diesem Zusammenhang von einem „Bermuda-Dreieck" sprechen, in dem herausragende Lerngelegenheiten schlicht verschwinden, weil die Lehrenden nicht oder nicht adäquat auf die Fehler der Lernenden reagieren (vgl. 2005, S. 162-163).

Ein großes Problem, aber auch eine große Herausforderung in der videobasierten Unterrichtsforschung besteht in der Gewinnung „harter" und quantifizierbarer Daten, vor allem wenn man sich bei der Auswertung nicht auf Oberflächenmerkmale beschränken möchte (vgl. Klieme 2006, S. 767). Mithilfe der inferentiellen Lehr-Lern-Theorie und des gewählten zweistufigen Vorgehens, bei dem zunächst eine Aufgabenanalyse vorgenommen und diese der Kodierung zugrunde gelegt wird, dürfte man diesem Ziel sowohl in der Frage der lehr-lern-theoretischen Relevanz als auch der methodischen Stringenz ein gutes Stück näher kommen. Reliabilitätsprüfungen zu dieser Kodierstrategie stehen noch aus, werden aber im Anschluss an eine aktuelle Testphase zur Auswertungsstrategie vorgenommen.

Zu dieser Strategie waren auch neue Erhebungen erforderlich, die kürzlich im Rahmen einer kleinen Pilotstudie durchgeführt wurden. Es hat sich nämlich als problematisch erwiesen, die Denkprozesse der *einzelnen* Schüler(innen) im Gruppenunterricht präzise zu erfassen, weil nicht klar ist, was insbesondere stillere Schüler jeweils gedanklich (nach)vollziehen und was nicht. Aus diesem Grund wurde dazu übergegangen, Unterricht in Partnerarbeit aufzuzeichnen.

Ein weiteres Problem ist die Frage des inferentiellen Gehalts und auch der fachdidaktischen Interessantheit der aufgenommenen Stunden. Bislang hatten wir es den Lehrkräften überlassen, die Inhalte und Lehrziele vorzugeben. Für die Zukunft ist daran gedacht, geeignete Unterrichtseinheiten auszuarbeiten und vorzugeben, so dass gezielt bestimmte inferentielle Lehr-Lern-Prozesse darin implementiert werden können.

Literatur

Bauer, J., Festner, D., Harteis, C., Heid, H. & Gruber, H. (2004): Fehlerorientierung im betrieblichen Arbeitsalltag. Zeitschrift für Berufs- und Wirtschaftspädagogik, 100, S. 65-82.

Copi, I. M. & Cohen, C. (2005): Introduction to logic. 12. Aufl., Upper Saddle River, NJ: Pearson Prentice Hall.

Dubs, R. (2006): Konstruktivismus. In: F.-J. Kaiser & G. Pätzold (Hrsg.): Wörterbuch der Berufs- und Wirtschaftspädagogik. 2., überarb. u. erw. Aufl., Bad Heilbrunn: Klinkhardt, S. 307-308.

Gerstenmaier, J. & Mandl, H. (1995): Wissenserwerb unter konstruktivistischer Perspektive. Zeitschrift für Pädagogik, 41, 1995, S. 867-888.

Glasersfeld, E. v. (1988): Einführung in den radikalen Konstruktivismus. In: P. Watzlawick (Hrsg.): Die erfundene Wirklichkeit – Wie wissen wir, was wir zu wissen glauben? 5. Aufl., München: Piper, S. 16-38.

Hoffmann, M. H. G. (2005): Erkenntnisentwicklung – ein semiotisch-pragmatischer Ansatz. Frankfurt/Main: Klostermann.

Klieme, E. (2006): Empirische Unterrichtsforschung: aktuelle Entwicklungen, theoretische Grundlagen und fachspezifische Befunde. Zeitschrift für Pädagogik, 52, S. 765-773.

Magnani, L. (2001): Abduction, reason, and science – Processes of discovery and explanation. New York: Kluwer Academic/Plenum Publishers.

Minnameier, G. (2004): Peirce-suit of truth – Why inference to the best explanation and abduction ought not to be confused. Erkenntnis, 60, 75-105.

Minnameier, G. (2005): Wissen und inferentielles Denken – Zur Analyse und Gestaltung von Lehr-Lern-Prozessen. Frankfurt/Main: Lang.

Minnameier, G. (2006): Inferentielles Denken im Rechnungswesenunterricht – Eine Analyse von Gruppenlernprozessen. In: P. Gonon, F. Klauser & R. Nickolaus (Hrsg.): Bedingungen beruflicher Moralentwicklung und beruflichen Lernens. Wiesbaden: VS-Verlag, S. 233-245.

Neber, H. (1993): Training der Wissensnutzung als objektgenerierende Instruktion. In: K. J. Klauer (Hrsg.): Kognitives Training. Göttingen: Hogrefe, S. 217-243.

Paavola, S. (2006): Hansonian and Harmanian Abduction as Models of Discovery. International Studies in the Philosophy of Science 20, S. 93-108.
Piaget, J. (1976): Die Äquilibration der kognitiven Strukturen. Stuttgart: Klett.
Wahl, D. (2005): Lernumgebungen erfolgreich gestalten – Vom trägen Wissen zum kompetenten Handeln. Bad Heilbrunn: Klinkhardt.
Weingardt, M. (2004): Fehler zeichnen uns aus – Transdisziplinäre Grundlagen zur Theorie und Produktivität des Fehlers in Schule und Arbeitswelt. Bad Heilbrunn: Klinkhardt.

Motivation in der elektrotechnischen Grundbildung

Bernd Knöll, Tobias Gschwendtner, Reinhold Nickolaus

1. Einleitung und Fragestellung

Die in dem hier gegebenen Rahmen präsentierten Befunde zur Motivation basieren auf zwei strukturähnlichen DFG-Projekten, die in den Schuljahren 2002/ 2003 (DFG Ni 606/2-1: Elektroinstallateure, 10 Klassen, N=224) und 2004/2005 (DFG Ni 606/2-2: Elektroniker für Automatisierungstechnik bzw. für Geräte und Systeme, 8 Klassen, N=179) durchgeführt wurden[1]. Die Zielsetzung der Projekte bestand darin, den Einfluss methodischer Grundentscheidungen auf ausgewählte Aspekte von Fachkompetenz (deklaratives/prozedurales Wissen und Problemlösefähigkeit) und die Lernmotivation zu untersuchen. Hierfür wurden 3 Messzeitpunkte, zu Schuljahresanfang, -mitte und -ende des ersten Ausbildungsjahres realisiert. Parallel dazu dokumentierten die Lehrenden im Anschluss an ihren Unterricht die methodische Ausrichtung desselben mittels eines speziellen Formblattes (vgl. hierzu ausführlicher NICKOLAUS/KNÖLL/GSCHWENDTNER 2006; KNÖLL 2007).

In bisherigen Veröffentlichungen der Forschergruppe wurden primär Kompetenzentwicklungsaspekte angesprochen und Aspekte der Motivation nur am Rande gestreift. In diesem Beitrag wollen wir die so entstandene Lücke etwas abmildern und uns mit der Fragestellung befassen, ob das den Untersuchungen zugrunde gelegte Motivationsmodell in der gewerblich-technischen Erstausbildung jene empirische Gültigkeit besitzt, das es in anderen Domänen unter Beweis gestellt hat. Hierzu werden die Beziehungen zwischen den motivationalen Variablen, den Bedingungsfaktoren und dem Lernerfolg näher beleuchtet und mit den theoretischen Erwartungen kontrastiert. Einführend soll jedoch das motivationstheoretische Konstrukt in seinen Grundzügen skizziert werden.

---

1 An mehreren Stellen, u.a. in der Schriftenreihe der Sektion für Berufs- und Wirtschaftspädagogik, wurde das Design der beiden Projekte skizziert (vgl. Knöll/Gschwendtner/Nickolaus 2006; Knöll 2007), weshalb an dieser Stelle lediglich ein Verweis genügen soll.

2. Das Motivationsmodell von PRENZEL und Mitarbeitern

In den Untersuchungen wurde auf das Konstrukt des selbstbestimmt motivierten und interessierten Lernens von PRENZEL und Mitarbeitern (1996) rekurriert, das sechs Varianten von Lernmotivation und sieben motivationsrelevante Bedingungen spezifiziert und auf der Zusammenführung der Pädagogischen Interessentheorie (vgl. KRAPP 1999) und der Selbstbestimmungstheorie der Motivation (DECI/ RYAN 1993) gründet. Unterschieden werden die Motivationsvarianten Amotivation, extrinsische, introjizierte, identifizierte und intrinsische Motivation sowie Interesse. Die Varianten von Amotivation bis zur identifizierten Motivation unterscheiden sich lediglich im Grad der Selbstbestimmung (zunehmend); Anreize aus den Lerninhalten und Tätigkeiten selbst bestehen nicht. Erst die beiden Varianten des intrinsisch motivierten und interessierten Lernens sind neben der hohen Selbstbestimmung zudem noch durch ansteigende Inhalts- und Tätigkeitsanreize charakterisiert. Für die Qualität der Lernprozesse und deren outcome werden von PRENZEL und Mitarbeitern mit der identifizierten, intrinsischen und interessierten Motivation gerade die selbstbestimmten Motivationsvarianten als besonders günstig erachtet. Die motivationalen Zustände der Lernenden stehen in direkter Beziehung zu den Wahrnehmungen der motivationalen Bedingungsfaktoren (Autonomie- und Kompetenzunterstützung, soziale Einbindung, Klarheit der Instruktion, inhaltliche Relevanz der Lerninhalte, Überforderung und inhaltliches Interesse des Lehrenden). Hohe Ausprägungen der Bedingungsfaktoren sollen günstige motivationale Zustände der Lernenden unterstützen (vice versa bei Überforderung). Bei den Auszubildenden wurden die Ausprägungen der Häufigkeiten in den Varianten von Lernmotivation sowie die Wahrnehmungen der Bedingungsfaktoren über einen Fragebogen[2] mit einer 6-stufigen Selbsteinschätzskala (0 = nie bis 5 = sehr häufig) erfasst. Aufgrund der breiten Rezeption des Modells in der berufs- und wirtschaftspädagogischen Lehr-Lern-Forschung soll auf eine

---

2 Der Fragebogen wurde von PRENZEL U.A. übernommen und für die Variante extrinsisch motivierten Lernens aufgrund zunächst ungünstiger interner Konsistenzwerte (Cronbach's α) leicht umformuliert. In der Installateuruntersuchung wurden die Bedingungsfaktoren der sozialen Einbindung aus Gründen des Fragebogenumfangs nicht mit aufgenommen. In der Elektronikeruntersuchung wurden hingegen einige Skalen der Bedingungsfaktoren, die bis zu acht Items umfassen, um ausgewählte Items reduziert, damit der Faktor soziale Einbindung in den Fragebogen integriert werden konnte.

ausführlichere Darstellung verzichtet werden und dadurch Raum für die Darstellung der Befundlage gewonnen werden[3].

3. Empirische Befunde

3.1 Prüfung der theoretischen Annahmen des Motivationsmodells

Die Annahmen des Modells unterstellen positive Zusammenhänge der als (eher) ungünstig eingestuften Varianten von Lernmotivation (Amotivation und extrinsische Motivation) mit der wahrgenommen Überforderung und negative Zusammenhänge mit den verbleibenden motivationsrelevanten Bedingungen; umgekehrte Vorzeichen sollten sich zwischen den selbstbestimmten Varianten von Lernmotivation (identifiziert, intrinsisch und interessiert motiviertes Lernen) und den motivationalen Bedingungsfaktoren ergeben (vgl. PRENZEL U.A. 1996, S. 111). Etwas widersprüchlich fällt jedoch die theoretische Annahme der korrelativen Beziehungen zwischen der introjizierten Variante und den Bedingungsfaktoren aus. Wurde zunächst ein negativer Zusammenhang mit den motivationalen Bedingungen postuliert (vgl. PRENZEL U.A. 1996, S. 111), wird wenig später hingegen ein positiver Zusammenhang unterstellt (vgl. ebd., S. 118).

Empirische Belege des motivationstheoretischen Konstrukts liegen mittlerweile in vielfältiger Weise vor, die durchweg eine hohe Übereinstimmung mit den theoretischen Annahmen belegen. Für die introjizierte Variante wird in den Untersuchungen durchweg ein positiver Zusammenhang mit den motivationsrelevanten Bedingungsfaktoren ausgewiesen, auch bei den Untersuchungen PRENZELs und Mitarbeitern selbst (vgl. PRENZEL U.A. 1996, S. 118; zu einer Übersicht: PRENZEL/KRAMER/DRECHSEL 2001). Somit spricht die empirische Befundlage dafür, auch theoretisch das introjiziert motivierte Lernen stärker an die selbstbestimmten Motivationsvarianten anzugliedern, mit welchen auch positive Korrelationen bestehen. Die theoretischen Annahmen lassen sich erwartungskonform auch für die beiden Elektroberufe Elektroniker und Installateure und damit zumindest für einen Ausschnitt gewerblich-technischer Ausbildungsberufe bestätigen. Stellvertretend soll die Korrelationstabelle zum Zeitpunkt des Abschlusstests der Elektroniker wiedergegeben werden (vgl. Tab. 1).

---

3   Ausführliche Darstellungen finden sich bei Prenzel u.a. (1996, 2001) und Knöll (2007).

Tab. 1: Elektroniker: Zusammenhang zwischen Varianten von Lernmotivation und motivationalen Bedingungsfaktoren (Abschlusstest) (N=166; * p<.05, ** p<.01)

Bedingungsfaktoren:	Varianten von Lernmotivation:					
	amotiviert	extrinsisch	introjiziert	identifiziert	intrinsisch	Interesse
Überforderung	,46**	,39**	-,15	-,27**	-,45**	-,32**
Instruktionsklarheit	-,43**	-,20*	,37**	,33**	,59**	,40**
Inhaltliche Relevanz des Lehrstoffs	-,27**	-,15	,34**	,43**	,56**	,48**
Inhaltliches Interesse des Lehrenden	-,39**	-,20*	,24**	,25**	,56**	,30**
Kompetenzunterst.	-,30**	-,16*	,19*	,15	,46**	,32**
Autonomieunterst.	-,39**	-,27*	,25**	,33**	,49**	,30**
Soziale Einbindung	-,43**	-,32**	,34**	,30**	,45**	,42**

Die Wahrnehmungen der Bedingungsfaktoren korrelieren weitgehend in theoretisch zu erwartender Weise mit den Ausprägungen der Motivationsvarianten. Die Bedingungsfaktoren Klarheit, Relevanz, Kompetenz- und Autonomieunterstützung, soziale Einbindung sowie das wahrgenommene Lehrerinteresse korrelieren positiv mit den höheren Varianten von Lernmotivation. Aufgrund der umgekehrten Polung der Überforderung korreliert diese erwartungskonform negativ mit den günstigen Motivationsvarianten und positiv mit Amotivation und extrinsischer Motivation. In Übereinstimmung mit den Befunden aus weiteren Untersuchungen korreliert auch die Variante introjiziert motiviertes Lernen erneut positiv mit den Bedingungsfaktoren (mit Ausnahme der Überforderung).

Abweichend zu den Elektronikerbefunden zeigen sich bei den Installateuren (nicht abgebildet) die erwarteten Zusammenhänge der Amotivation sowie der extrinsischen Variante mit den motivationalen Bedingungsfaktoren im Abschlusstest weniger deutlich, d.h. die Zusammenhänge sind nicht durchgängig signifikant, weisen aber erwartungskonforme Vorzeichen auf (vgl. KNÖLL 2007).

Die höheren Zusammenhänge der *basic needs* Kompetenz- und Autonomieunterstützung mit den Varianten von Lernmotivation (vgl. z.B. SEIFRIED 2004, S. 184; BENDORF 2002; PRENZEL U.A. 1996) zeigen sich in den eigenen Untersuchungen jedoch nicht (vgl. erneut Tab. 1). Höher als die *basic needs* korreliert die inhaltliche Relevanz des Lehrstoffs mit den selbstbestimmten Varianten. Partiell ergeben sich weitere hohe Zusammenhänge mit der Klarheit der Instruktion und dem inhaltlichen Interesse des Lehrenden, v.a. mit der intrinsischen Lernmotivation. Ansonsten hängen alle Bedingung in etwa ähnlicher Größenordnung mit den Varianten zusammen. Dies gilt auch für die Überforderung, die bei PRENZEL in der Pilotuntersuchung zunächst nicht signifikant mit den Motivationsvarianten korrelierte, jedoch in Folgeuntersuchungen als bedeutsam nachgewiesen werden konnte (vgl. PRENZEL/ KRAMER/DRECHSEL 2001).

Da für annähernd sämtliche Bedingungen signifikante Korrelationen mit den Motivationsvarianten nachweisbar sind, erweist sich das motivationstheoretische Konstrukt von PRENZEL U.A. ein weiteres Mal als konsistent[4]. Die wenigen nicht signifikanten Korrelationen fallen bzgl. des Vorzeichens erwartungskonform aus und verfehlen nur sehr knapp die Signifikanzgrenze, so dass diese Befunde nicht dahingehend gedeutet werden können, das Konstrukt in seiner Kohärenz zu gefährden. Zusätzlich konnte mit den empirischen Daten gezeigt werden, dass auf modelltheoretischer Ebene die introjizierte Variante aber künftig konsequenter den selbstbestimmten Varianten zugeordnet werden sollte.

Um zu prüfen, welche Erklärungskraft die einzelnen motivationsrelevanten Bedingungen für die Motivationsvarianten besitzen, werden für die beiden Untersuchungsstichproben getrennt Regressionsanalysen gerechnet. Um zusätzlich noch deren Gewicht gegen die weiteren potentiellen Einflussfaktoren Unterrichtskonzeptionsform und Wissensstand (Abschlusstest – deklarativ, prozedural) abzuschätzen, werden auch diese Variablen in die Berechnung mit aufgenommen. Erwartet werden könnte, dass jene Probanden mit höheren Wissensständen auch günstigere motivationale Zustände aufweisen und die Wissensstände ggf. stärker durchschlagen als die oben ausgewiesenen motivationalen Bedingungsfaktoren.[5]

Wie den Tab. 2 und 3 zu entnehmen ist, schwanken die erzielten Varianzaufklärungen bei den Installateuren zwischen 4,4% (extrinsische Motivation) und 30,3% (Interesse) und bei den Elektronikern zwischen 16,3% (introjizierte Motivation) und 45,3% (intrinsische Motivation). Die Vorzeichen der Koeffizienten fallen theoriekonform aus[6].

---

4   Faktorenanalysen bestätigen das Motivationskonstrukt partiell. Extrahiert werden zwischen 4 und 6 Motivationsvarianten, wobei in den Modellen mit 4 oder 5 Faktoren jeweils angrenzende Motivationsvarianten (z.B. intrinsisch/interessiert oder introjiziert/identifiziert) integriert werden.

5   Der Annahme liegt die Vermutung zu Grunde, dass nicht nur – wie oft geprüft – die Motivation für den Lernerfolg bedeutsam ist, sondern auch umgekehrt erwartet werden könnte, dass der Lernerfolg selbst positiv auf die Lernmotivation zurückwirkt.

6   Zum Vergleich: Prenzel u.a. berichten über Varianzaufklärungen der Varianten intrinsisch motiviertes Lernen und Interesse durch die Bedingungsfaktoren (vermutlich mit der Einschluss-

Tab. 2: Ergebnisse der Regressionsanalysen bei den Elektroinstallateuren

Installateure	
Abhängige Variable (aufgeklärte Varianz)	Modellzusammensetzung bei schrittweiser Integration der unabhängigen Variablen (aufgeklärte Varianz durch die Variable)
amotiviert (10%)	Inhaltliche Relevanz (10%)
extrinsisch (4,4%)	Deklaratives Wissen (4,4%)
introjiziert (16,4%)	Klarheit der Instruktion (10,7%); Unterrichtsform (5,7%)
identifiziert (27,5%)	Inhaltliche Relevanz (19,7%); Kompetenzunterstützung (4,6%) Deklaratives Wissen (3,2%)
intrinsisch (27,3%)	Klarheit der Instruktion (21,7%); Inhaltliche Relevanz (3,4%) Kompetenzunterstützung (2,2%)
interessiert (30,3%)	Inhaltliche Relevanz (23,1%); Kompetenzunterstützung (4,7%) Unterrichtsform (2,5%)

Tab. 3: Ergebnisse der Regressionsanalysen bei den Elektronikern

Elektroniker	
Abhängige Variable (aufgeklärte Varianz)	Modellzusammensetzung bei schrittweiser Integration der unabhängigen Variablen (aufgeklärte Varianz durch die Variable)
amotiviert (29,4%)	Überforderung (21,6%); Soziale Einbindung (7,8%)
extrinsisch (18,7%)	Überforderung (14,8%); Soziale Einbindung (3,8%)
introjiziert (16,3%)	Klarheit der Instruktion (13,7%); Soziale Einbindung (2,6%)
identifiziert (23,3%)	Inhaltliche Relevanz (18,5%); Prozedurales Wissen (4,8%)
intrinsisch (45,3%)	Klarheit der Instruktion (35,3%); Inhaltliches Interesse des Lehrenden (4,7%); Überforderung (3,2%); Inhaltliche Relevanz (2,2%)
interessiert (29,7%)	Inhaltliche Relevanz (23,3%); Soziale Einbindung (4,2%); Prozedurales Wissen (2,2%)

Zusammengefasst tragen die von PRENZEL U.A. spezifizierten Bedingungsfaktoren erheblich stärker zur Varianzaufklärung bei, als die Variablen Wissen und Unterrichtskonzeptionsform. Trotz der durch den Einbezug der Wissensvariablen und Unterrichtskonzeptionsform verlassenen konstruktinternen Auswertungsperspektive bleiben weiterhin die Bedingungsfaktoren für die Varianzaufklärung der Motivationsvarianten bedeutsamer. Dieser Befund gilt sowohl für die Elektroniker- als auch Installateuruntersuchung. Dies verweist erneut auf die exklusive Erklärungskraft der von PRENZEL und Mitarbeitern identifizierten bzw. zusammengeführten Bedingungsfaktoren.

In der gewerblich-technischen Erstausbildung kommen innerhalb der Bedingungsfaktoren insbesondere der inhaltlichen Relevanz, der Instruktionsklarheit und der Überforderung bezüglich der erzielten Varianzaufklärungen höhere Be-

---

methode berechnet) von 40% bzw. 39% (vgl. ebd. 1998, S. 180). Für die verbleibenden Varianten können aus den Publikationen der Forschergruppe leider keine weiteren Angaben entnommen werden.

deutsamkeiten zu. Von den *basic needs* zeigt sich lediglich bei den eher fremdbestimmten Varianten (neben der Überforderung) die soziale Einbindung und in den stärker durch Selbstbestimmung charakterisierten Varianten die Kompetenzunterstützung einflussreich. Die enge Verknüpfung von inhaltlicher Relevanz und identifizierter Motivation ergibt sich auch in den Untersuchungen von PRENZEL und erscheint hochplausibel: Für eine Motivation, die ihren Antrieb, ihre Persistenz und Richtung aus dem Erreichen selbstgesteckter Ziele bezieht, müssen jene Einflussfaktoren besonders bedeutsam sein, die in engem Bezug zu diesen Zielen stehen. Und genau dies ist hier der Fall: Es wird häufig identifiziert motiviert gelernt, wenn die inhaltliche Relevanz der Lerninhalte für den Auszubildenden klar erkennbar ist bzw. es dem Lehrenden gelingt, dies herauszustellen. Die Varianten übergreifend betrachtend ist zu erkennen, dass sie mit je unterschiedlichen Konstellationen der Bedingungsfaktoren in Beziehung stehen.

Zusammenfassend legen die Befunde nahe, jenseits der Ebene methodischer Entscheidungen bei der Planung von Lehr-Lern-Arrangements stärker die Bedingungsfaktoren selbst zu berücksichtigen: Die Ausrichtung der Unterrichtsplanung auf die möglichst günstige Stimulierung der Bedingungsfaktoren erscheint daher bedeutsamer zur Förderung günstiger motivationaler Zustände der Lernenden als die pauschale Wahl der Unterrichtskonzeptionsform. Oder anders herum formuliert: Auch nach der Entscheidung für eine Gesamtkonzeption sind die Bedingungsfaktoren nach PRENZEL weiterhin zu beachten.

3.2 Einflüsse motivationaler Faktoren auf das Wissen zum Schuljahresende

Werden nun – ungeachtet des Vorwissensniveaus als bestem Einzelprädiktor[7] – motivationale Variablen (Varianten und Bedingungen) in Beziehung zum deklarativen und prozeduralen Wissen (AT) gesetzt, ergeben sich für die Elektroniker- und Installateuruntersuchung folgende Korrelationswerte, wobei aus Gründen der Übersichtlichkeit lediglich die signifikanten Korrelationswerte wiedergegeben sind (vgl. Tab. 4).

In beiden Untersuchungen weist lediglich das identifiziert motivierte Lernen signifikante Korrelationen mit beiden Wissensvariablen auf. Bei den Elektronikern besteht nur zwischen dem deklarativen Wissen und der Überforderung eine

---

7 Vgl. z.B. Nickolaus/Knöll/Gschwendtner 2006 und Nickolaus/Heinzmann/Knöll 2005.

signifikante Korrelation mit dem Motivationskonstrukt. Da bei den Installateuren keine signifikanten Korrelationen der Varianten mit prozeduralem Wissen nachgewiesen werden können, kann konstatiert werden, dass zumindest Teilaspekte von Fachkompetenz in den Untersuchungen relativ unabhängig von der Lernmotivation sind. Lediglich bei den Elektronikern finden sich über mehrere Varianten hinweg im prozeduralen Wissen erwartungskonforme Zusammenhänge mit den Motivationsvarianten. Die Beträge der Koeffizienten fallen mit einer Größenordnung von rxy= ca. 0,2 in ähnliche und in betragsmäßig erwartungskonforme Bereiche. Insgesamt erweist sich das Motivationskonstrukt von Prenzel und Mitarbeitern zwar als intern hoch stimmig, jedoch fallen die erzielten Varianzaufklärungen und Korrelationen mit zentralen Aspekten von Fachkompetenz in niedrige Bereiche. Ggf. sind andere Motivationskonstrukte an dieser Stelle leistungsfähiger (vgl. hierzu etwa Rosendahl/Straka 2007). Wird der Blick auf die Bedingungsfaktoren gerichtet, fallen die hohen Beziehungen zwischen der wahrgenommenen Überforderung und den Wissensvariablen auf. Mit diesen korreliert auf etwas geringerem Niveau ebenfalls die Autonomieunterstützung in mehreren Fällen signifikant. Auffällig ist, dass die motivationalen Bedingungen teilweise stärker mit den Kompetenzaspekten korrelieren als die Varianten der Lernmotivation selbst. Die wahrgenommene Überforderung stellt jene Variable des Motivationskonstrukts dar, die als bester Einzelprädiktor mit den abhängigen Variablen der Untersuchungen korreliert.

Tab. 4: Elektroniker und Installateure: Zusammenhang der Varianten von Lernmotivation und motivationaler Bedingungsfaktoren (AT) mit ausgewählten Kompetenzaspekten (* p<,05; ** p<,01)

Varianten von Lernmotivation	Elektroniker (N=166)		Installateure (N=141)	
	deklarativ	prozedural	deklarativ	prozedural
Amotivation		-,23*		
Extrinsisch			-,21*	
Introjiziert				
Identifiziert		,29**	,23**	
Intrinsisch		,21**		
Interesse		,23**		
Bedingungsfaktoren				
Überforderung	-,21**	-,41**	-,35**	-,50**
Instruktionsklarheit		,19*		
Inhaltliche Relevanz		,18*		
Inhaltliches Interesse Lehrender			,29**	,19*
Kompetenzunterstützung				
Autonomieunterstützung		,23**	,18*	,20*
Soziale Einbindung			nicht erhoben	

4. Zusammenfassung

Die Ergebnisse unserer Untersuchungen bestätigen die interne Konsistenz des Motivationskonstrukts des selbstbestimmt motivierten und interessierten Lernens erwartungskonform auch in der gewerblich-technischen Erstausbildung. Jedoch muss die Angliederung der introjizierten Variante stärker an die selbstbestimmten Motivationsvarianten erfolgen, da sich empirisch nun in vielen Untersuchungen positive Korrelationen mit diesen nachweisen ließen.

Im Gegensatz zu den Befunden aus der kaufmännisch-verwaltenden Domäne zeigen sich im gewerblich-technischen Bereich die höchsten Zusammenhänge der Motivationsvarianten mit der inhaltlichen Relevanz und der Instruktionsklarheit und nicht mit den drei *basic needs*, was sich als Ausdruck einer größeren Inhaltsorientierung deuten lässt.

In den Regressionsanalysen ergaben sich gegenüber der Unterrichtskonzeptionsform und den Wissensvariablen stärkere Zusammenhänge der motivationsrelevanten Bedingungsfaktoren mit den Varianten von Lernmotivation. Um positive motivationale Zustände der Lernenden wahrscheinlich werden zu lassen, scheint es wirkungsvoller, bei der Gestaltung von Lehr-Lern-Arrangements stärker auf die Einlösung günstiger Wahrnehmungen der Bedingungsfaktoren abzuheben als das methodische Arrangement selbst in den Vordergrund zu rücken.

Literatur

Bendorf, M. (2002): Bedingungen und Mechanismen des Wissenstransfers. Lehr- und Lern-Arrangements für die Kundenberatung in Banken. Wiesbaden: Deutscher Universitäts-Verlag.

Deci, E. L./Ryan, R. M. (1993): Die Selbstbestimmungstheorie der Motivation und ihre Bedeutung für die Pädagogik. In: ZfP, 39. Jg., H. 2, S. 223-238.

Knöll, B. (2007): Differenzielle Effekte von methodischen Entscheidungen und Organisationsformen beruflicher Grundbildung auf die Kompetenz- und Motivationsentwicklung in der gewerblich-technischen Erstausbildung. Eine empirische Untersuchung in der Grundausbildung von Elektroinstallateuren. Aachen: Shaker (Stuttgarter Beiträge zur Berufs- und Wirtschaftspädagogik; Bd. 30) (in Vorbereitg.).

Knöll, B./Gschwendtner, T./Nickolaus, R. (2006): Einflüsse methodischer Grundentscheidungen auf die Entwicklung zentraler Aspekte beruflicher Handlungskompetenz in anforderungsdifferenten gewerblich-technischen Ausbildungsberufen. In: Gonon, P./ Klauser, F./Nickolaus, R. (Hrsg.): Kompetenz, Qualifikation und Weiterbildung im Berufsleben. Opladen: Barbara Budrich, S. 27-40.

Krapp, A. (1999): Intrinsische Lernmotivation und Interesse. Forschungsansätze und konzeptuelle Überlegungen. In: ZfP, 45. Jg., H. 3, S. 387-406.

Nickolaus, R./Heinzmann, H./Knöll, B. (2005): Ergebnisse empirischer Untersuchungen zu Effekten methodischer Grundentscheidungen auf die Kompetenz- und Motivationsentwicklung in gewerblich-technischen Berufsschulen. In: ZBW, 101. Jg., H. 1, S. 58-78.

Nickolaus, R./Knöll, B./Gschwendtner, T. (2006): Methodische Präferenzen und ihre Effekte auf die Kompetenz- und Motivationsentwicklung – Ergebnisse aus Studien in anforderungsdifferenten elektrotechnischen Ausbildungsberufen in der Grundbildung. In: ZBW, 102. Bd., H. 4, S. 552-577.

Prenzel, M./Kristen, A./Dengler, P./Ettle, R./Beer, T. (1996): Selbstbestimmt motiviertes und interessiertes Lernen in der kaufmännischen Erstausbildung. In: Beck, K./Heid, H. (Hrsg.): Lehr-Lern-Prozesse in der kaufmännischen Erstausbildung – Wissenserwerb, Motivierungsgeschehen und Handlungskompetenzen. ZBW Beiheft 13. Stuttgart: Steiner, S. 109–127.

Prenzel, M./Kramer, K./Drechsel, B. (2001): Selbstbestimmt motiviertes und interessiertes Lernen in der kaufmännischen Erstausbildung – Ergebnisse eines Forschungsprojekts. In: Beck, K./Krumm, V. (Hrsg.): Lehren und Lernen in der beruflichen Erstausbildung: Grundlagen einer modernen kaufmännischen Berufsqualifizierung. Opladen: Leske + Budrich, S. 37-61.

Rosendahl, J./Straka, G. (2007): Effekte betrieblicher und schulischer Bedingungen auf motivationale Orientierungen und bankwirtschaftliche Kompetenz. In: ZBW, 103. Bd., H. 2.

Seifried, J. (2004): Fachdidaktische Variationen in einer selbstorganisationsoffenen Lernumgebung. Eine empirische Untersuchung im Rechnungswesenunterricht. Wiesbaden: Deutscher Universitäts-Verlag.

Die mentalen Strukturen von Studierenden und daraus abzuleitende Implikationen für die Lehre

Rödiger Voss

1. Problemstellung

Im Folgenden soll dargestellt werden, wie sich Kenntnisse über die mentalen Strukturen der Studierenden für das universitäre Lehrangebot nutzen lassen. Die qualitativ-explorative Studie wurde durchgeführt, um ein tieferes Verständnis der aus Studierendensicht gewünschten Eigenschaften und Fähigkeiten von Dozenten zu gewinnen. Dozenten standen im Fokus der Betrachtung, da sie als zentrale Akteure in der Lehre zu sehen sind und daher einen besonderen Einfluss auf die Studienzufriedenheit besitzen (Harnash-Glezer & Meyer, 1991). Pozo-Munoz, Rebolloso-Pacheco & Fernandez-Ramirez (2000, S. 253) bezeichnen Dozenten gar als „Key actors in a university's work". Im Rahmen der Untersuchung wurde empirisch erfasst, welche Erwartungen Studierende an Dozenten haben und wie diese mit ihren eigenen Zielvorstellungen verknüpft sind. Dazu wurde die Laddering-Technik eingesetzt (vgl. Voss, Szmigin & Gruber, 2006a), um die mentale Struktur von Studierenden in Bezug auf die gewünschten Verhaltensweisen und Qualifikationen von Dozenten zu analysieren und grafisch darzustellen. Ferner wurden die Erkenntnisse der empirischen Lehr-Lern-Forschung genutzt, um einen Lernkontrakt zwischen Lehrkraft und Studierenden im Fach Wirtschaftslehre zu „designen".

2. Grundlagen der Laddering-Technik

Zur Operationalisierung der Elemente der Means End Theorie und damit auch zur Abbildung der mentalen Strukturen der Studierenden bietet sich das von Reynolds & Gutman (1988) entwickelte „Laddering"-Verfahren an, welches qualitative und quantitative Aspekte kombiniert.

Gengler & Reynolds (1995) zufolge handelt es sich bei der Laddering-Technik um eine Standardmethode zum Schätzen mentaler Strukturen. Ziel ist es, die Verbindungen zwischen wahrgenommenen Eigenschaften (A = attributes), den Konsequenzen (C = consequences) und den Werten (V = values) aufzuspüren. Das Verfahren deckt mithin die Gründe auf, die dafür verantwortlich sind, dass eine Eigenschaft oder eine Konsequenz für eine Person wichtig ist. Bei der Laddering-Technik geht es insbesondere darum, die Hinter- und Bestimmungsgründe menschlichen Handelns zu erklären. In diesem Zusammenhang hilft die Laddering-Technik, das subjektive Wissen der Befragten in „Landkarten der Kognition" (Herrmann, 1996, S. 11) sichtbar zu machen. Diese so genannten „hierarchical value maps" (HVM) stellen nach Gutman (1982) und Reynolds & Gutman (1988) eine visuelle Darstellung mentaler Strukturen der Befragten dar, die helfen kann, das Verhalten der Individuen zu erklären.

Die Laddering-Technik findet ihren Ursprung in der Means End Theorie. Diese geht auf Arbeiten des amerikanischen Sozialpsychologen Tolman (1932) zurück, der in den 30er Jahren des letzten Jahrhunderts die Zielorientierung des individuellen Verhaltens erforschte. Individuen entwickeln demnach im Rahmen eines Informationsverarbeitungsprozesses eine Vorstellung über die Eigenschaften eines Gutes oder einer Person (Mittel bzw. „mean") zur Erfüllung eines bestimmten Wunsches (Ziel bzw. „end"). Das Means End Modell besteht aus insgesamt drei Elementen, die hierarchisch im Gedächtnis von Individuen angeordnet sind (vgl. Herrmann, 1996) und die so genannten Ladders bilden:

− Attribute beschreiben tatsächlich beobachtete oder rein gedanklich erfasste Bestandteile eines Objektes.
− Konsequenzen sind eine Nutzenkomponente, die den nach subjektiven Maßstäben bewerteten Grad an Bedürfnisbefriedigung zum Ausdruck bringt.
− Werthaltungen: Werte bilden eine implizite oder explizite Konzeption des Wünschenswerten.

3. Methode

3.1 Ablauf eines Laddering-Interviews

Durch eine spezifische Befragungstechnik bringt der Interviewer in tiefenpsychologischen Interviews die Befragten dazu, ihre Ziel-Mittel-Vorstellungen zu artikulieren, angefangen auf der untersten, konkreten Ebene der Dienstleistungsattribute bis hin zur obersten, abstrakten Ebene der angesprochenen grundlegenden Motivation (vgl. Kroeber-Riel & Weinberg, 2003). Die Befragung umfasst vor allem „Warum-Fragen": „Warum ist es

Ihnen wichtig, dass der Dozent kompetent ist?" Antwort: „Damit ich etwas lernen kann." Nächste Frage: „Warum legen Sie Wert darauf, etwas zu lernen?" usw. Der Rekonstruktionsprozess während des Ladderings vollzieht sich wie folgt: Während der Interviews fragt der Interviewer wiederholt: „Warum ist das Attribut/die Konsequenz/der Wert abc wichtig für Sie?". Hiermit wird eine Erwatung an ein Attribut abgebildet. Die Antwort auf eine solche Frage bildet den Ausgangspunkt für daran anknüpfende Fragen und aktiviert damit die eine verbundene mentale Kategorie, woraus dann Erwartungen an den Nutzen (Konsequenzen) und schließlich zugrunde liegende Werte erfasst werden. Grunert und Grunert (1995, S. 214) merken in diesem Zusammenhang an, dass "Activation spreads from this category throughout the network, causing retrieval of additional categories, if the associations between the categories are strong enough". Der Proband greift dann auf die Kategorie zurück, die das höchste Aktivierungsniveau besitzt. Dies sollte zugleich diejenige Kategorie sein, die die stärkste Relation zur vorab genannten Kategorie besitzt.

3.2 Durchführung und Auswertung

An der qualitativ-explorativen Studie nahmen 29 Lehramtstudienanfänger im Fach Wirtschaftslehre an der PH Ludwigsburg teil. Grunert und Bech-Larsen (2005) schlagen eine Stichprobengröße von mindestens 20 Teilnehmern für Laddering-Analysen vor, da eine solche Größe nach Erfahrungswerten ein signifikantes Verständnis der abgeleiteten Konzepte ermöglicht. Da bei qualitativer Sozialforschung der untersuchte Gegenstandsbereich so weit erschlossen werden soll, dass bei weiteren Datenerhebungen keine neuen Erkenntnisse mehr erwartet werden können (Strauss & Corbin, 1996), wurde die Befragung nach 29 von 42 möglichen Interviews beendet, da eine theoretische Sättigung der Erkenntnisse über das Forschungsfeld erreicht war.

Zur Auswertung der durch Laddering Interviews gewonnenen Daten bedarf es einer fachkundigen Interpretation des empirischen Materials. Die benötigten Kategorien wurden inhaltsanalytisch aus den Transkripten abgeleitet. Bei der vorliegenden Studie kam das von Gengler und Reynolds (1993) entwickelte PC-Programm LADDERMAP zum Einsatz. Das Programm dient der Unterstützung der Inhaltsanalyse und erstellt eine Implikationsmatrix, die darstellt, wie häufig Attribute, Konsequenzen und Werte miteinander verknüpft sind. LADDERMAP liefert zudem Grundlagen zur Generierung und zum Editieren der Hierarchical Value Map (HVM) sowie für weitere Analysen. Die Zuordnung der Einzeläußerungen zu übergreifenden Antwortkategorien wurde von zwei unabhängigen Personen getrennt voneinander vorgenommen, wobei sich eine Interrater-Reliabilität mit einem Kappa-Wert von 0.86 ergab.

4. Ergebnisse

Basierend auf dieser Implikationsmatrix werden im Folgenden die Verbindungen von Attributen (weiße Kreise) zu Konsequenzen (graue Kreise) und Werten (schwarze Kreise) in einer HVM dargestellt (vgl. Abb. 1). Zur Interpretation der HVM: Während der Durchmesser eines Kreises die Häufigkeit der Nennung des jeweiligen Konzepts graphisch veranschaulicht, zeigt die Stärke einer Verbindungslinie zwischen zwei Kreisen die Häufigkeit des Vorhandenseins dieser Verbindung zwischen den beiden dahinter stehenden Konzepten an. Um die Lesbarkeit und Interpretierbarkeit einer HVM zu vereinfachen, erlaubt es LADDERMAP, ein bestimmtes cutoff level zu wählen. Demnach werden nur Verbindungen zwischen Konstrukten angezeigt, die in einer bestimmten Häufigkeit vorkommen. Ein cutoff level von 1 bedeutet, dass jede von den Befragten geäußerte Verbindung in der grafischen Darstellung der HVM berücksichtigt wird.

Die Analyse der HVM ergibt, dass Lernen nach Ansicht der Studierenden hauptsächlich durch die Fachkompetenz des Dozenten und nebensächlich durch die didaktische Kompetenz des Dozenten initiiert wird. Die Studierenden betrachten Lernen als notwendige Bedingung, um Leistungen (Prüfungen bestehen usw.) zu erzielen, was wiederum als Qualifikation für die spätere berufliche Zukunft als nötig angesehen wird. Um Leistung zu erbringen, erachten die Studierenden neben dem Lernen ein Maß an Motivation als wichtig. Als Quellen für ihre Motivation sahen die Studierenden als grundlegend vor allem das „Engagement" und die „Freundlichkeit" eines Dozenten an. Nehmen Studierende diese Eigenschaften als vorhanden wahr, dann können sie sich ihrer Meinung nach besser beruflich qualifizieren. Die Berufsqualifikation führt zu einem Gefühl der Sicherheit, stimmt die Studierenden zufrieden und erlaubt es ihnen, einen Beitrag zu einer besseren Welt zu liefern.

Einen besonders starken Zusammenhang weist die Ladder „Offenheit – Beratung – Problemlösung" auf. Dieses Verhalten lässt sich durch die Ergebnisse einer qualitativen Studie von Rolfe (2002) begründen, der feststellte, dass Studierende in den vergangenen Jahren ein gesteigertes Bedürfnis nach individueller Beratung durch den Dozenten besäßen. Gerade Studienanfänger wünschen sich Hilfe, um zu einer Problemlösung zu finden, sich dadurch zufrieden zu fühlen oder durch Entspanntheit ein Gefühl des Wohlfühlens ent wickeln zu können – ein Zusammenhang, der durch die HVM verdeutlicht wird. Eine Ladder, die ebenfalls auftritt – aber selten –, ist der Wunsch Zeit zu sparen, indem der Dozent bei der Problemlösung hilft. Die gewonnene Zeit kann dann zum Freizeitspaß genutzt werden, was einen hedonistischen Wert widerspiegelt.

Abb. 1: HVM nach einem cutoff level von 4

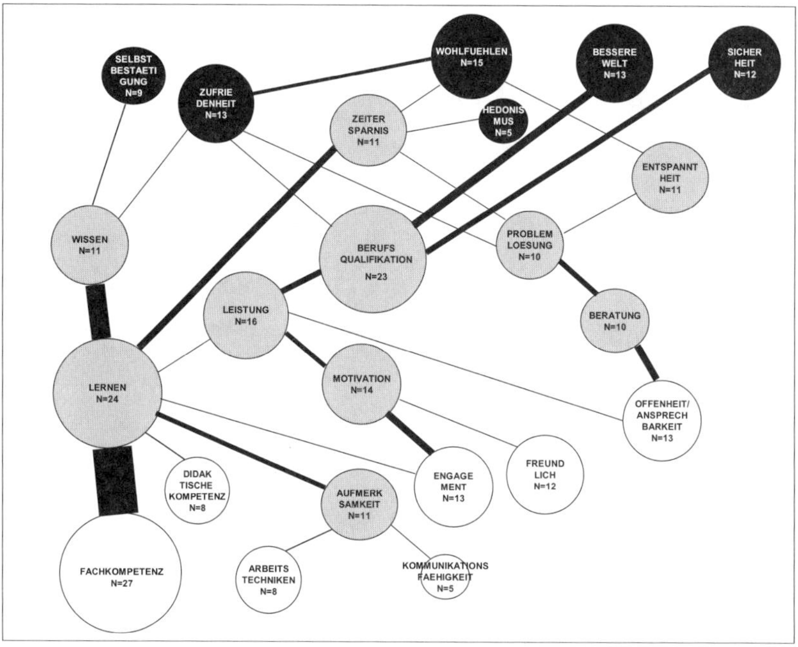

5. Ableitung von Lernkontrakten

Die formalen Ausgestaltungen von Lernkontrakten können durch die Ergebnisse der empirischen qualitativen Forschung erleichtert werden (Voss & Gruber, 2006b). Es handelt sich im vorliegenden Fall um einen Lernkontrakt, der zwischen Studienanfängern im Fach Wirtschaftslehre und dem Dozenten ausgearbeitet wurde und seit dem WS 2006/2007 jeweils in der Eingangsveranstaltung mit den neuen Studienanfängern reflektiert wird. In der zweiten Semesterwoche bleibt Zeit für Rückfragen und eventuelle Modifikationswünsche. Entfallen diese, wird der Lernkontrakt durch das Unterschreiben von beiden Seiten geschlossen. Nun zur konkreten Nutzung der Studienergebnisse: Da die Studierenden die Fachkompetenz des Dozenten mit dem Wunsch nach einem im Lehrberuf erfahrenen Dozenten verbunden haben, wurde im Lernkontrakt die Verbindung von Lehrveranstaltung durch den Einbezug von praktischen Unterrichtsbeispielen betont. Besonders wichtig erschien den Studienanfängern als weiteres Attribut die „Offenheit und Erreichbarkeit" des Dozenten, um ein Gefühl der Sicherheit und des Wohlfühlens zu entwickeln. Um diese Werte anzusprechen wurde der Punkt 4b) des Lernkontraktes ausgearbeitet. Gleichzeitig gilt es, die Selbstständigkeit von Studierenden zu fördern und damit einen Beitrag zu ihrer Persönlichkeitsentwicklung zu leisten. Sieht man isoliert Punkt 4b), dann könnten die Studierenden dazu verleitet werden, bei diversen Problemen – ohne Rückgriff auf eigene Anstrengungen und Lösungsansätze – unverzüglich ihren Dozenten anzusprechen. Um einem solchen Verhalten vorzubeugen, wurde Punkt 5d) entsprechend ausformuliert. Ein Auszug aus dem Lernkontrakt wird im Folgenden illustriert:

(4) Leistungen des Dozenten ...b) Die Leistungen des Dozenten umfassen Beratungen der Studierenden. Dafür besteht im Rahmen der Lehrveranstaltungen, der Sprechstunde sowie im Rahmen von E-Mails Zeit. ...

(5) Leistungen des Studierenden ... d) Studierende sind bei fachlichen Fragen in der Pflicht, aktiv die Meinung ihrer Kommilitonen einzuholen sowie in unserer Bibliothek oder mit Rückgriff auf sonstige Informationsquellen zu recherchieren. ...

6. Diskussion

Hochschulforschung kann für eine Gestaltung von Lehr-Lern-Arrangements aktiv genutzt werden, was die folgende Studie bewiesen hat. Bei der vorliegenden Studie ist jedoch einschränkend darauf hinzuweisen, dass es sich um eine explorative Studie handelt, deren Ergebnisse nicht verallgemeinerbar sind. Für eine andere Untersuchungsgruppe, wie Studienanfänger im Fach Elektrotechnik, mögen sich abweichende Ergebnisse ergeben. Ebenso ändern sich Erwartungen im Laufe des Studiums. Aus diesem Grund ist es sinnvoll, die Erwartungen der Studierenden in verschiedenen Phasen ihres Studiums zu erfassen (vgl. Voss, Szmigin & Gruber, 2006b). Es wäre allerdings vorab zu prüfen, ob das personal- und zeitintensive Vorgehen im Rahmen des soft laddering nicht durch ein standardisiertes hard laddering ersetzt werden könnte (vgl. Voss & Gruber, 2006a).

Für die qualitativen Forschungsergebnisse bieten sich zudem weitere Einsatzmöglichkeiten an. Sie können wertvolle Hinweise für Schulungen des wissenschaftlichen Personals geben. In Beratungssituationen etwa sollten Dozenten ein gewisses Maß an Beratungskompetenz besitzen, um Studierenden helfen zu können. Gerade die Sozialkompetenz wird jedoch beim wissenschaftlichen Personal kritisiert. Ferner neigen Lehrende dazu, ihren eigenen Lehrstilen entsprechend zu unterrichten und die Inhalte nach ihren eigenen motivationalen Befindlichkeiten auszuwählen. Die Analyse einer HVM gibt dagegen einen Einblick in die Motive und Erwartungen der Studierenden und kann somit den Horizont der Lehrenden wesentlich erweitern sowie bei der Planung und Durchführung von Lehr-Lern-Arrangements berücksichtigt werden.

Literatur

Gengler, C. E. & Reynolds, T. J. (1995). Consumer understanding and advertising Strategy. Journal of Advertising Research, 35, 19-33.

Grunert, K. G. & Bech-Larsen, T. (2005). Explaining choice option attractiveness by beliefs elicited by the laddering technique. Journal of Economic Psychology, 26, 223-241.

Gutman, J. (1982). A means-end chain model based on consumer categorization processes. Journal of Marketing, 46, 60-72.

Harnash-Glezer, M. & Meyer, J. (1991). Dimensions of satisfaction with collegiate Education. Assessment & Evaluation in Higher Education, 16, 95-107.

Herrmann, A. (1996). Nachfrageorientierte Produktgestaltung – Ein Ansatz auf Basis der "means end"-Theorie. Wiesbaden.

Kroeber-Riel, W. & Weinberg, P. (2003). Konsumentenverhalten (8. Auflage). München.

Pozo-Munoz, C., Rebolloso-Pacheco, E. & Fernandez-Ramirez, B. (2000). The "Ideal Teacher". Assessment & Evaluation in Higher Education, 25, 253-263.

Tolman, E. (1932). Purposive behavior in animals and Men. New York, NY.

Reynolds, T. J. & Gutman, J. (1988). Laddering theory, method, analysis, and interpretation. Journal of Advertising Research, 28, 11-31.

Rolfe, H. (2002). Students' demands and expectations in an age of reduced financial support. Journal of Higher Education Policy and Management, 24, 171-182.

Strauss, A. & Corbin, J. (1996). Grounded Theory: Grundlagen der qualitativen Sozialforschung. München.

Voss, R., Szmigin, I. & Gruber, T. (2006a). Desire expectations of students – A comparison of different laddering techniques, In: Proceedings of the 1st Academy of

Marketing Symposium Marketing of Higher Education, Nicosia (Intercollege), 3-5 January.

Voss, R., Szmigin, I. & Gruber, T. (2006b). The desire expectations of German undergraduate and postgraduate education students, In: Proceedings of the 5th Customer Research Academy Workshop, Manchester, 5-7 April 2006.

Voss, R. & Gruber, T. (2006a). The desired teaching qualities of lecturers in higher education – A means end analysis. Quality Assurance in Education, 14, 217-242.

Voss, R. & Gruber, T. (2006b). Die Zufriedenheit von Lehramtstudierenden. Empirische Pädagogik, 20, S. 297-32.

Fachgespräche – Lehrer-Schüler-Kommunikation in komplexen Lehr-Lern-Umgebungen

Uwe Buchalik, Alfred Riedl

1. Ausgangspunkt und Bezugsfeld

Aktuelle Bestrebungen in der beruflichen Bildung zielen darauf, Lehr-Lern-Prozesse in komplexen Lernumgebungen eines konstruktivistischen Unterrichts stärker zu individualisieren. Dieser gegenwärtig erkennbare didaktische Konzeptwechsel richtet in einer technischen beruflichen Bildung den Anspruch an Lehr-Lern-Prozesse, stärker situiert, von Schülern selbst gesteuert und kooperativ zu verlaufen. Damit verbunden ist die Annahme, die Kompetenzentwicklung von Lernenden positiv zu beeinflussen. Individualisierte Lernprozesse lassen sich gemäß einer konstruktivistischen Unterrichtsauffassung umsetzen. Forschungsarbeiten am Lehrstuhl für Pädagogik an der Technischen Universität (TU) München zum Prozesscharakter eines konstruktivistischen Lernens in komplexen Lehr-Lern-Situationen (Riedl, Schelten 2006) deuten an, dass in konstruktivistischen Lehr-Lern-Arrangements zwei zentrale Determinanten eine Schlüsselfunktion einnehmen (Riedl 2005, S. 258f.). Einmal sind dies Selbstlernmaterialien für Lernende, die ein individualisiertes Lernen ermöglichen. Hierzu zählen Leittexte (auch in elektronischer Form) mit darin enthaltenen Arbeitsaufträgen, Fachinformation oder Lösungsbeispielen sowie Herstellerunterlagen oder technische Geräte. Begleitend dazu sind in solchen Lehr-Lern-Umgebungen die unterstützend erfolgenden Eingriffe durch eine Lehrkraft von hoher Bedeutung. Sie können in der Form von individuellen Einzelgesprächen mit Schülern oder Kleingruppen aber auch Instruktionsphasen für den gesamten Klassenverband oder Teilen daraus erfolgen. Im Verlauf unserer Forschungsarbeiten kristallisierte sich für einen technischen beruflichen Unterricht, in dem Lernende die Rolle aktiv Handelnder übernehmen, zunehmend die Bedeutung individualisierter Fachgespräche heraus (Riedl 2006).

2. Fachgespräche in komplexen Lehr-Lern-Umgebungen

In Lehr-Lern-Umgebungen, die eine moderate konstruktivistische Auffassung von Lernen umsetzen, verändern sich die Rollen der Lehrkraft und der Lernenden gegenüber traditionellen Unterrichtsformen (Gegenüberstellung und Synthese siehe Riedl 2004, S. 115ff.). In einem konstruktivistischen Unterricht verlagern sich Lernprozesse stärker auf die individuelle Ebene der Lernenden, die in einer vorbereiteten Lernumgebung über weite Strecken stark eigenständig lernen. Der Begriff Lernumgebung impliziert, dass Lernen von vielen verschiedenen Kontextfaktoren abhängig ist. Eine komplexe Lehr-Lern-Umgebung umfasst in einem technischen beruflichen Unterricht ein Arrangement von Selbstlernmaterialien und Arbeitsgegenständen für die Schüler, die in vielen Aspekten ähnlich den Bestimmungsgrößen für einen handlungsorientierten Unterricht sind (siehe Riedl 2004, S. 89ff.). Zudem ist sie durch die Expertenkultur des spezifischen Berufsfeldes geprägt.

Fachgespräche sind kommunikative Hilfestellungen durch eine Lehrkraft in Lernumgebungen, in denen Lernende über weite Strecken die Rolle aktiv Handelnder übernehmen. Sie beziehen sich im inhaltlichen Dialog zwischen Lehrkraft und Lernenden sowohl auf den Lerngegenstand als auch auf den Lernprozess. In einem schülerzentrierten Unterricht[1] technischer beruflicher Bildung nehmen Fachgespräche eine tragende Rolle ein. Für Lehrkräfte zieht diese Form der Unterstützung Lernender bei individualisierten Lernprozessen eine erhebliche Veränderung ihrer Rolle gegenüber traditionellen Unterrichtsformen nach sich. Neben veränderten pädagogischen Anforderungen stellen sich auch in fachlicher Hinsicht meist sehr hohe Anforderungen an sie (siehe Riedl 2004, S. 93ff.).

Fachgespräche charakterisieren verschiedene Merkmale. Ein von Buchalik und Riedl (2007) vorgenommener Systematisierungsversuch bezieht sich auf ihre Funktionen und Aufgaben, Verlaufsformen und ihren Einsatzort. Diese Begriffsklärung erläutert anhand der Merkmale ‚Steuerungsfunktion im Unterricht' – ‚diagnostische Funktion' – ‚Sozialform' – ‚Kommunikationsart und Kommunikationsrichtung' – ‚Initiierung' – ‚Position im Lernverlauf' auch, was Fachgespräche gegenüber der Lehrer-Schüler-Kommunikation in traditionellen Unterrichtsformen kennzeichnet (siehe ausführlicher a.a.O.).

---

1 Schülerzentrierter Unterricht kann handlungsorientiert sein und konstruktivistisches Lernen ermöglichen. Dies ist jedoch nicht zwingend. Dieser weiter gefasste Begriff umschließt Unterrichtsformen, bei denen Lernprozesse stärker individualisiert verlaufen und den Selbstlernmaterialien sowie der Lehrer-Schüler-Kommunikation in Fachgesprächen meist eine sehr hohe Bedeutung zukommt.

3. Untersuchungsinteresse der Forschungsarbeit

Ergebnisse von Forschungsarbeiten an der TU München untermauern vielfach, dass in schülerzentrierten, komplexen Lehr-Lern-Arrangements der individuellen Unterstützung Lernender durch die Lehrkraft eine sehr hohe Bedeutung zukommt. Während des Lernverlaufs besteht dafür primär durch Unterrichtskommunikation in qualitativ hochwertigen Fachgesprächen die Möglichkeit der Kompetenzförderung.

So belegt z.B. Niegemann (2004, S. 347f.) im Anschluss an vorausgegangene Arbeiten anderer Autoren den Zusammenhang zwischen der Kommunikationsqualität durch gestellte Fragen der Lehrkraft und der Qualität der Verständnistiefe bei Lernenden im Unterricht[2]. Fragen in Fachgesprächen sind demnach besonders lernförderlich, wenn sie hochwertige Antworten in Form von tiefgehenden Erklärungen nach sich ziehen. Bei hochwertigen Antworten müssen Schüler ihr Wissen strukturieren und organisieren, was die Vernetzung und Bildung neuer Konzepte erleichtern soll (vgl. Wuttke 2005, S. 225). Dies bedingt, dass Lehrende in Fachgesprächen möglichst Analyse- und Syntheseüberlegungen zu Sachverhalten einfordern und Begründungsaspekte und Erklärungszusammenhänge zur behandelten Thematik in den Mittelpunkt stellen. Verschiedene Studien zu Qualität von Lehrerfragen verweisen jedoch darauf, dass die in einem traditionellen Unterricht am meisten gestellten Fragen Fakten- und Erinnerungsfragen sind. Demnach fordert nur ein sehr kleiner Teil kognitive Prozesse ein, die eine Tiefenverarbeitung der Lerninhalte begünstigen. So belegen Seifried und Sembill (2005, S. 231) in ihrer Untersuchung einen starken Gegensatz zwischen Qualität und Quantität von Lehrerfragen. Sie sprechen im Schnitt von nur ca. 4 Prozent ‚deep-reasoning'-Fragen höherer Ordnung, die eine tiefgehende Elaboration mit schlussfolgerndem, produktivem Denken einfordern.

Insgesamt liegen zu dem Phänomen Unterrichtskommunikation erstaunlich wenig empirische Ergebnisse vor. Im Bereich beruflicher Bildung müssen sie sogar als äußerst spärlich bezeichnet werden. Im deutschsprachigen Raum existieren keine Arbeiten zur Unterrichtskommunikation in technischem beruflichem Unterricht, die sich auf komplexe Lehr-Lern-Situationen mit einer dahinter liegenden konstruktivistischen Unterrichtsauffassung beziehen. Zusammenfassend lässt sich analog zu Wuttke (2005, S. 25) feststellen, dass vorhandene Ergebnisse zur Unterrichtskommunikation relativ unsystematisch in unterschiedlichen Wissenschaftsdisziplinen entstanden

---

2 Eine qualitative Klassifizierung von Fragen erfolgt durch Niegemann, Stadler (2001, S. 177ff.). Graesser, Person, Huber (1992) legen eine empirisch gestützte Systematisierung zu Mechanismen der Fragen- und Impulsgenerierung mit der Kategorisierung möglicher Frageausprägungen vor.

sind und oft isoliert Wirkungen einzelner Arten von Sprechakten untersuchen.

Für Forschungsarbeiten zu Fachgesprächen in einem schülerzentrierten Unterricht technischer beruflicher Bildung liegt nahe, dass sie diesen bisher kaum beachteten, insgesamt jedoch sehr weiten Forschungsbereich zunächst in einer explorativ-deskriptiven Phase erschließen. Diese Herangehensweise erfasst und beschreibt zunächst, wie Fachgespräche im Unterricht derzeit ablaufen. Hierzu gehört, an welchen Stellen im Unterricht Fachgespräche geführt werden, wie sie verlaufen und welche Phänomene sich dabei zeigen. Tenberg (2004) hat durch eine explorative Befragung von Lehrkräften zu Begriff, Form und Einsatz von Fachgesprächen sehr heterogene Interpretationen mit unterschiedlichsten Einsatz- und Durchführungsformen bis hin zur Unklarheit bei vielen Lehrkräften zur Auffassung dieser Begrifflichkeit identifiziert. Ziel ist daher zunächst eine empirisch fundierte Systematisierung von Formen, Aufgaben, Funktionen, Wirkungen und didaktischem Ort von Fachgesprächen im Unterricht. Eine solche empirisch gestützte Bestandsaufnahme in unterschiedlichen Domänen, die gewerblich-technische Berufsfelder repräsentieren, ist ein Teil der hier beschriebenen Arbeit. Daran anknüpfend können nachfolgende Wirkungsuntersuchungen vertieft einzelne Aspekte aus dem Forschungskomplex ‚Fachgespräche' weiter erschließen[3].

4. Methode und Vorgehen

Ein erster Zugang zum Forschungsfeld Fachgespräch erfolgte im Schuljahr 2005/2006. Im Rahmen eines empirisch-explorativen Vorgehens erfasst die Arbeit anhand von Videoaufzeichnungen 34 schülerzentrierte Unterrichtsstunden aus vier Domänen mit der Zielstellung, eine empirisch fundierte Systematisierung von Formen, Aufgaben, Funktionen, Wirkungen und didaktischem Ort von Fachgesprächen im Unterricht vorlegen zu können. Die Untersuchung zielt auf einen möglichst breit angelegten, domänenübergreifenden Einblick in diese Form der Unterrichtskommunikation im Rahmen der gewerblich-technischen Erstausbildung. Sie umfasst die Domänen Elektrotechnik (Elektroniker), Ernährung (Koch), Informationstechnik (IT-Systemelektroniker) sowie Metalltechnik (Mechatroniker). Gegenstand der Datenerhebung sind jeweils hoch entwickelte und erprobte schülerzentrierte Lehr-Lern-Arrangements an vier verschiedenen Berufsschulen. Die Daten in der Domäne Elektrotechnik teilen sich auf zwei Lehrkräfte auf, so dass insgesamt

---

3   Mögliche Fragen für Wirkungsuntersuchungen führt Riedl 2006 differenzierter aus.

fünf Lehrkräfte an der Untersuchung teilnehmen. Das digitalisierte Datenmaterial wird im weiteren Verlauf mit Hilfe der Software Videograph[4] transkribiert. Die Auswertung der Lehrer-Schüler-Kommunikation erfolgt sowohl in quantitativer als auch qualitativer Hinsicht. Dazu werden die einzelnen Gesprächs-Sequenzen entlang verschiedener Kriterienraster kodiert.

Im Rahmen der quantitativen Auswertung werden die Fachgespräch-Sequenzen ausgehend von der oben beschriebenen Definition eines Fachgesprächs im Unterrichtsverlauf identifiziert und hinsichtlich der Kategorien Fachgespräch, Sprecher, Initiator und Gruppengröße kodiert. Mit Hilfe dieser Zuordnungen lassen sich in Verbindung mit den entsprechenden Zeitdaten die Gesprächsanteile von Lehrern und Schülern ermitteln. Die Entwicklung eines Ordnungsrasters zur Qualität von Fachgesprächen ist originärer Bestandteil der Forschungsarbeit und wird im Folgenden beschrieben.

5. Kategorien zur qualitativen Analyse

Ausgangspunkt der methodischen Überlegungen zur qualitativen Analyse der identifizierten Fachgesprächssequenzen sind verschiedene Studien, die sich mit dem Zusammenhang zwischen der Qualität von Lehrerfragen und dem Lernerfolg der Schüler beschäftigen. Deren Ergebnisse fallen divergent aus. Renkl und Helmke (1992) führen dies unter anderem auf Kategorisierungsprobleme zurück. Die verschiedenen Arbeiten verfolgen unterschiedliche Forschungsinteressen und -schwerpunkte. Dabei bedienen sie sich uneinheitlicher theoretischer Modellierungen, aus denen wiederum eigenständige Kategoriensysteme entstanden sind. So lässt sich Unterrichtskommunikation z.B. aus kommunikationstheoretischer Sichtweise nach Kommunikationstypen (vgl. Wegerif, Mercer, Dawes 1999), nach Unterrichtsformen (traditionell oder kollaborativ) oder nach Kommunikationspartnern (Lehrer-Schüler oder Schüler-Schüler) untersuchen.

Betrachtet man beispielsweise diejenigen Studien, die sich mit der Qualität von Unterrichtskommunikation beschäftigen, ergeben sich unterschiedlichste Kategoriensysteme. Obwohl häufig die Taxonomie von Lernzielen im kognitiven Bereich von Bloom (1972) leitend ist, werden je nach Forschungsinteresse, Domäne oder Zielstellung unterschiedliche Kategorien

---

[4] Videograph® (von Rolf Rimmele) ist eine Software, mit der digitalisierte Videos abgespielt, transkribiert und nach Beobachtungskategorien kodiert werden können. Die so erhobenen Daten lassen sich graphisch darstellen und sowohl in das Statistikprogramm SPSS als auch in gängige Textverarbeitungs- und Tabellenkalkulationsprogramme übertragen. (Bezugsquelle: http://www.ipn.uni-kiel.de/aktuell/videograph/htmStart.htm)

und Qualitätsstufen definiert. Klinzing-Eurich und Klinzing (1981) übernehmen beispielsweise die Bloom'sche Taxonomie und gliedern diese in Fragen niederer Ordnung (Kategorien Wissen, Verstehen und Anwenden) und höherer Ordnung (Kategorien Analyse, Synthese und Beurteilung). Hingegen definieren Niegemann und Stadler (2001) in ihrem Kategoriensystem fünf Qualitätsstufen, die sich zwischen den Extremen „Fragen ohne Lernintention" und „deep-reasoning-Fragen" bewegen. Dabei bedienen sie sich neben der Bloom'schen Taxonomie eines Theorieansatzes zur Fragengenerierung (GPH-Schema) von Graesser, Person, Huber (1992). Kawanaka und Stiegler (1999) definieren wiederum im Rahmen einer Teiluntersuchung zur TIMSS-Studie lediglich Fragen niederer Ordnung, die kurze Aussagen auf Seiten des Schülers bzw. ja/nein-Antworten erfordern und Fragen höherer Ordnung, die vom Schüler Begründungen und Erklärungen einfordern.

Die beschriebenen Kategorisierungsprobleme werfen nun die Frage auf, wie ein Kategoriensystem aussehen muss, mit dem die Qualität von Unterrichtskommunikation im Allgemeinen und Fachgesprächen im Besonderen in einem gewerblich-technischen, schülerzentrierten Unterricht differenziert erfasst werden kann.

Ausgehend von propositionalen Theorien in der kognitiven Psychologie und der Gedächtnispsychologie stellen Wissenserwerbs- und Lernprozesse – sehr vereinfacht dargestellt – Netzverdichtung dar. Je dichter die Netzstruktur des Wissens ist, umso leichter ergeben sich Anknüpfungspunkte für neues Wissen. Ein hohes Maß an Verständnis ist dementsprechend als hoher Vernetzungsgrad des Wissens in Verbindung mit einer hohen Qualität an metakognitiven Problemlösestrategien zu definieren. Beide sind Ergebnis eines aktiven Konstruktionsprozesses durch den Lernenden. Mandl, Friedrich, Hron (1988) bezeichnen solche Strukturen als mentale Modelle. Wissenserwerb erfolgt dann, wenn vorhandene Modelle nicht mehr ausreichen, um zielführendes Handeln zu ermöglichen (Strohschneider 1990). Belastbare Modelle sind aufgebaut, wenn Lernende ihre Annahmen verbalisieren können.

Für den schulischen Lernprozess bedeutet dies, dass Lernprozesse anzustreben sind, die konstruktive Aktivitäten durch den Lernenden und eine möglichst breite Anbindung der Lerninhalte an das Vorwissen und die Vorerfahrung ermöglichen. Hier setzt das Fachgespräch als Kommunikationsform in einem schülerzentrierten Unterricht an. Es unterstützt den Lernprozess der Schüler durch Initiierung vielschichtiger kognitiver Prozesse sowie den Rückgriff auf verschiedene Arten des Wissens. Damit sind die beiden Zielkategorien für das zu entwickelnde Kategoriensystem benannt.

Daraus leitet sich ein theoretisch gestütztes Kategorienschema ab, das die inhaltliche Qualität der Gespräche abbildet. Die theoretische Modellierung von domänenbezogenen kognitiven Kompetenzen orientiert sich an Anderson, Krathwohl (2001), auf der Basis der Lernzieltaxonomie von Bloom. Die dort beschriebenen kognitiven Prozesse bilden die Grundlage der qualitativen Analyse. Dabei ist die Taxonomie nicht dahingehend zu interpretieren, dass die Qualität von Unterrichtskommunikation darin besteht, alle Kategorien und Unterkategorien tatsächlich zu besetzen. In diesem Zusammenhang stellt sich auch die Frage, ob sich im Rahmen eines Unterrichts der beruflichen Erstausbildung überhaupt alle Kategorien einlösen lassen.

Was die Einordnung der im Fachgespräch angesprochenen Wissensarten betrifft, so hat sich die Taxonomie von Anderson, Krathwohl im hier beschriebenen Forschungszugang als nicht zielführend bzw. praktikabel erwiesen. Die dort formulierten Kategorien zeigten am zu analysierenden Datenmaterial nicht die gewünschte Trennschärfe und Eindeutigkeit. Aus diesem Grund führten mehrere Entwicklungsschritte zu einem erweiterten Ansatz, der sich nahe am Unterrichtsalltag bzw. am Bildungsverständnis der Berufsschule orientiert. Nach Schelten (1997) ist es vorrangig Aufgabe der Berufsschule, „ein Handlungswissen in schulischen Lernprozessen zu vermitteln, welches integriert und planmäßig ein Fakten-, Begründungs-, Verfahrens- und Einsatzwissen bei den Lernenden Form werden lässt". Auf einer konkreten Inhaltsebene können die Wissensarten Faktenwissen (wissen was), Begründungswissen (wissen warum) und Verfahrenswissen (wissen wie) definiert werden. Diese werden auf einer metakognitiven Ebene durch das Einsatzwissen (wissen wann) aktiviert und koordiniert[5].

Da Einsatzwissen auf der Metaebene entweder nicht verbalisierungsfähig ist oder aber in konkreten Handlungssituationen nur selten spontan verbalisiert wird, beschränkt sich die Untersuchung auf die im Fachgespräch verbalisierten Wissensarten Faktenwissen, Begründungswissen und Verfahrenswissen mit den jeweiligen Unterkategorien. Ziel ist es dabei unter anderem, die weitgehend theoretische Befundlage zu den Wissensarten empirisch zu untermauern und ausgehend vom Datenmaterial die einzelnen Wissensarten trennschärfer voneinander abzugrenzen und – soweit möglich und sinnvoll – Unterkategorien zu definieren.

---

5 In der Wissenspsychologie werden verschiedene Ansätze zur Kategorisierung der Wissensarten diskutiert. Dies äußert sich zum einen in unterschiedlichen Begrifflichkeiten. So wird das „wissen wann" von Dubs (1995) als Bedingungswissen bezeichnet, während Riedl (1998) von Kontrollwissen/Einsatzwissen spricht. Zum anderen werden die Wissensarten in den unterschiedlichen Systematiken verschieden definiert, zugeordnet und zusammengefasst. So siedelt Wuttke (2005) in Anlehnung an Dubs (ebd.) konditionales Wissen (wissen wann) nicht auf einer Metaebene an, sondern definiert es als Unterkategorie eines metakognitiv gesteuerten Systemwissens.

6. Aktueller Stand und vorliegende Ergebnisse

Die Untersuchung befindet sich momentan im Prozess der Kodierung der quantitativen Größen sowie der kognitiven Prozesse und Wissensarten aus den 34 aufgezeichneten Unterrichtsstunden. Aus diesem Grund können noch keine belastbaren Ergebnisse vorliegen. Nach Sichtung und Transkribierung des gesamten Datenmaterials sowie punktueller quantitativer Auswertungen sind jedoch bereits erste Tendenzen erkennbar.

Betrachtet man die Kategorien zur qualitativen Einschätzung der Lehrer-Schüler-Kommunikation als Matrix der Bestimmungsgrößen kognitive Prozesse und angesprochene Wissensarten, so lassen sich die bislang vorliegenden Forschungsergebnisse zur Qualität von Unterrichtskommunikation dahingehend zuspitzen, dass sich die erfassten Lehrer-Schüler-Gespräche vorwiegend im Bereich eines Erinnerns von Faktenwissen bewegen.

Zielsetzung der aktuellen Untersuchung ist es nun zum einen herauszufinden, in wie weit es gelingt, durch die Dialogsituation im Rahmen eines Fachgesprächs weitere ‚Felder' der Matrix zu besetzen und, sofern dies der Fall ist, welche dies vorrangig sind. Dabei soll an dieser Stelle erneut betont werden, dass die Qualität eines Fachgesprächs nicht darin zu sehen ist, möglichst alle kognitiven Prozesse und Wissensarten abzudecken. Vielmehr ist das Spektrum der Besetzungen im Unterricht zu erweitern, um somit vielfältige Anknüpfungspunkte an das Vorwissen der Schüler zu schaffen.

Das vorliegende Datenmaterial lässt den Schluss zu, dass eine solche qualitative Erweiterung der Lehrer-Schüler-Kommunikation in einer Fachgesprächs-Situation gelingen kann, jedoch nicht zwingend gelingen muss. Dabei existieren zwei Problemfelder: Zum einen ist erkennbar, dass die Lehrenden auch im Gespräch mit Einzelnen oder Kleingruppen dazu neigen, fertige Lösungsansätze instruktional zu präsentieren, anstatt sie im Dialog mit den Lernenden zu entwickeln. Zum anderen besteht die Gefahr, die entstehenden Dialog-Situationen zu kurzschrittigen IRF-Sequenzen[6] verkümmern zu lassen, wie sie aus traditionellem Unterricht bekannt sind.

Aus der quantitativen Betrachtung des Datenmaterials ergeben sich zwei Tendenzen: Zum einen erhöht sich in Fachgesprächs-Sequenzen, bedingt durch die Dialog-Situation in Kleingruppen, der Sprechanteil der Schüler gegenüber Werten, wie sie in Untersuchungen zu traditionellem Unterricht gefunden werden. Allerdings geht die Initiative für das Führen eines Fachgesprächs in aller Regel weiterhin vom Lehrer aus. Für die Schüler ergibt sich während der Arbeitsphasen offensichtlich keine Kommunikationsnotwendig-

---

6   Damit ist eine Abfolge in der Unterrichtskommunikation gemeint (Invitation by the teacher, Response by the pupil, Feedback by the teacher), wie sie Mehan (1979) beschreibt.

keit mit der Lehrkraft. Sobald jedoch Schwierigkeiten auftreten, äußern die Lernenden eher Bedarf an instruktionalen Hilfestellungen. Die Möglichkeit, in dieser Unterrichtsphase eine instruktionale Hilfestellung durch Vernetzung mit bekannten Lerninhalten in eine Fachgesprächs-Situation zu überführen, nutzen die Lehrenden kaum. Eine andere Fragestellung ist, welchen Zeitanteil die Lehrer-Schüler-Kommunikation im Allgemeinen sowie Fachgespräche im Besonderen an der Unterrichtszeit einnehmen. Hier sind starke Unterschiede zwischen den beteiligten Lehrern zu konstatieren. Eine entscheidende Rolle kommt dabei der Frage zu, in wie weit das Führen von Fachgesprächen als konstituierender Bestandteil eines schülerzentrierten Unterrichts erkannt wird und es gelingt, eine Art Fachgesprächs-Kultur sowohl in den Unterrichtsverlauf als auch in die Unterrichtsmaterialien einzubauen.

7. Ausblick/Desiderata

Nach Schelten (2006) „ist der Unterricht an beruflichen Schulen mit dem ihm eigenen pädagogischen Konzept von Fachgesprächen in einer Vorreiterrolle in der beruflichen Bildung". Obwohl Wissenschaft und Praxis hier erst am Anfang einer perspektivisch zu sehenden Entwicklung stehen, muss es Ziel sein, eine Fachgesprächskultur in einem konstruktivistisch angelegten Unterricht aufzubauen. Aus wissenschaftlicher Sicht zeichnen sich viele Fragen ab. Einige Aspekte sind z.B.: Wie und wann sind Fachgespräche besonders lernförderlich? Welche Auswirkungen haben Fachgespräche auf den Wissenserwerb und auf die Lernmotivation der Schüler? Wie wirken sich regelmäßige und individualisierte positive Rückmeldungen auf Lernende und auf die Wahrnehmung ihrer Lernerfolge aus? Wie wirken sich Fachgespräche auf Selbstkonzepte und Selbstwirksamkeitserwartungen der Lernenden aus und wie lassen sich diese positiv beeinflussen? Wie können Fachgespräche die Enkulturation von Lernenden in eine Expertengemeinschaft fördern? Welche Dispositionen einer Lehrkraft erfordern Fachgespräche und begünstigen diese? Für die Unterrichtspraxis sind Fortbildungskonzepte für Lehrkräfte zu entwickeln, die systematisch und theoretisch fundiert in Anforderungen einführen, die mit Fachgesprächen verbunden sind. Lehrkräfte müssen in die Lage versetzt werden, qualitativ hochwertige Gespräche führen zu können. Diagnostische Kompetenzen in Fachgesprächen sind zu schulen. Eine Sensibilisierung für die erforderliche Beratungsdichte ist vonnöten. Zu klären ist aus unterrichtspraktischer Sicht auch, wie sich zwangsläufig entstehende Engpässe bei gleichzeitigem Beratungsbedarf verschiedener Lerngruppen kompensieren lassen.

Literatur

Anderson, Lorin, W.; Krathwohl, David, R. (2001): A Taxonomy for Learning, Teaching and Assessing. A Revision of Bloom's Taxonomy of Educational Objectives. New York: Addison Wesley Longman

Bloom, Benjamin S. (1972): Taxonomie von Lernzielen im kognitiven Bereich. Weinheim, Basel: Beltz

Buchalik, Uwe; Riedl, Alfred (2007): Fachgespräche in komplexen, schülerzentrierten Lehr-Lern-Umgebungen. Lehrstuhl für Pädagogik, Technische Universität München (www.lrz.de/~riedlpublikationen)

Dubs, Rolf (1995): Lehrerverhalten. Zürich: Verlag des Schweizerischen Kaufmännischen Verbandes

Graesser, Artuhr, C.; Person, Natalie, Huber, John (1992): Mechanisms that Generate Questions. In: Lauer, T. E.; Peacock, E.; Graesser, A. C. (Eds.): Questions and Information Systems. Hillsdale: Erlbaum, pp. 167–187

Kawanaka, Takako; Stiegler, James, W. (1999): Teachers' Use of Questions in Eighth-Grade Mathematics Classrooms in Germany, Japan and the United States. In: Mathematical Thinking an Leaning, 1(4), S. 255–278

Klinzing-Eurich, Gisela; Klinzing Hans Gerhard (1981): Lehrfertigkeiten und ihr Training. Weil der Stadt: Lexika-Verlag

Mandl, Heinz; Friedrich, Helmut Felix; Hron, Aemilian (1988): Theoretische Ansätze zum Wissenserwerb. In: Mandl, Heinz; Spada, Hans: Wissenspsychologie. Weinheim: Psychologie-Verlags-Union

Mehan, Hugh (1979): Learning Lessons. Cambrigde (Massachusetts): Harvard University Press

Niegemann, Helmut: Lernen und Fragen: Bilanz und Perspektiven der Forschung (2004). In: Unterrichtswissenschaft 32(4), S. 345–356

Niegemann, Helmut; Stadler, Silke: Hat noch jemand eine Frage? Systematische Unterrichtsbeobachtung zu Häufigkeit und kognitivem Niveau von Fragen im Unterricht (2001). In: Unterrichtswissenschaft 29(2) S. 171–192

Renkl, Alexander, Helmke, Andreas (1992): Discriminant Effects of Performance-Oriented and Structure-Oriented mathematics Tasks on Achievement Growth. In: Contemporary Educational Psychology 17, S. 47–55

Riedl, Alfred (1998): Verlaufsuntersuchung eines handlungsorientierten Elektropneumatikunterrichts und Analyse einer Handlungsaufgabe. Frankfurt am Main: Lang

Riedl, Alfred (2004): Didaktik der beruflichen Bildung. Stuttgart: Steiner

Riedl, Alfred (2005): Lehr-Lern-Konzeptionen für berufliche Grundbildung und Fachbildung – Selbstlernmaterialien und Lehrerunterstützung in konstruktivistischem Unterricht. Eine Projektskizze. In: Gonon, Philipp; Klauser, Fritz; Nickolaus, Reinhold, Huisinga, Richard: Kompetenz, Kognition und neue Konzepte in der beruflichen Bildung. Wiesbaden: VS-Verlag, S. 253–265

Riedl, Alfred (2006): Perspektiven prozessorientierter Unterrichtsforschung in der technischen beruflichen Bildung. In: Zeitschrift für Berufs- und Wirtschaftspädagogik 102(3) S. 405–425

Riedl, Alfred; Schelten, Andreas (2006): Prozessorientierte Unterrichtsforschung in der technischen beruflichen Bildung. In: Minnameier, Gerhard; Wuttke, Eveline (Hrsg.): Berufs- und wirtschaftspädagogische Grundlagenforschung. Lehr-Lern-Prozesse und Kompetenzdiagnostik – Festschrift für Klaus Beck. Frankfurt am Main: Lang, S. 195–208

Schelten, Andreas (1997): Aspekte des Bildungsauftrages der Berufsschule: Ein Beitrag zu einer modernen Theorie der Berufsschule. In: Pädagogische Rundschau 51(5), S. 601–615

Schelten, Andreas (2006): Fachgespräche. In: Die berufsbildende Schule 58(5), S. 107–108

Seifried, Jürgen; Sembill, Detlef (2005): Schülerfragen – ein brachliegendes didaktisches Feld. In: Zeitschrift für Berufs- und Wirtschaftspädagogik 101(2) S. 229–245

Strohschneider, Stefan (1990): Wissenserwerb und Handlungsregulation. Wiesbaden: Deutscher Universitäts-Verlag

Tenberg, Ralf (2004): Lehrer-Schüler-Interaktion in handlungsorientiertem Unterricht. Eine Explorationsstudie. In: lernen & lehren 19(1) S. 37–42

Wegerif, Rupert; Mercer, Neil; Dawes, Lyn (1999): From social interaction to individual reasoning: an empirical investigation of a possible socio-cultural model of cognitive development. In: Learning and Instruction 9, S. 493–516

Wuttke, Eveline (2005): Unterrichtskommunikation und Wissenserwerb. Zum Einfluss von Kommunikation auf den Prozess der Wissensgenerierung, Frankfurt am Main: Lang

Online-Seminare in der Lehrpersonenbildung – Erfolgsfaktor tutorielle Betreuung

Marc Egloffstein

1. Ausgangslage

Nach ernüchternden Erfahrungen in der Vergangenheit setzt sich in der Diskussion um internetbasierte Lehr-Lern-Arrangements mehr und mehr die Überzeugung durch, dass es vor allem die didaktische Gestaltung ist, die über Erfolg und Misserfolg dieser Angebote entscheidet. Aspekte der subjektiven Qualität (Ehlers 2004) rücken ins Zentrum der Aufmerksamkeit, und mit ihnen gleichsam die Einsicht, dass es nicht unbedingt das primäre Ziel aller Anstrengungen im E-Learning sein sollte, sämtliche Aspekte von Lernprozessen zu „virtualisieren". Im Zuge dieser Entwicklung findet auch der lange unterschätzte Bereich der personalen (Online)-Betreuung im E-Learning verstärkte Beachtung (vgl. z.B. Ehlers 2004). Auch in der Diskussion um die mangelnde Nachhaltigkeit von E-Learning zeigt sich, dass den Lehrenden eine zentrale Funktion zukommt (Hasanbegovic/Kerres 2006). In Konsequenz wird die Betreuung von Online-Lernenden bereits als eigene Profession mit entsprechenden Kompetenzanforderungen beschrieben (Rautenstrauch 2001; Breuer 2006). Zu einer zentralen Stellschraube der Lernqualität kann tutorielle Betreuung aber nur im Kontext einer didaktischen Gesamtkonzeption werden. Mit einigem Erfolg wird ein solches didaktisches Konzept in einem onlinebasierten Hochschulseminar aus der Lehrpersonenbildung implementiert. In diesem Beitrag werden dieses Seminar, das zugehörige tutorielle Betreuungskonzept sowie ausgewählte Evaluationsergebnisse vorgestellt.

2. Grundlagen der Online-Betreuung

So vielfältig die didaktischen Szenarien im E-Learning sind, so wenig systematisiert sind bis dato die damit verbundenen Betreuungskonzepte. Auch die Literatur zum Thema „Betreuung Lernender beim Online-Lernen" stellt sich vergleichsweise uneinheitlich dar (Breuer 2006: 91ff.). Praxishandbücher dominieren über wissenschaftlich orientierte Publikationen, was zur Folge hat, dass die Mehrzahl der aktuellen Ansätze eher präskriptiven Charakter besitzt (z.B. Salmon 2003). In einer Synopse der einschlägigen Literatur lassen sich vier Bereiche identifizieren, denen konkrete Tutorentätigkeiten zugeordnet werden können (Tab. 1):

Tab. 1: Tutorielle Tätigkeitsbereiche

Tätigkeits-bereiche	Berge 1995	Friedrich/Hesse/ Ferber/Heins 1999	Nübel/Ojstersek/ Kerres 2005	Mandl/Schnurer 2005
Inhalt	Pedagogical role	Expertenfunktion Vermittlungsfunktion	fachliche Betreuung	inhaltlicher Support
Organisation	Managerial role	Organisationsfunktion	administrative/ organisatorische Betreuung	
Technik	Technical role		technische Betreuung	technischer Support
Lernklima	Social role	Motivationsfunktion	persönliche/ soziale (Gruppen)-betreuung	Sozialer Support

In Anlehnung an die klassische führungspsychologische Differenzierung (Mitarbeiter- vs. Aufgabenorientierung) unterscheiden Kerres/Nübel/Grabe (2004) zwischen persönlicher und fachlicher Betreuung als Grunddimensionen des Tutorings. In einer 2x2-Matrix identifizieren sie dabei die Tutoring-Strategien „Basis-Support", „Fachtutor", „Gruppentutor" und „Idealer Tutor". Weitere Gestaltungsdimensionen sind Tab. 2 zu entnehmen.

Tab. 2: Gestaltungsdimensionen der Online-Betreuung

Dimensionen	Ausprägungen (als Extrema)	
Sozialform	Einzeltutor	Tutorenteams
Organisationsmodell	hierarchisch	nicht-hierarchisch
Didaktischer Fokus	Lernende	Lernende und Tutoren
Rollenzuordnung	institutionalisiert	kontextspezifisch
Formalisierungsgrad	nicht formalisiert	formalisiert
Einfluss auf Lernprodukte	„non-invasiv"	„invasiv"
Reichweite	Einzelbetreuung	Gruppenbetreuung
Verhalten	responsiv	aktiv

Wie Betreuungskonzepte letztendlich realisiert werden, hängt von den zugrunde liegenden didaktischen Überlegungen sowie von organisatorischen und technischen Rahmenbedingungen ab.

3. Tutorielle Betreuung im Online-Seminar

3.1 Allgemeine Seminarkonzeption

Das Online-Seminar „Planung und Vorbereitung Selbstorganisationsoffenen Unterrichts am Beispiel Rechnungswesen" wird vom Lehrstuhl für Wirtschaftspädagogik an der Otto-Friedrich-Universität Bamberg als Fachdidaktik-Hauptseminar durchgeführt und seit 2004 in der Fächergruppe „Lehramt" der Virtuellen Hochschule Bayern (vhb) angeboten. Bis einschließlich Wintersemester 2006/07 haben 209 Studierende das Angebot erfolgreich durchlaufen. Darüber hinaus wird das Seminar als Parallelangebot an den Universitäten Frankfurt und Mainz durchgeführt.

Gegenstand des Seminars ist die Gestaltung kaufmännischen Unterrichts nach dem Rahmenkonzept des *Selbstorganisierten Lernens (SoLe)*. SoLe ist ein theoretisch fundierter Ansatz zur Gestaltung komplexer Lehr-Lern-Arrangements, dessen Überlegenheit gegenüber traditionellen, lehrerzentrierten Unterrichtsformen hinsichtlich der Zielgrößen Problemlösefähigkeit und Lernmotivation empirisch belegt ist (Sembill 2004). Da das Online-Seminar selbst nach SoLe-Prinzipien durchgeführt wird, stellt SoLe gleichzeitig das angestrebte Ziel, den zu vermittelnden Inhalt sowie die angewendete Methode dar. Das Online-Seminar ist in vier Inhaltsabschnitte (*komplexe Problemstellungen,* kurz: *PS*) gegliedert, die durch eine vorgelagerte Einführungsphase ergänzt werden:

- PS-1 Unterricht neu gestalten:
  Kritische Reflexion eigener Unterrichtserfahrungen
- PS-2 Innovationsfeld kaufmännischer Unterricht:
  Erstellung einer Halbjahresplanung für Unterricht in Kosten- und Leistungsrechnung gemäß SoLe-Prinzipien
- PS-3 Unterricht vorbereiten:
  Feinplanung, Erstellung von Unterrichtsmaterialien
- PS-4 Leistung beurteilen:
  theoretisch begründetes Self-Assessment

Charakteristisch für die Seminarkonzeption ist – konstruktivistischen Prinzipien folgend – die Erstellung eigener Inhalte durch die Lernenden. Diese erfolgt teils in Einzel-, teils in kollaborativer Kleingruppenarbeit. Ergänzt wird der so erzeugte „*User Generated Content*" durch Feedback von Seiten der Tutoren und der Mitlernenden. In Sinne einer *Blended-Learning* Konzeption (Reinmann 2005) werden die so gestalteten „virtuellen" Arbeitsphasen durch zwei inhaltlich in den Seminarablauf eingebundene Präsenzveranstaltungen ergänzt. Das differenzierte portfoliobasierte Beurteilungskonzept trägt dem offenen Charakter des Lehr-Lern-Arrangements Rechnung, eine gesonderte

Prüfung oder Seminararbeit gibt es nicht. Technisch wird das Online-Seminar mit dem von Wolf & Städtler entwickelten Learning Content Management System EverLearn[1] realisiert, welches eine Reihe von Funktionen zur Unterstützung kollaborativer Lernformen aufweist.

3.2 Betreuungskonzept

Um das offene Seminarkonzept und insbesondere das dabei notwendige umfangreiche Feedback zu realisieren, ist eine intensive Betreuung der Seminarteilnehmer (TN) notwendig. Neben didaktischen Argumenten sprechen auch organisatorische Gründe dafür, diese Betreuungsleistung durch drei bis fünf „online-affine" Studierende zu realisieren. Die Tutoren haben das Seminar selbst bereits erfolgreich absolviert und sind somit mit den Leistungsanforderungen vertraut. Eine Qualifizierung erfolgt durch eine auf die Seminarinhalte angepasste interne Schulung sowie durch „Training-on-the-job". Für eine allgemeine Tutorenschulung wird das Kursangebot der vhb (Mandl/Schnurer 2005) genutzt. Darüber hinaus steht ein ausführlicher Tutorenleitfaden zur Verfügung, der die verschiedenen Betreuungsaufgaben en Detail beschreibt (Egloffstein/Wagner/Vießmann 2006). Das Betreuungskonzept zeichnet sich durch folgende Merkmale aus: Die Betreuung erfolgt in der *Sozialform* Teamarbeit. Das dabei angewendete *Organisationsmodell* ist hierarchisch, da die Tutoren gegenüber den TN eine herausgehobene Stellung innehaben. Der *didaktische Fokus* ist auf die TN gerichtet, das Seminar stellt nicht vordergründig auf einen Kompetenzzuwachs der Tutoren ab. Die *Rollenzuordnung* erfolgt weitgehend kontextspezifisch. Zwar gibt es feste „Gruppentutoren", dennoch stehen alle Tutoren in gleicher Weise für die TN zur Verfügung. Der *Formalisierungsgrad* der tutoriellen Interventionen ist vergleichsweise gering: es sind keine festen Prozeduren zu befolgen, eine Orientierung am „Tutorenleitfaden" ist jedoch möglich. Der *Einfluss auf die Lernprodukte* der TN ist als „invasiv" zu kennzeichnen. Die Tutoren geben gezielte Hinweise zur Verbesserung der Ausarbeitungen. Im Sinne eines konstruktiven Fehlerverständnisses soll das Tutorenfeedback aber stets als Anregung und nicht als Kritik aufgenommen werden. Daher geht das Feedback zu keinem Zeitpunkt in die Leistungsbeurteilung ein. *Reichweite* der Betreuung sowie *Verhalten der Tutoren* verändern sich im Seminarablauf, wie Abb. 1 verdeutlicht. Die Intensität der tutoriellen Betreuung – symbolisiert durch die Größe der Felder – ist dabei in PS-1 und PS-2 am höchsten. Der Wechsel der Sozialform auf Teilnehmerseite sowie der graduelle Rückzug der Tutoren („Fading") sind weitere Elemente des didaktischen Konzepts.

---

1   http://www.everlearn.info

Abb. 1: Tutorielle Betreuung im Seminarablauf

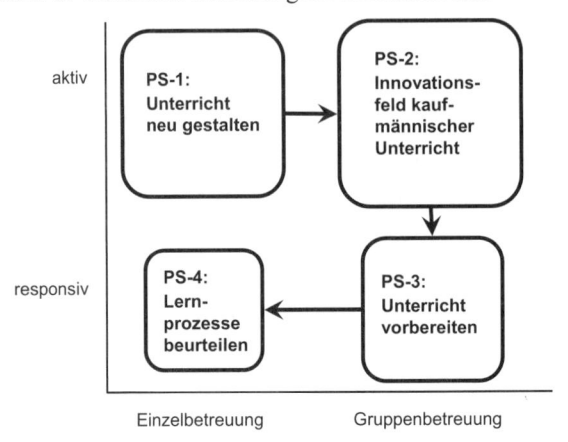

```
aktiv      ┌──────────────┐      ┌──────────────┐
           │ PS-1:        │      │ PS-2:        │
           │ Unterricht   │─────▶│ Innovations- │
           │ neu gestalten│      │ feld kauf-   │
           │              │      │ männischer   │
           │              │      │ Unterricht   │
           └──────────────┘      └──────────────┘
                                         │
                                         ▼
responsiv  ┌──────────────┐      ┌──────────────┐
           │ PS-4:        │      │ PS-3:        │
           │ Lern-        │◀─────│ Unterricht   │
           │ prozesse     │      │ vorbereiten  │
           │ beurteilen   │      │              │
           └──────────────┘      └──────────────┘

            Einzelbetreuung        Gruppenbetreuung
```

4. Evaluation der tutoriellen Betreuung

4.1 Hintergrund, Fragestellung und Methode

Das Online-Seminar ist Gegenstand einer fortlaufenden Evaluation (vgl. z.B. Wolf/Seifried/Städtler 2005; Wolf/Rausch 2006; Wolf/Prasser 2006), die sowohl auf die kontinuierliche Optimierung des Seminardesigns als auch auf die Gewinnung von Forschungsergebnissen abzielt. Im Wintersemester 2005/06 wurde das Betreuungskonzept einer zusätzlichen explorativen Analyse unterzogen. Die dabei untersuchte Stichprobe besteht aus 33 teilnehmenden Personen (20 weibliche, 13 männliche) sowie 4 Tutoren (drei weibliche, ein männlicher). Drei Fragenkomplexe waren dabei von Interesse:

- Wie stellt sich der Tutorenaufwand dar?
- Wie wird die tutorielle Betreuung wahrgenommen?
- Wie wird die tutorielle Betreuung bewertet?

Zur Untersuchung dieser Fragen wurden folgende Instrumente herangezogen:

- Arbeitstagebuch für Tutoren
  Erfassung von Arbeitszeit, Tätigkeiten und benutzten Medien
- Evaluationsbogen für Tutoren und TN
  Wahrnehmungs- und Bewertungsaspekte differenziert nach PS und Tätigkeitsbereichen; zusätzliche Bewertung der Bedeutsamkeit der Tätigkeitsbereiche
- Motivationsbogen nach Prenzel (1994) für TN
  Erfassung von Motivationsarten, Bedingungsfaktoren und begleitenden Emotionen

In einem ersten Analyseschritt wurden die verschiedenen tutoriellen Tätigkeiten aus den Selbstberichtsdaten gemäß der vier tutoriellen Tätigkeitsbereiche (vgl. Abb. 2) kategorisiert. Die vier Tätigkeitsbereiche bilden auch die Grundlage für die über die PS differenzierte Erfassung der Einschätzungen im Evaluationsbogen.

4.2 Ergebnisse und Diskussion

Verteilung des Tutorenaufwands

Der gesamte Zeitaufwand der vier Tutoren beträgt in dem untersuchten Seminardurchgang rd. 154 Stunden. Dieser Aufwand beinhaltet sowohl direkte Betreuungstätigkeiten als auch „Tätigkeiten im Hintergrund". Abb. 2 zeigt die Verteilung des Aufwandes über die Einführungsphase (Intro) und die vier PS hinweg über die vier erfassten Tätigkeitsbereiche differenziert und in der Gesamtschau. Vor allem in der Einführungsphase sowie in PS-2 und PS-3 fällt ein hoher Tutorenaufwand an. Inhaltliche Tätigkeiten nehmen – mit Ausnahme der Einführungsphase – die meiste Zeit in Anspruch. Auffällig ist zudem der geringe Anteil an Tätigkeiten zur expliziten Förderung des Lernklimas.

Abb. 2: Tutorenaufwand in den Seminarphasen

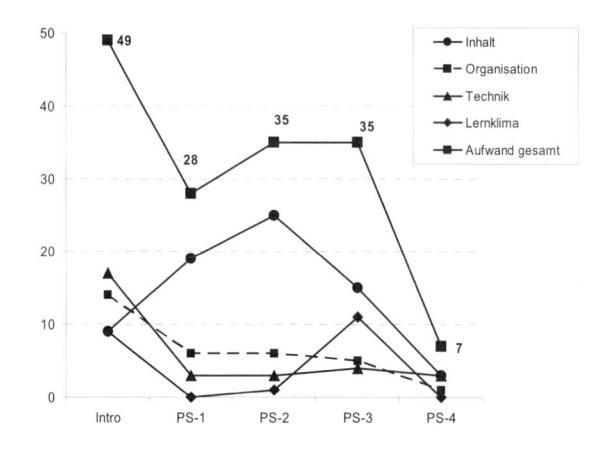

Wahrnehmung der tutoriellen Betreuung

Die Wahrnehmung der Tutorentätigkeiten[2] stellt sich für das gesamte Seminar insofern als homogen dar, als dass die Rangreihen bzgl. der Tätigkeitsbereiche für beide untersuchten Gruppen gleich sind. TN wie Tutoren stimmen der Aussage, dass die Tutoren zur Förderung des Lernklimas beigetragen haben, am weitesten zu, gefolgt von den Bereichen Inhalt, Organisation und Technik. Aus diesem Ergebnis kann geschlossen werden, dass das Konzept stimmig ist und nicht zu vollkommen unterschiedlichen Wahrnehmungen bei TN und Tutoren führt.

Bei einer über die PS differenzierten Betrachtung treten allerdings deutliche Unterschiede zu Tage. So besteht in der wahrgenommenen organisatorischen Unterstützung in PS-1 ein deutlicher Unterschied zwischen den beiden Gruppenmittelwerten (μ_{TN} = 2.06; μ_{TUT} = 3.25). Eine mögliche Erklärung liegt darin, dass die TN die organisatorischen Hintergrundtätigkeiten der Tutoren nicht im vollen Maße wahrnehmen können. Der Unterschied könnte aber auch auf gewisse „organisatorische Unstimmigkeiten" zu Seminarbeginn hindeuten, denen in Zukunft natürlich entgegen gewirkt werden sollte. Ähnliche Unterschiede zeigen sich bezüglich der wahrgenommenen inhaltlichen Unterstützung in PS-1 (μ_{TN} = 2.91; μ_{TUT} = 3.75) und PS-2 (μ_{TN} = 2.59; μ_{TUT} = 3.50). Es ist zu klären, ob diese Wahrnehmungsunterschiede einer später nachlassenden initialen Unsicherheit geschuldet sind, oder ob diesbezüglich weiterer Handlungsbedarf besteht.

Bewertung der tutoriellen Betreuung

Die TN bewerten die tutorielle Betreuung im Online-Seminar im Mittel mit der Note 2.8, was dem Wert „befriedigend" auf der Schulnotenskala entspricht, während die Tutoren ihre eigene Arbeit im Mittel mit 2.0 („gut") beurteilen. Diese Werte deuten darauf hin, dass nach wie vor gewisse Optimierungsbedarfe hinsichtlich der tutoriellen Betreuung bestehen. Ein detaillierteres Bild ermöglicht eine über die PS differenzierte Beurteilung der tutoriellen Betreuung (Abb. 3). Mit zunehmendem Seminarfortschritt wird die Betreuung von Seiten der TN immer weniger als ausreichend eingeschätzt. Allerdings fällt der Wert weitaus weniger stark ab, als dies angesichts der Rücknahme der tutoriellen Betreuung zu vermuten wäre. Dies könnte ein Indiz dafür sein, dass das Fading-Konzept seine Wirkung entfaltet und so der Betreuungsbedarf zum Seminarende hin abnimmt.

---

2   Bsp.: „Mein Tutor hat mich in Sachen Technik unterstützt" bzw. „Ich habe die Lernenden in Sachen Technik unterstützt", Rating-Skala von 1 (trifft nicht zu) bis 4 (trifft zu).

Abb. 3: Beurteilung der tutoriellen Betreuung im Seminarablauf

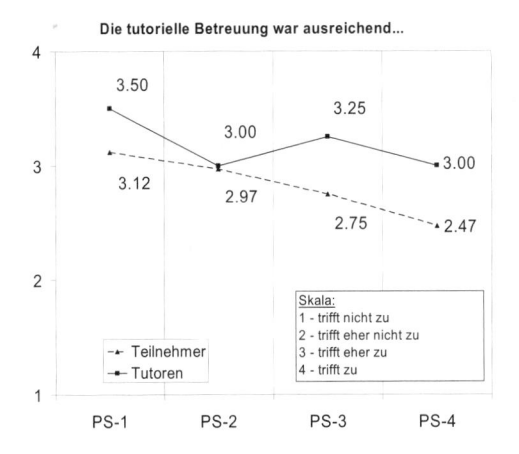

Die tutorielle Betreuung war ausreichend...

```
         PS-1    PS-2    PS-3    PS-4
Teilnehmer: 3.50   3.00   3.25   3.00
Tutoren:    3.12   2.97   2.75   2.47
```

Skala:
1 - trifft nicht zu
2 - trifft eher nicht zu
3 - trifft eher zu
4 - trifft zu

Bei der abschließenden Beurteilung der Bedeutsamkeit der tutoriellen Tätigkeitsbereiche deckt sich wiederum die Einschätzung von Tutoren und TN, was die Rangreihe angeht. Tätigkeiten zur Förderung des Lernklimas werden als am wichtigsten beurteilt, gefolgt von den Bereichen Organisation und Technik. Inhaltliche Hilfestellungen werden als am wenigsten wichtig eingeschätzt. Dieses Ergebnis steht allerdings in einem deutlichen Widerspruch zur tatsächlichen Verteilung des Tutorenaufwands. Hier zeigt sich ein weiterer Ansatzpunkt für die Weiterentwicklung des Tutorenkonzepts.

Wirkung der tutoriellen Betreuung

Tab. 3: Wirkung der tutoriellen Betreuung

		Soziale Einbindung	Kompetenzunterstützung	Autonomieunterstützung	Negative Empfindungen	Positive Empfindungen
Gesamturteil	r	.46**	.46**	.59**	-.50**	.45**

Produkt-Moment-Korrelationsmaße nach Pearson; einseitige Messung
** hoch signifikant auf dem 1%-Niveau

Um erste Hinweise auf die Wirkung der tutoriellen Betreuung zu gewinnen, werden die Zusammenhänge zwischen dem Gesamturteil über die tutorielle Betreuung (Schulnote) und den aus der allgemeinen Seminarevaluation entnommen Bedingungsfaktoren und begleitenden Emotionen der selbstbestimmten Lernmotivation (Prenzel 1994) explorativ untersucht (Tab. 3). Die

Analyse ergibt durchweg hochsignifikante Zusammenhänge, was auf einen substantiellen Einfluss der tutoriellen Betreuung auf Motivationslage und emotionale Befindlichkeit der TN schließen lässt. Eine weitere statistische Aufklärung dieser Zusammenhänge würde aber zunächst eine Abgrenzung zu anderen potenziellen Einflussfaktoren (Mitlernende, Seminarleitung, etc.) erfordern.

5. Fazit und Ausblick

Die vorliegenden Ergebnisse lassen darauf schließen, dass das Konzept der tutoriellen Betreuung insgesamt stimmig ist und von den Lernenden angenommen wird. Gleichzeitig deutet die differenzierte Evaluation auf die in einigen Punkten vorhandenen Optimierungspotenziale hin. Für die weitere Entwicklung des Betreuungskonzepts ist es notwendig, über qualitative Herangehensweisen (z.B. Interviews mit TN und Tutoren) zu konkreten Verbesserungsvorschlägen zu gelangen.

Generell bleibt festzustellen, dass sich durch den Einsatz studentischer Tutoren die Betreuungssituation wesentlich verbessert: es wird eine Betreuungsrelation von ungefähr 1:8 erzielt, pro TN können im Mittel 4,7 Tutorenstunden aufgewendet werden. Weitaus wichtiger jedoch: durch den Tutoreneinsatz wird die Betreuung skalierbar, d.h. besser an wechselnde Teilnehmerzahlen anpassbar. Vor diesem Hintergrund erscheinen tutorielle Betreuungskonzepte für die weitere Entwicklung der Hochschullehre geeignet, angesichts kommender Herausforderungen möglicherweise sogar notwendig. Modelle des nicht-hierarchischen Peer-Tutorings erscheinen in diesem Zusammenhang besonders Erfolg versprechend.

Was die forschungsmäßige Untersuchung der Betreuung Lernender in internetbasierten Lehr-Lern-Arrangements angeht, existiert eine Reihe offener Fragen, z.B. bzgl. der Wirkung tutorieller Interventionen und deren Zusammenhang mit personalen und situationalen Einflussfaktoren. Hier kann nach wie vor von einem offenen Forschungsfeld gesprochen werden.

Literatur

Berge, Zane L. (1995): Facilitating Computer Conferencing: Recommendations From the Field. In: Educational Technology (35/1), S. 22-30.

Breuer, Jens (2006): E-Tutoring – Lernende beim E-Learning betreuen. Wirtschaftspädagogische Präzisierung, berufsspezifische Aufgabenfelder, notwendige Kompetenzen und wirtschaftsdidaktische curriculare Gestaltung. Hamburg.

Egloffstein, Marc/Wagner, Melanie/Vießmann, Sabine (2006): Tutorenleitfaden für das vhb-Seminar „Selbstorganisationsoffener Unterricht am Beispiel Rechnungswesen". Ms. (unveröff.).

Ehlers, Ulf-Daniel (2004): Qualität im E-Learning aus Lernersicht. Grundlagen, Empirie und Modellkonzeption subjektiver Qualität. Wiesbaden.

Friedrich, Helmut/Hesse, Friedrich W./Ferber, Sabine/Heins, Jochen (1999): Partizipation im virtuellen Seminar in Abhängigkeit von der Moderationsmethode. In: Fechter, C./Bremer, M. (Hrsg.): Die virtuelle Konferenz. Essen. S. 119-140.

Hasanbegovic, Jasmina/Kerres, Michael (2006): Entwicklung von Maßnahmenportfolios zur Vermittlung von E-Lehrkompetenz. In: Seiler-Schiedt, E./Kälin, S./ Sengstag, C. (Hrsg.): E-Learning – Alltagstaugliche Innovation?. Münster. S.348-357.

Kerres, Michael/Nübel, Ilke/Grabe, Wanda (2005): Gestaltung der Online-Betreuung für E-Learning. In: Euler, D./Seufert, S. (Hrsg.): E-Learning in Hochschulen und Bildungszentren. München. S. 335-349.

Mandl, Heinz/Schnurer, Katharina (2005): E-Tutoren VHB. Textkopie der Inhalte der Lernplattform. Ms. (unveröff.).

Nübel, Ilke/Ojstersek, Nadine/Kerres, Michael (2005): E-Tutoring. Zur Organisation von Betreuung beim E-Learning. In: Arnold, R./Lermen, M. (Hrsg.): Didaktik des eLearning. Baltmannsweiler.

Prenzel, Manfred (1994): Fragebogen zu „Motivationalen Bedingungen" und zu „Motivationalen Prozessen beim Lernen". Regensburg.

Rautenstrauch, Christina (2001): Tele-Tutoren. Qualifizierungsmerkmale einer neu entstehenden Profession. Bielefeld.

Reinmann, Gabi (2005): Blended Learning in der Lehrerbildung. Grundlagen für die Konzeption innovativer Lernumgebungen. Lengerich.

Salmon, Gilly (2003): E-Moderating: The Key to Teaching and Learning Online. 2nd ed. London.

Sembill, Detlef (2004): Prozessanalysen Selbstorganisierten Lernens. Abschlussbericht an die Deutsche Forschungsgemeinschaft. Bamberg.

Wolf, Karsten D./Prasser, Christof (2006): Motivation und Problemlösefähigkeit in Online-Seminaren. Vorbedingung oder Resultat von Kommunikation und Kollaboration? In: Zeitschrift für e-learning 01/2006, S. 21-31.

Wolf, Karsten D./Rausch, Andreas (2006): Virtuelle Lehr-Lern-Veranstaltungen im Studium der Wirtschaftspädagogik – Lernmotivation und Problemlösefähigkeit als Erfolgskriterien für virtuelle Seminare. In: Seifried, J./Abel, J. (Hrsg.): Empirische Lehrerbildungsforschung – Stand und Perspektiven. Münster. S. 85-108.

Wolf, Karsten D./Seifried, Jürgen/Städtler, Helge (2005): Virtuelles Seminar zur Fachdidaktik des Rechnungswesenunterrichts: Implementation und erste Erfahrungen. In: Sembill, D./Seifried, J. (Hrsg.): Rechnungswesenunterricht am Scheideweg . Wiesbaden. S. 143-162.

Das Berufsgrundbildungsjahr in Hessen zwischen Berufsgrundbildung und Berufsvorbereitung

Christian Schmidt, Tobias Beringer

Das Berufsgrundbildungsjahr war mit das wichtigste Reformprojekt für die berufliche Bildung zur Zeit der großen Bildungsdiskussion in den 70er Jahren (vgl. Greinert 1984, S. 9). Seit seiner Einführung ist es von Kontroversen bezüglich seiner Qualität und Sinnhaftigkeit innerhalb des Berufsbildungssystems begleitet. Gleichzeitig gibt es wenige Untersuchungen und quantitative Daten zu den diskutierten strukturellen Schwächen. Vor diesem Hintergrund werden im Folgenden Ergebnisse eines Evaluationsprojekts zum Berufsgrundbildungsjahr in Hessen vorgestellt und im Kontext neuerer bildungspolitischer Entwicklungen in Hessen und neuerer Veröffentlichungen zur Struktur des Berufsbildungssystems interpretiert.

1. Ausgangslage und Evaluationsprojekt

Die Diskussion um die berufliche Grundbildung wurde zu Beginn der 70er Jahre u.a. durch die Bildungskommission des Deutschen Bildungsrates angestoßen, um einen Beitrag zur Reform der beruflichen Bildung zu leisten (vgl. Deutscher Bildungsrat 1970: 182 f.). Um den zentralen Reformideen Chancengleichheit, höhere Durchlässigkeit des Bildungssystems, höhere berufliche Mobilität und stärkere berufliche Integration allgemeiner und beruflicher Bildung Rechnung zu tragen, sollte das erste Jahr der dualen Ausbildung durchgehend durch eine berufsfeldbreite (schulische) berufliche Grundbildung ersetzt werden (Greinert 1995: 143).

Von Beginn an wurde das Berufsgrundbildungsjahr (im folgenden BGJ) als ein „produktionsunabhängig durchgeführtes Bildungsjahr" (Weissker u. a., 1979: 15) von Arbeitgeberseite abgelehnt. Vorbehalte gab es in erster Linie in Bezug auf die Gleichwertigkeit einer beruflichen Grundbildung mit dem ersten Ausbildungsjahr. Vor allem der Mangel an Berufspraxis im BGJ wurde und wird als Hinderungsgrund für die Anrechenbarkeit des BGJ als erstes Ausbildungsjahr hervorgehoben. Für die Betriebe stellt die betriebliche Ausbildung gegenüber der schulischen Variante grundsätzlich die bessere Ausbildungsform dar, da sie besser an die betrieblichen Anforderungen angepasst werden kann und die als notwendig erachtete betriebliche Sozialisation ermöglicht. Daher entzündete sich die Kontroverse um das BGJ vor allem an der bundesweiten Anrechnungsverordnung, welche die Betriebe zwingt, BGJ-Abgängern, die in ein Ausbildungsverhältnis übernommen werden, das BGJ als erstes Ausbildungsjahr anzuerkennen. Schon früh reagierten die Betriebe mit einer Nichtberücksichtigung der BGJ-Abgänger bei der Besetzung von Ausbildungsplätzen und forderten die Aufhebung der Anrechnungspflicht (vgl. Dehnbostel/Berghahn 1984: 579).

In der Folge wurde das BGJ nie durchgängig als verpflichtendes erstes Grundbildungsjahr eingeführt und die Anrechnungsverordnung oft seitens der Arbeitgeberseite unterlaufen. Verschärft wurden diese strukturellen Probleme durch die sich kontinuierlich verschlechternde Lage am Ausbildungsstellenmarkt. Das BGJ wurde zunehmend zum kostenintensiven Auffangbecken bzw. zur Warteschleife für Jugendliche ohne Ausbildungsplatz.

Mit dem Auslaufen der bundesweiten Anrechungsverordnung entstand im Jahr 2006 konkreter politischer Handlungsbedarf zum Thema BGJ, der in Hessen zu der Verabschiedung einer neuen Verordnung zu diesem Bildungsgang führte. Ziel der Verordnung über das Berufsgrundbildungsjahr ist es, eine qualitative Verbesserung im BGJ zu erreichen, die sich in einer höheren Anrechnungsquote niederschlagen soll. Die Qualitätsverbesserung soll durch folgende Maßnahmen erreicht werden:

a) Die Einführung des Hauptschulabschlusses als verbindliche Zugangsvoraussetzung
b) Die Erhöhung des Umfangs der betrieblichen Praktika (Praktika müssen jetzt angeboten werden, vorher waren sie möglich)
c) Die Einführung einer Projektprüfung am Ende des Jahres
d) Die Einführung von Mathematik als Fach

Der Anrechnungszwang bleibt in der neuen Konzeption bestehen, die bundesweite Anrechnungsverordnung wird durch eine entsprechende hessische Verordnung abgelöst. Vor diesem Hintergrund findet in Hessen eine Evaluation des BGJ mit dem Ziel statt, die Ausgangssituation im BGJ zu analysieren, Faktoren, die den Übergang in die duale Ausbildung erschweren oder erleichtern zu ermitteln und bildungspolitische Empfehlungen zu erarbeiten. Durchgeführt wird die Evaluation von einer Forschergruppe des Instituts für Allgemeine Pädagogik und Berufspädagogik der TU Darmstadt und dem Institut für Qualitätsentwicklung Hessen.

Methodisch stützt sich die Evaluation sowohl auf standardisierte Erhebungen auf der Basis von Online-Fragebögen als auch auf halbstandardisierte Experteninterviews. Befragt wurden über die standardisierten Online-Fragebögen sowohl die Schüler als auch die Lehrer im BGJ in Hessen am Ende des Schuljahres 2005/2006. Die Fragebögen umfassten 13 (Lehrerfragebogen) bzw. 15 Fragen (Schülerfragebogen) und waren in einem Zeitraum von zwei

Schulstunden zu beantworten. Im Vorfeld wurde ein Pretest mit einer Schülergruppe und Klassenlehrer durchgeführt. Die Antwortbögen sind anonymisiert, bei der Schülerbefragung wurde das Einverständnis der Eltern eingeholt. Die Befragung stellt eine Vollerhebung des BGJ in Hessen dar, daher wurden im Vorfeld alle Schulen mit BGJ-Klassen kontaktiert und zur Teilnahme aufgefordert. Der Rücklauf beträgt bei der Lehrerbefragung 68 % (149 von 218 KlassenlehrerInnen), bei der Schülerbefragung 48 % (1960 von 4050 SchülerInnen). Die Experteninterviews mit Vertretern der Kammern, der Schulleitungen, der Betriebe und mit Schulamtsvertretern wurden regional über Hessen verteilt durchgeführt. Dabei wurde darauf geachtet, dass die verschiedenen Regionen und Berufsfelder angemessen repräsentiert sind. Im Folgenden werden erste Ergebnisse aus dem Evaluationsprojekt präsentiert und diese auf Thesen zur qualitativen Situation des BGJ sowie der strukturellen Situation des BGJ im Übergangssystem bezogen.

2. Das BGJ als BVJ für Schulabgänger mit Hauptschulabschluss

Erste Ergebnisse der Evaluation verweisen auf die angesprochenen strukturellen Probleme des BGJ:
a) Ein Vergleich der Eingangsnoten der BGJ-Schüler aus der Schülerbefragung und der Eingangsnoten von Jugendlichen mit neu abgeschlossenem Ausbildungsvertrag (Statistisches Bundesamt 2007: Tab 3-5) zeigt eine unterschiedliche Vorbildungsstruktur. In das BGJ gehen zu 80% Schüler mit einem Hauptschulabschluss über. Die Jugendlichen mit neu abgeschlossenem Ausbildungsvertrag verfügen dagegen zu ca. 50% über höherwertigere allgemein bildende Abschlüsse.
b) Die BGJ-SchülerInnen bringen laut Schülerbefragung durchschnittlich aus den Abgangszeugnissen der allgemeinbildenden Schule (in der Regel der Hauptschule) schwache Leistungsbeurteilungen in Mathematik (ca. 40% mit der Note vier oder schlechter) und Deutsch (ca. 30% mit der Note vier oder schlechter) mit.
c) Die LehrerInnen im BGJ sprechen sich bei der Lehrerbefragung zu 76% für eine sozialpädagogische Betreuung im BGJ aus. Eine solche Betreuung besteht nach Angaben der LehrerInnen derzeit in 23% der BGJ-Klassen in Hessen.
d) Nach Einschätzung der LehrerInnen gehen aus ihren Klassen im Durchschnitt unter 10% der SchülerInnen (in ganzen Zahlen: 1 SchülerIn) in eine verkürzte Ausbildung über.

e) Befragte Schuleiter und Vertreter der Kammern sowie der Schulämter legen in den Experteninterviews übereinstimmend dar, dass das BGJ weder quantitativ noch qualitativ dem ersten Ausbildungsjahr entspreche und die Anrechnungsverordnung hinderlich für den Übergang in die duale Ausbildung sei. Bemerkenswert an diesen Aussagen ist, dass die unterschiedlichen Interessengruppen bei vielen unterschiedlichen Einschätzungen zu bestimmten Aspekten des BGJ sich in diesen Punkten zum überwiegenden Teil einig waren.

Die hier skizzierten Ergebnisse der Evaluation legen nahe, dass das BGJ in der Praxis einen Funktionswandel erfahren hat. Die Diskrepanz zwischen der Vorbildungsstruktur der BGJ-Schüler und der Auszubildenden im ersten Ausbildungsjahr, die Forderung nach sozialpädagogischer Betreuung und die Einschätzung aus den Expertengesprächen zu Qualität des BGJ und Anrechnungsverordnung lassen darauf schließen, dass das BGJ, wie es an den Schulen praktiziert wird, der Berufsvorbereitung zuzuordnen ist und nicht der Berufsgrundbildung. Zugespitzt kann man das Berufsgrundbildungsjahr entgegen der ursprünglichen Konzeption als Berufsvorbereitungsjahr für SchülerInnen mit Hauptschulabschluss bezeichnen.

Diese Faktoren zusammen betrachtet zeigen, wie weit sich das BGJ von seiner ursprünglichen Zielsetzung entfernt hat. Diese bereits in den 80er Jahren diskutierten Strukturprobleme bestätigen sich in den Daten der Evaluation in zugespitzter Form vor dem Hintergrund der politischen Zielsetzung in Hessen und der Entwicklung im Berufsbildungssystem insgesamt.

Konsequenterweise wird das BGJ in neueren Veröffentlichungen zum Berufsbildungssystem auch nicht als Teil einer dualen Ausbildung definiert. So ordnen Euler und Severing das BGJ der Ausbildungsvorbereitung zu (vgl. Euler/Severing 2006: 69). Das Konsortium Bildungsberichterstattung verortet das BGJ im Übergangssystem, also als eines der Bildungsangebote, die unterhalb einer qualifizierten Berufsausbildung liegen bzw. zu keinem anerkannten Ausbildungsabschluss führen, sondern auf eine Verbesserung der individuellen Kompetenzen von Jugendlichen zur Aufnahme einer Ausbildung oder Beschäftigung zielen und zum Teil das Nachholen eines allgemein bildenden Schulabschlusses ermöglichen (vgl. Konsortium Bildungsberichterstattung 2006: 79). Es wird allerdings angemerkt, dass diese Zuordnung nur dort gelte, wo das BGJ nicht anerkannt wird (ebd.: 81).

3. Ziele der neuen Verordnung in Hessen: Profilierung als Berufliche Grundbildung

Die politische Zielsetzung der neuen Verordnung in Hessen wird durch die Konsequenzen des beschriebenen Funktionswandels verständlich. Als Form der Berufsvorbereitung steht das BGJ in Konkurrenz zu den anderen Formen der Berufsvorbereitung wie das BVJ oder die Maßnahmen der Agentur für Arbeit Während letztere zum Zweck der Förderung und psychosozialen Stabilisierung Benachteiligter und ihrer Integration in den Arbeitsmarkt existieren, ist für das BGJ nicht ausgemacht, dass die Tatsache, keine berufliche Grundbildung mehr vermitteln zu können, es automatisch zu einer qualitativ guten Form der Berufsvorbereitung macht.

Die neue Verordnung versucht daher, durch Maßnahmen, die den Interessen der Betriebe entgegenkommen, die Anrechnungsquote zu erhöhen und die Schulform als berufliche Grundbildung zu profilieren. Deshalb wird das Praktikum auf 160 Stunden aufgestockt, während der allgemein bildende und Fachunterricht um ebenfalls 160 Stunden reduziert wird. Aus demselben Grund wird auch die Möglichkeit ausgeschlossen, einen besseren allgemein bildenden Abschluss zu erwerben, und ein Anschluss an weiterführende vollschulische Bildungsgänge an der Berufsschule (die zweijährige Berufsfachschule) verhindert.

Wenn aber das BGJ eher ein BVJ für Jugendliche mit Hauptschulabschluss darstellt und die Anrechnungsverordnung weiterhin von den Betrieben abgelehnt wird, ist eine Erhöhung der Übergangsquote unwahrscheinlich. Ebenfalls unwahrscheinlich ist, dass die Maßnahmen der neuen Verordnung die Qualität im BGJ dermaßen steigern, dass es qualitativ dem ersten Ausbildungsjahr entspricht. Die Einführung des Hauptschulabschlusses als verbindliche Zugangsvoraussetzung wird die Situation im BGJ nicht grundlegend ändern, da bereits 80% der BGJ-Schüler in Hessen den Hauptschulabschluss besitzen. Ob das ausgebaute Praktikum einen Effekt auf den Übergang hat, wird in der Evaluation zu prüfen sein, wie die Auswirkungen der anderen Maßnahmen (Mathematik als Fach, Projektprüfung) auch.

Bleibt der Übergang aber so niedrig wie bisher, dann spitzt die neue Verordnung durch die Unmöglichkeit der Verbesserung des Schulabschlusses sowie des Übergangs in eine weiterführende Schulform den Sackgassencharakter des BGJ in einer Weise zu, die der Schulform kaum Zukunftschancen einräumt.

4. Konsequenzen: Das BGJ im Übergangssystem

Diese Ausrichtung des BGJ liegt konträr zu der Stoßrichtung der Veröffentlichungen von Euler/Severing (2006) und Baethge/Solga/Wiek (2007). Die in den genannten Veröffentlichungen propagierten Modelle haben ein durchlässiges Ausbildungssystem zum Ziel, um flexible Wege in den Beruf zu ermöglichen.

So sehen Baethge, Solga und Wiek die Schwächen des berufsbezogenen deutschen Modells in der geringen systemischen Durchlässigkeit und geringen individuellen Bildungsmobilität (2007: 79). Vor dem Hintergrund eines rückläufigen Ausbildungsplatzangebots und -volumens weitet sich das Übergangssystem aus. Aktuell fangen die unter diesem Begriff subsumierten Schulformen und Maßnahmen, also auch das BGJ, 40% der Neuzugänge in die berufliche Bildung auf. Dabei mündeten im Jahr 2004 84% der Jugendlichen ohne Hauptschulabschluss, 51,6% der Jugendlichen mit Hauptschulabschluss und 26,7% der Jugendlichen mit mittlerer Reife in das Übergangssystem ein (vgl. Konsortium Bildungsberichterstattung 2006: 83). Diese Schulformen vermittelten im besten Fall das Nachholen eines Haupt- oder Realschulabschlusses und/oder den Erwerb nicht genauer qualifizierbarer Kompetenzen zur Berufsvorbereitung, welche in der Regel auf die Ausbildungszeit nicht angerechnet würden (vgl. Baethge/Solga/Wiek 2007: 71).

Auch Euler und Severing sehen das duale System als begrenzt flexibel und monolithisch an. Die duale Ausbildung böte für anderweitig vorqualifizierte keine definierten Einstiegspunkte und keine systematischen Übergangspunkte zu Hochschulausbildung und Weiterbildung (Euler/Severing 2006: 26). Der geringe Grad der Integration der dualen Ausbildung mit vor- und nachgelagerten Bildungsgängen bedeute für das Übergangssystem, dass hier mögliche Beiträge zur Ausbildungsvorbereitung der AusbildungsteilnehmerInnen nicht mit einem am Arbeitsmarkt anerkannten Abschluss zertifiziert würden. Die Anrechnung im Übergangssystem erworbener Qualifikationen sei nicht systematisch geregelt, daher könne es zu Wiederholungen in einer späteren Ausbildung kommen. Wenn der Übergang in Ausbildung nicht gelänge, seien die Lernergebnisse weder am Arbeitsmarkt, noch im späteren Lebenslauf verwertbar. All das wirke auf die Jugendlichen im Übergangssystem demotivierend (vgl. ebd.: 29 f.)

Horizontale und vertikale Mobilität

Auf der Grundlage dieser Kritik werden in den zitierten Studien Strukturveränderungen im dualen System propagiert, welche die genannten Schwächen mildern sollen. Dazu soll die horizontale sowie vertikale Mobilität innerhalb des bestehenden Systems vergrößert werden (Baethge/Solga/Wieg 2007: 81). Die Mobilität zwischen unterschiedlichen Ausbildungsstufen und damit auch vom Übergangssystem in das voll qualifizierende Berufsbildungssystem, aber auch von der Berufsbildung in die Tertiäre Bildung und Weiterbildung, soll erhöht werden. Diese Zielsetzung hin zu größerer Bildungsmobilität wird mit einer veränderten Wissensbasis in nachindustriellen Erwerbsgesellschaften begründet. Der Strukturwandel von der industriellen Produktion zur Dienstleistungs- und Wissensökonomie führe zur stärkeren Gewichtung expliziten Wissens, welches in erster Linie in den allgemein bildenden Schulen und Universitäten vermittelt würde (vgl. Baethge 2004: 7; Baethge/Solga/Wiek 2007: 74). Veränderte Personalrekrutierungsstrategien führten dazu, dass Absolventinnen und Absolventen von Universitäten und Fachhochschulen für anspruchsvolle Tätigkeitsbereiche eingestellt würden, die vorher AbsolventInnen einer dualen Ausbildung offen gestanden hätten (Euler/Severing 2006: 24). Neben der vertikalen Mobilität soll durch Modularisierung die horizontale Mobilität gestärkt werden. Teile einer Ausbildung sollen beim Übergang in eine andere Form der Ausbildung anerkannt und zertifiziert werden, z.B. sollen Studienleistungen bei Abbruch eines Hochschulstudiums in eine duale Ausbildung übertragbar sein. Darüber hinaus sollen so auch Warteschleifen zwischen Übergangssystem und dualer Ausbildung abgebaut werden (vgl. ebd.: 15 f.).

Modularisierung

Euler und Severing vermeiden aufgrund der Diskussion um die Auswirkungen europäischer Integrationspolitik und die Auswirkungen auf das duale System (vgl. Münk 2001: 156 ff.; Gonon 2001: 185 ff.) den umstrittenen Begriff „Modul" und sprechen stattdessen von Ausbildungsbausteinen, die „übergreifend und standardisiert in allen Segmenten des Berufsbildungssystems gelten sollen" (Euler/Severing 2006: 12). Die verbesserte Integration vor- und nachgelagerter sowie paralleler vollzeitschulischer Bildungsangebote soll durch eine nach Möglichkeit weitgehend einheitliche Gestaltung von Lerninhalten und Zertifizierungen geschehen. Dadurch sollen Probleme des Übergangs, mangelnde Anerkennung und/oder Anrechnung absolvierter Bildungsmaßnahmen, inkompatible Lerninhalte oder Verdoppelungen sowie institutionelle Barrieren systematisch vermieden werden.

Letztlich streben die Autoren eine „eingebettete Modularisierung" an, welche die Stärken der Berufsbezogenheit des deutschen Modells nicht aufgeben soll, seine Schwächen hinsichtlich systemischer Durchlässigkeit und individueller Bildungsmobilität aber verringern will (vgl. Baethge/Solga/

Wiek 2007: 79). Ein Ausbildungsbaustein soll daher eine „abgegrenzte und bundesweit standardisierte Einheit innerhalb der curricularen Gesamtstruktur eines Ausbildungsberufs" (Euler Severing 2006: 42) sein. Vor dem Hintergrund dieser Reformvorschläge erscheint die neue Verordnung zum BGJ in Hessen kontraproduktiv. Hier steht nicht die Verbesserung horizontaler und vertikaler Mobilität im Vordergrund, sondern die Erhöhung der Attraktivität beruflicher Grundbildung für die Betriebe bei gleichzeitiger Beibehaltung des Anrechnungszwangs. Die bisherige Möglichkeit vertikaler Mobilität neben dem Übergang in eine duale Ausbildung, nämlich der Übergang in eine andere Schulform der Berufsschule, ist nach der neuen Verordnung nicht mehr möglich. Das BGJ selbst beinhaltet nach neuer Verordnung weniger allgemein bildende Anteile und umfasst nicht die Möglichkeit, einen höheren allgemeinbildenden Abschluss zu erreichen.

Unter dem Gesichtspunkt horizontaler Mobilität ist das BGJ als berufsfeldbreite Grundstufe einer Ausbildung konzipiert und soll als erstes Ausbildungsjahr anerkannt werden. De facto hat es sich aber in Hessen fast durchgängig zu einer Form der Berufsvorbereitung gewandelt, die nicht von Seiten der Betriebe anerkannt wird. Letztendlich zeigen die Erfahrung mit der Anrechnungsverordnung im BGJ und die Ergebnisse der Expertengespräche im Evaluationsprojekt jedoch, dass Betriebe vollschulisch vermittelte fachpraktische sowie fachtheoretische Ausbildungsinhalte häufig nicht anrechnen.

Betriebsvertreter sagen, man habe nicht grundsätzlich etwas gegen das BGJ, allerdings könne man das Jahr nicht als erstes Jahr der Ausbildung anrechnen, da die Praxis des auftragsbezogenen Arbeitens im Betrieb nicht in der Schule vermittelt werden könne. Das gleiche Argument kann auch in Bezug auf Ausbildungsbausteine/Module geltend gemacht werden.

Sowohl in Bezug auf das BGJ als auch in Bezug auf modularisierte Ausbildungsformen bleibt somit vor dem Hintergrund eines angespannten Ausbildungsstellenmarktes die Frage bestehen, unter welchen Voraussetzungen Betriebe vollschulisch vermittelte Ausbildungsinhalte anerkennen und die Ausbildung entsprechend verkürzen. Die Probleme des BGJ vor diesem Hintergrund sind bekannt, ob Module/Ausbildungsbausteine eher Anerkennung finden, bleibt dagegen eine offene Frage.

Literatur

Baethge, Martin (2006): Ordnung der Arbeit – Ordnung des Wissens: Wandel und Widersprüche im betrieblichen Umgang mit Humanressourcen. In: SOFI-Mitteilungen, Nr. 32, S. 7-22.

Baethge, Martin/Solga, Heike/Wiek, Markus (2007): Berufsbildung im Umbruch, Signale eines überfälligen Aufbruchs. Berlin: Friedrich-Ebert-Stiftung.
Dehnbostel, Peter/Berghahn, Sabine (1984): Berufliche Grundbildung – konzeptionelle Fragen und rechtliche Hindernisse. In: Zeitschrift für Berufs- und Wirtschaftspädagogik 80, 7, S. 579-591.
Deutscher Bildungsrat (1970): Empfehlungen der Bildungskommission: Strukturplan für das Bildungswesen. Stuttgart: Klett.
Euler, Dieter/Severing, Eckart (2006): Flexible Ausbildungswege in der Berufsbildung. Nürnberg, St. Gallen: Typoskript.
Greinert, Wolf-Dietrich (1984): Das Berufsgrundbildungsjahr. Frankfurt/New York: Campus Verlag.
Greinert, Wolf-Dietrich (1995): Das „deutsche System" der Berufsausbildung. Baden-Baden: Nomos Verlagsgesellschaft.
Gonon, Philipp (2001): Modularisierung als länderübergreifende und (berufsbildungs) systemunabhängige Modernisierungsstrategie. In: Reinisch, H./Bader, R./Straka, G. (Hrsg.): Modernisierung der Berufsbildung in Europa. Opladen: Leske und Budrich, S. 183-193.
Konsortium Bildungsberichterstattung (2006): Bildung in Deutschland. Bielefeld: Bertelsmann.
Münk, Dieter (2001): Tendenzen und Entwicklungsperspektiven der beruflichen Aus- und Weiterbildung im Kontext der europäischen Integrationspolitik. In: Reinisch, H./Bader, R./Straka, G. (Hrsg.): Modernisierung der Berufsbildung in Europa. Opladen: Leske und Budrich, S. 155-165.
Statistisches Bundesamt (2007): Fachserie 11 Reihe 3/ Bildung und Kultur/ Berufliche Bildung, Wiesbaden
Weissker, Dietrich/Altenstein, Helmuth/Koch, Johannes (1979): Erprobung schulischer Berufsgrundbildung in Abstimmung mit der betrieblichen Fachbildung. Hannover: Schrödel.
Verordnung über das Berufsgrundbildungsjahr in vollzeitschulischer Form vom 18. Mai 2006. In: Amtsblatt des Hessischen Kultusministerium 2006, S. 398 – 411. Wiesbaden.

Jenseits der Normalbiographie. Berliner Absolventen einer außerbetrieblichen Ausbildung zwischen Arbeitslosigkeit und Verbleib im Bildungssystem

Stephan Schumann

1. Einleitung

Die sich im Westdeutschland der 1960er und 1970er Jahre im Zuge einer umfassenden Wohlfahrtsentwicklung verfestigenden und zunehmend institutionalisierenden Vorstellungen über eine nicht-akademische „Normalbiographie" waren u.a. geprägt von der Idee eines friktionslosen Übergehens von der allgemein bildenden Schule in eine in der Regel betriebliche Ausbildung und im Weiteren – und dies steht im Beitrag im Fokus – in ein ausbildungsadäquates Beschäftigungsverhältnis (Osterland 1990: 351). Schon Ende der 1970er Jahre ließ sich jedoch beobachten, dass für einen zunehmenden Teil der Gesellschaftsmitglieder diese biographisch-standardisierte Abfolge nicht mehr lebbar war (Hurrelmann 2003: 118). Bedeutsam für sich offenbarende Instabilitäten im Bildungs- und Berufsverlauf waren insbesondere aufkommende Ungleichgewichte auf dem Arbeits- und auch auf dem Ausbildungsstellenmarkt (Corsten/Hillmert 2001: 23f.). Eine Reaktion auf diese Entwicklung ist die Einrichtung außerbetrieblicher Ausbildungsgänge, die mit dem 1980 formulierten Benachteiligtenprogramm ins Leben gerufen wurden[1]. Ursprünglich wurde diese Ausbildungsform als temporäre Defizitregulierungsvariante konzipiert. Insbesondere in Regionen mit einem stark debalancierten betrieblichen Ausbildungsstellenmarkt sind außerbetriebliche Ausbildungsgänge jedoch inzwischen ein unverzichtbarer Bestandteil des Berufsbildungssystems (Avenarius et al. 2003: 62; van Buer/Zlatkin-Troitschanskaia 2005: 187ff.). So wurden in 2005 bundesweit rund 150.000 Jugendliche außerbetrieblich ausgebildet, davon mit ca. 100.000 Auszubildenden allein zwei Drittel in den neuen Bundesländern. Während diese Ausbildungsform in den alten Bundesländern zuletzt nur 4% der dualen Ausbildung repräsentiert,

---

1 In den Bildungsgängen erfolgen die fachpraktischen Unterweisungen zumeist in Praxiseinrichtungen öffentlicher und privater Träger. Betriebliche Erfahrungen können zumeist nur im Rahmen von Praktika gemacht werden.

beträgt ihr Anteil in den neuen Bundesländern einschließlich Berlins 30% (BIBB 2006).

Über die Wirksamkeit außerbetrieblicher Ausbildungsgänge im Hinblick auf den biographischen Outcome liegen derzeit keine flächendeckenden repräsentativen Studien vor. Verschiedene Studien mit in der Regel selektierten Stichproben verweisen jedoch auf häufig ungünstig verlaufende Übergangsprozesse und geben Hinweise darauf, dass zumindest in den strukturschwachen Regionen im Osten Deutschlands mit der Schaffung und Ausweitung derartiger Kapazitätspuffer die Übergangsprobleme in vielen Fällen von der ersten an die zweite Schwelle verlagert werden (Schumann 2005).

Mit der Darstellung und Diskussion der Ergebnisse zweier Berliner Verlaufsstudien soll trotz aller Begrenztheit durch die regionale Spezifik der Befunde ein wenig mehr Licht in das empirisch ungenügend ausgeleuchtete Forschungsfeld geworfen werden. Ausgehend von einem Überblick über die Befundlage zum Übergang von Berufsabsolventen werden die Verläufe zweier Abgangskohorten eines Bildungsgangs im ersten halben Jahr nach dem Berufsabschluss analysiert. Dabei interessiert im Zusammenhang mit der Identifizierung präjudizierender Faktoren auch, ob sich Abgangskohorteneffekte zeigen.

2. Befundlage zum Übergang nach dem Berufsabschluss

Schon längere Zeit wird argumentiert, dass der erfolgreiche Abschluss einer Ausbildung nur noch als notwendige und weniger als hinreichende Bedingung für eine stabile Eingliederung in das Erwerbssystem angesehen werden kann (vgl. u.a. Kutscha 1991: 127; Corsten 2001: 265). Zur Überprüfung dieser Annahme lässt sich im Überblick für Deutschland folgendes Bild nachzeichnen: Der Anteil an Berufsabsolventen, denen ein Übergehen von der beruflichen Ausbildung in die Erwerbstätigkeit gelingt, ist dominant (ca. 70-80%; Falk et al. 2000: 15). Verschiedene Studien berichten über eine tendenziell rückläufige Einmündungsquote in jüngeren Kohorten (Hillmert 2001: 7; Büchel/Weißhuhn 1995: 31f; Steinmann 2000: 255). Dorau et al. (2006: 8) berichten mit ihrer Analyse des Regionalfile der IAB-Beschäftigtenstichprobe für Absolventen des Jahres 1998 jedoch über eine drei Jahre später zu beobachtende Beschäftigungsquote von 80%.

Gerade im Vergleich zu vollzeitschulisch geprägten Berufsbildungssystemen zeichnet sich das Duale System in Deutschland also immer noch durch eine hohe Integrationskraft aus. Geprägt durch teils enorme regionale Disparitäten mehren sich in jüngerer Zeit die Anzeichen einer zunehmenden

Erosion der Übergangsprozesse an der 2. Schwelle. So steigt entgegen dem europäischen Trend die Jugendarbeitslosigkeit der 18- bis 24-Jährigen in Deutschland (Baethge et al 2007: 61). Damit korrespondiert die sich allein im Zeitraum von 2001 bis 2004 von ca. 23% auf rund 40% fast verdoppelnde Quote an Arbeitslosenzugängen nach erfolgreich beendeter Ausbildung (ebd: 60). Darüber hinaus zeigt sich eine substanzielle Verkürzung der Verweildauer in der ersten aufgenommenen Tätigkeit. Viele der im Anschluss an die Ausbildung aufgenommenen Tätigkeiten haben damit den Charakter von „Überbrückungsjobs" (Konietzka 1999: 187ff.). Ein weiterer Indikator für zunehmende Ausdifferenzierungsprozesse ist die steigende Aufnahme einer Zweitausbildung (Hillmert/Jacob 2004).

Empirische Befunde zu Übergangsprozessen der hier fokussierten Absolventen außerbetrieblicher Ausbildungen sind selten (Steinmann 2000: 112; Zlatkin-Troitschanskaia 2005: 255). Dabei sind die Übergangsbedingungen für diese Absolventen im Vergleich zu betrieblich Ausgebildeten deutlich ungünstiger. So fehlt besonders die Übernahmemöglichkeit durch den Ausbildungsbetrieb[2]. Darüber hinaus werden außerbetriebliche Ausbildungsgänge – wie schon bemerkt – gehäuft in Regionen angeboten, in denen das Beschäftigungssystem eine geringe Aufnahmefähigkeit hat (BMBF 2005). Die Übergangsraten in Arbeitslosigkeit sind dementsprechend hoch; in eine Erwerbstätigkeit dagegen vergleichsweise niedrig. Untersuchungen zeigen, dass nach dem Berufsabschluss nur 30 bis 40% der Absolventen einer außerbetrieblichen Ausbildung eine Eingliederung in das Beschäftigungssystem gelingt. Zugleich sind auch nach einem Jahr noch rund 40% der Absolventen arbeitslos (Granato/Ulrich 2004; Dietrich 2003).

3. Informationen zu zwei eigenen Untersuchungen

In zwei Untersuchungen wurden Berliner Berufsabsolventen der Jahre 2003 und 2005 befragt. Die telefonischen Erhebungen erfolgten im März des jeweiligen Folgejahres. Die Übergangsprozesse wurden dabei monatsweise rekonstruiert[3]. Der Beobachtungszeitraum umfasst somit in beiden Studien ein halbes Jahr. Die Angaben zu den Merkmalen der beiden Untersuchungspopulationen können Tab. 1 entnommen werden.

---

2   Übernahmen durch an außerbetrieblichen Ausbildungsgängen beteiligte Praktikumsbetriebe spielen eine untergeordnete Rolle (Granato/Ulrich 2004).
3   Methodische Aspekte retrospektiver Erhebungen werden u.a. bei Schumann (2006: 156ff.) diskutiert.

Tab. 1: Merkmale der Untersuchungspopulationen

	Abgangskohorte 2003	Abgangskohorte 2005
Geschlecht	29% weiblich 71% männlich	34% weiblich 66% männlich
Migrationshintergrund	34%	19%
Alter beim Abschluss	62% jünger als 20 Jahre 38% 20 Jahre und älter	46% jünger als 20 Jahre 54% 20 Jahre und älter
Schulabschluss zu Beginn des 1. AJ	7% Hauptschulabschluss 33% Erweiterter Hauptschulabschluss 61% Realschulabschluss	24% Hauptschulabschluss 38% Erweiterter Hauptschulabschluss 37% Realschulabschluss
Vorheriger Besuch von MDQM I (BVJ)	13%	16%
Stichprobenumfang	N = 78	N = 106

Beide Untersuchungsgruppen sind Berufsabsolventen des Bildungsgangs „Modulare-Duale-QualifizierungsMaßnahme Stufe II (MDQM II)". Der 1998 als Modellversuch eingeführte Bildungsgang stellt eine Variante der Berufsausbildung in Berlin dar. 2006 wurde MDQM II ins Berliner Regelsystem überführt (zur detaillierten Beschreibung des Bildungsgangs vgl. van Buer et al. 2001)[4].

4. Ergebnisse

Mit Bezug auf das Schwellenkonzept (vgl. Mertens/Parmentier 1988) ist zunächst von Interesse, inwieweit es den Absolventen gelingt, nach dem erfolgreichen Berufsabschluss in eine Erwerbstätigkeit überzugehen. Die graphischen Darstellungen der Statusentwicklungen machen deutlich, dass ein

---

4 Formell ist der Bildungsgang der mehrjährigen Berufsfachschule zugeordnet, was ihn unter Landeshoheit stellt. Dabei weist er jedoch typische Merkmale einer außerbetrieblichen Ausbildung auf.

solcher, vormals normalbiographischer Transit in beiden Abgangskohorten trotz steigender Übergangsquote im Beobachtungsfenster nur einer Minderheit gelingt (vgl. Abb. 1). Dabei ist die Übertrittsquote der Abgänger des Jahres 2005 in eine Erwerbstätigkeit deutlich niedriger als diejenige der 2003er-Abgänger. Direkt nach dem Berufsabschluss gelingt nur 7% aus der 2005er-Kohorte ein solcher Übergang; ein halbes Jahr später ist rund ein Fünftel erwerbstätig[5]. Im gesamten Beobachtungszeitraum weisen nur 22% der Jugendlichen zumindest eine Sequenz der Erwerbstätigkeit auf. Von den Absolventen des Jahres 2003 gelingt dies 37% (nicht graphisch veranschaulicht). Damit wird deutlich, dass für beide Abgangskohorten die Einmündung in die berufsbiographische „Normalroute", d.h. der Übergang von der Ausbildung in eine Erwerbstätigkeit die Ausnahme darstellt.

Die „Normalität" für diese Jugendlichen sieht faktisch folgendermaßen aus: Fast 70% der Abgänger des Jahres 2005 münden im Anschluss an den Berufsabschluss zunächst in Arbeitslosigkeit ein. Auch nach 6 Monaten sind rund 45% der Absolventen arbeitslos. Für die Abgangskohorte des Jahres 2003 gestaltet sich die Situation gleichfalls ungünstig, wenn auch in der Dimension nicht ganz so stark ausgeprägt. Aber auch hier ist mehr als ein Drittel der Absolventen auch 6 Monate nach dem erfolgreichen Berufsabschluss arbeitslos.

In beiden Abgangskohorten befinden sich über den Beobachtungszeitraum hinweg zwischen 20 und 30% der Jugendlichen in beruflichen und/oder in weiterführenden Bildungsgängen. Aufgrund dieser hohen Übergangsrate liegt die Vermutung nahe, dass derartige Übergänge in einem bedeutsamen Ausmaß strukturell im Sinne einer Vermeidung von Arbeitslosigkeit oder inadäquater Beschäftigung bedingt sind. Aufgrund des hohen Anteils an angestrebten Höherqualifizierungen handelt es sich dabei jedoch wahrscheinlich zugleich um die Verwirklichung bildungsakkumulativer Strategien zur Verbesserung der Arbeitsmarktposition des Einzelnen. Der eigentliche Übergang an der zweiten Schwelle wird durch den Verbleib im Bildungssystem zeitlich „nach hinten" verschoben. Es fällt auf, dass von den Abgängern des Jahres 2003 anfänglich jeder Zehnte eine weitere berufliche und dabei zumeist betriebliche Ausbildung beginnt. In der 2005er-Kohorte ist der Verbleib innerhalb des Bildungssystems dagegen ausschließlich durch den Besuch der Fachoberschule gekennzeichnet.

Darüber hinaus deutet einiges darauf hin, dass sich für die männlichen

---

5 Die Analyse der Arten der ausgeführten Erwerbstätigkeiten macht deutlich, dass es sich in der Abgangskohorte 2005 bei rund einem Viertel um Tätigkeiten auf dem so genannten zweiten Arbeitsmarkt oder um Gelegenheitsarbeiten handelt. Nur 7 der insgesamt 106 befragten Jugendlichen (7%) gaben an, in einem – im weitesten Sinne – ihrem erlernten Ausbildungsberuf entsprechenden Tätigkeitsfeld zu arbeiten. In der 2003er-Kohorte weisen einen solchen Transit 17% aller Absolventen auf.

Jugendlichen neben dem Besuch eines weiterführenden Bildungsgangs die Ableistung des Zivil- oder Wehrdienstes zu einer Gelegenheitsstruktur entwickelt, um einer bestehenden oder drohenden Arbeitslosigkeit zu entgehen. Typologisiert man die Daten, so können insgesamt fünf Typen individueller Übergangsprozesse identifiziert werden (vgl. Tab. 2)[6]. Nochmals wird deutlich, dass sich für die beiden Abgangskohorten der Übergang nach dem Berufsabschluss als schwierig gestaltet. So sind fast 40% der Abgänger aus dem Jahr 2005 im gesamten Beobachtungszeitraum arbeitslos. Nur jedem Fünften gelingt ein friktionsloser oder verzögerter Einstieg in eine Erwerbstätigkeit. Jeder Vierte verbleibt im Bildungssystem; vermutlich um seine Wettbewerbsposition auf dem Arbeitsmarkt zukünftig zu verbessern und/oder einer drohenden oder schon manifesten Arbeitslosigkeit zu entgehen. Letzterer Aspekt scheint auch beim Übergang in den Zivil- oder Wehrdienst eine Rolle zu spielen.

Anhand der Ergebnisse logistischer Regressionsschätzungen zur Einmündung in die verschiedenen Übergangstypen kann beobachtet werden (vgl. Tab. 3): Hinsichtlich der Integration in eine Erwerbstätigkeit, die zu 31% durch die hinzugezogenen Faktoren erklärt werden kann, zeigen sich Effekte des Alters sowie der Geschlechts- und Abgangskohortenzugehörigkeit. Frauen und über 20-Jährige Absolventen gehen gehäuft in eine Erwerbstätigkeit über. Auch in den Modellschätzungen zum Übergang innerhalb des Bildungssystems sowie zur Einmündung in Arbeitslosigkeit zeigt sich der Kohorteneffekt. Damit wird deutlich, dass auch unter Kontrolle von insgesamt sechs weiteren Variablen dem Jahr, in dem der Abschluss erworben wurde, eine überzufällige Bedeutung beim Transitionsgeschehen zukommt. Offensichtlich haben sich die ohnehin schon schwierigen Rahmenbedingungen an der zweiten Schwelle zwischen 2003 und 2005 nochmals substanziell verschlechtert und stellen die dominierende Determinante dar. Dagegen kann für personelle Erklärungsfaktoren wie einem vorhandenen Migrationshintergrund

---

6 Typus 1 „Einstieg in eine Erwerbstätigkeit": Ist durch eine Integration in das Beschäftigungssystem charakterisiert. Bedeutsam für die Einstufung ist, dass die Erwerbstätigkeit auch am Ende des Beobachtungszeitraums anhält; Typus 2 „Verbleib im Bildungssystem": Ist durch ein Übergehen innerhalb des Bildungssystems gekennzeichnet. Bedeutsam für die Einstufung ist, dass der Besuch des Bildungsgangs auch am Ende des Beobachtungszeitraums anhält; Typus 3 „Arbeitslosigkeit": Ist durch den ausschließlichen Verbleib in Arbeitslosigkeit gekennzeichnet. Typus 4 „Regelloser Verlauf": Es werden mindestens zwei Episoden durchlaufen. Kontakte zum Beschäftigungssystem liegen selten und wenn, dann zumeist in Form von Gelegenheitstätigkeiten oder Praktika vor. Häufig finden sich dagegen Phasen von Arbeitslosigkeit sowie der Besuch von Bildungsgängen, die abgebrochen werden. Typus 5 „Zivil- oder Wehrdienst": Ist durch den Kontakt zu dieser Kategorie gekennzeichnet. Der Übergang erfolgt direkt nach dem Berufsabschluss oder mit dazwischen gelagerten anderen Episoden.

sowie dem vor Ausbildungsbeginn verfügbaren Schulabschluss keine Wirkung nachgewiesen werden.

Abb. 1: Statusentwicklung in den ersten sechs Monaten nach dem Berufsabschluss – Vergleich der Abgangskohorten 2003 (oben) und 2005 (unten)

[Abgangskohorte 2003 (N=78): Flächendiagramm mit Kategorien Zivil- o. Wehrdienst, Fachoberschule, Ausbildung, Erwerbstätigkeit, Arbeitslosigkeit über 6 Monate]

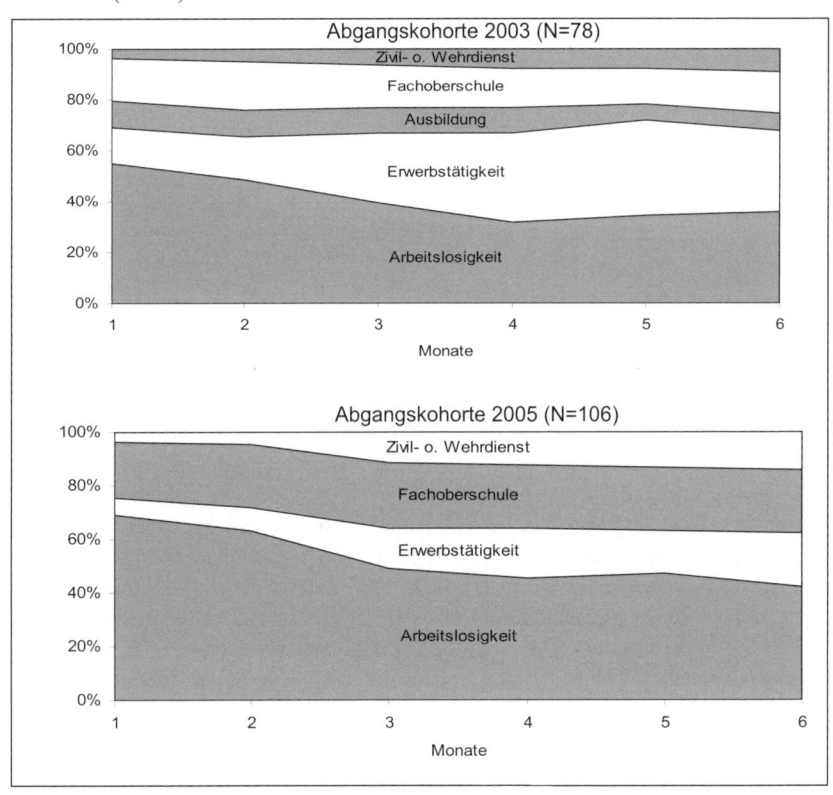

[Abgangskohorte 2005 (N=106): Flächendiagramm mit Kategorien Zivil- o. Wehrdienst, Fachoberschule, Erwerbstätigkeit, Arbeitslosigkeit über 6 Monate]

Tab. 2: Verteilung der Übergangstypen in den Abgangskohorten 2003 und 2005

	Abgangskohorte 2003	Abgangskohorte 2005
	%	
Einstieg in eine Erwerbstätigkeit	32	18
Verbleib im Bildungssystem	23	24
Arbeitslosigkeit	22	39
Regelloser Verlauf	14	6
Zivil- oder Wehrdienst	9	14
	N = 78	N =106

Tab. 3: Multivariate Modelle zur Einmündung in Übergangstypen (vs. Nichteinmündung, logistische Regressionen)

	Einstieg in eine Erwerbstätigkeit		Verbleib im Bildungssystem		Arbeitslosigkeit	
	Exp(B)		Exp(B)		Exp(B)	
Alter Jünger als 20 Jahre Älter als 20 Jahre (Ref.)	0.18 1	**	n.s.		n.s.	
Abgangskohorte 2003 2005 (Ref.)	6.78 1	**	0.29 1	*	0.40 1	**
Geschlecht Männlich Weiblich (Ref.)	0.20 1	**	n.s.		0.35 1	*
Konstante	0.04	*	0.28		5.48	*
Modellzusammenfassung Chi² -2LL Nagelkerkes Pseudo-R² N	29.78 103.15 0.31 144	***	12.07 143.12 0.12 144	**	18.16 164.43 0.16 144	**

In allen 3 Modellschätzungen simultan geschätzt, aber nicht signifikant: Migrationshintergrund, Schulabschluss zu Beginn der Ausbildung, Berufsbereich (gewerblich-technisch vs. wirtschaftlich-verwaltend); vorhergehende Teilnahme an MDQM I, Weitere Erläuterungen: Signifikanzniveaus: $^* \leq$ 0.05; $^{**} \leq$ 0.01; $^{***} \leq$ 0.001; Ref. = Referenzkategorie; Methode: Einschluss

Eine abschließende Bemerkung: Aufgrund des geringen Stichprobenumfangs sind die vorgelegten Ergebnisse durch eine ungenügende externe Validität gekennzeichnet. Um die Befunde validieren zu können, sind Studien mit einem deutlich längeren Beobachtungszeitraum und einer größeren überregional gezogenen Stichprobe notwendig. Hier kommt wohl u.a. einer Analyse des am IAB beheimateten und erst seit 2005 öffentlich zugänglichen IEBS-Datensatzes zukünftig eine große Bedeutung zu (Dorau et al. 2006: 2). Zutreffenderweise ist diese Datenbank auf der Zürcher Tagung der Berufs- und Wirtschaftspädagogen von Sandra Bohlinger als „noch zu hebender Goldschatz" bezeichnet worden.

Literatur

Avenarius, H./Ditton, H./Döbert, H./Klemm, K./Klieme, E./Rürup, M./Tenorth, H.-E./Weißhaupt, H./Weiß, M. (2003): Bildungsbericht für Deutschland. Opladen: Leske+Budrich.

Baethge, M./Solga, H./Wieck, M. (2007): Berufsbildung im Umbruch. Signale eines überfälligen Aufbruchs. Berlin: Friedrich-Ebert-Stiftung.

BIBB (2006): Entwicklung der außerbetrieblichen Ausbildung sowie Gesamtentwicklung in den Ausbildungsbereichen. Bonn: Bundesinstitut für Berufsbildung. URL: http://www.bibb.de/27259.htm

Büchel, F./Weißhuhn, G. (1995): Bildungswege und Berufseintritt im Wandel. Mittelfristige Entwicklung und sozioökonomische Bestimmungsfaktoren der Bildungsnachfrage und der Übergangsmuster zwischen beruflichen Ausbildungsformen in Deutschland. Bielefeld.

van Buer, J./Badel, S./Domke, A./Schumann, S. (2001): Modulare-Duale-QualifizierungsMaßnahme. Bericht zu einem Modellversuch für benachteiligte Jugendliche in der beruflichen Bildung. Berlin: Humboldt-Universität zu Berlin.

Buer, van J./Zlatkin-Troitschanskaia, O. (2005): Vollzeitschulische berufliche Ausbildung – Neuer bildungspolitischer Konsens oder sozialpolitische Kaschierungsmaßnahme? In: Buer, van J./Zlatkin-Troitschanskaia, O. (Hrsg.): Adaptivität und Stabilität der Berufsausbildung. Theoretische und empirische Untersuchungen zur Berliner Berufsbildungslandschaft. Frankfurt a. M.: Lang, S. 187-207.

BMBF (2005): Berufsbildungsbericht 2005. Bonn/Berlin: Bundesministerium für Bildung und Forschung.

Corsten, M. (2001): Beruf, Inklusion und die Transformation der Arbeitsgesellschaft. In: Kurtz, T. (Hrsg.): Aspekte des Berufs in der Moderne. Opladen: Leske+Budrich, S. 265-286.

Corsten, M./Hillmert, S. (2001): Ausbildungs- und Berufsverläufe der Geburtskohorten 1964 und 1971 in Westdeutschland. In: Arbeitspapier Nr. 1 des Projkts Ausbildungs- und Berufsverläufe der Geburtskohorten 1964 und 1971 in Westdeutschland. Berlin: Max-Planck-Institut für Bildungsforschung.

Dietrich, H. (2003): Außerbetriebliche Ausbildung nach Artikel 4 Jugendsofortprogramm. Quantitative Befunde aus der IAB-Begleitforschung. Nürnberg: Institut für Arbeitsmarkt- und Berufsforschung.

Dorau, R./Granato, M./Höhns, G./Schwerin, C./Uhly, A. (2006): Übergänge und berufliche Entwicklungsmöglichkeiten junger Fachkräfte an der zweiten Schwelle. Abschlussbericht des Vorhabens 2.0.531. Bonn: Bundesinstitut für Berufsbildung.

Falk, S./Sackmann, R./Struck, O./Weymann, A./Windzio, M./Wingens, M. (2000): Gemeinsame Startbedingungen in Ost und West? In: Arbeitspapiere des Sfb 186, Nr. 65. Bremen: Sfb 186 der Universität Bremen.

Granato, M./Ulrich, J.G. (2004): Befragung von jungen Leuten, die ihre Lehre beendet haben. Bonn: Bundesinstitut für Berufsbildung.

Hillmert, S. (2001): Kohortendynamik und Konkurrenz an den zwei Schwellen des dualen Ausbildungssystems. In: Arbeitspapier Nr. 2 des Projekts Ausbildungs- und Berufsverläufe der Geburtskohorten 1964 und 1971 in Westdeutschland. Berlin: Max-Planck-Institut für Bildungsforschung.

Hillmert, S./Jacob, M. (2004): Qualifikationsprozesse zwischen Diskontinuität und Karriere: Die Struktur von Mehrfachausbildungen. In: Hillmert, S./Mayer, K.U. (Hrsg.): Geboren 1964 und 1971 – Neuere Untersuchungen zu Ausbildungs- und Berufschancen in Westdeutschland. Wiesbaden: Verlag für Sozialwissenschaften, S. 65-89.

Hurrelmann, K. (2003): Der entstrukturierte Lebenslauf. Einige sozialpolitische Betrachtungen. In: Zeitschrift für Soziologie der Erziehung und Soziologie, 2, S. 115-126.

Konietzka, D. (1999): Ausbildung und Beruf. Die Geburtsjahrgänge 1919-1961 auf dem Weg von der Schule in das Erwerbsleben. Opladen: Westdeutscher Verlag.

Kutscha, G. (1991): Übergangsforschung – zu einem neuen Forschungsbereich. In: Beck, K./Kell, A. (Hrsg.): Bilanz der Berufsbildungsforschung – Stand und Zukunftsperspektiven. Weinheim: Deutscher Studien Verlag, S. 113-155.

Mertens, D./Parmentier, K. (1988): Zwei Schwellen – acht Problembereiche. Grundzüge eines Diskussions- und Aktionsrahmens zu den Beziehungen zwischen Bildungs- und Beschäftigungssystem. In: Beiträge zur Arbeitsmarkt- und Berufsforschung 70, S. 467-512.

Osterland, M. (1990): Normalbiographie und Normalarbeitsverhältnis. In: Berger, P.A./Hradil, S. (Hrsg.): Lebensläufe, Lebenslagen, Lebensstile. Göttingen: Schwarz, S. 351-362.

Schumann, S. (2005): Übergangsprozesse von Absolventen nichtbetrieblicher Ausbildungsgänge unter besonderer Berücksichtigung einer Zweitausbildung. In: Bildungsforschung, 2 (2).

Schumann, S. (2006): Jugendliche vor und nach der Berufsvorbereitung. Eine Untersuchung zu diskontinuierlichen und nichtlinearen Bildungsverläufen. Frankfurt a.M.: Lang.

Steinmann, S. (2000): Bildung, Ausbildung und Arbeitsmarktchancen in Deutschland. Eine Studie zum Wandel der Übergänge von der Schule in das Erwerbsleben. Opladen: Leske + Budrich.

Zlatkin-Troitschanskaia, O. (2005): Zur Funktionalität der vollzeitschulischen Bildungsgänge – Effizienz und Effektivität aus berufspädagogischer Sicht. In: Buer, van J./Zlatkin-Troitschanskaia, O. (Hrsg.): Adaptivität und Stabilität der Berufsausbildung – Theoretische und empirische Untersuchungen zur Berliner Berufsbildungslandschaft. Frankfurt a. M.: Lang, S. 255-280.

Berufe für benachteiligte Jugendliche. Zwischen bildungspolitischem Anspruch und betrieblichem Bedarf

Heiko Weber

1. Einleitung

Wie der Titel des Beitrages bereits andeutet, bewegt sich das Thema in einem Raum, der aus verschiedenen Perspektiven betrachtet werden kann: aus Sicht der Jugendlichen, der Betriebe und aus Sicht der Bildungspolitik. Es geht um die Frage, ob zweijährige Berufe betrieblichen Anforderungen entsprechen und zugleich Jugendlichen mit Integrationsschwierigkeiten neue Ausbildungschancen eröffnen. Am Beispiel des im Jahr 2004 eingeführten zweijährigen Berufs Maschinen- und Anlagenführer werden einzelne Aspekte näher betrachtet, die zur Versachlichung einer kontrovers geführten Diskussion beitragen sollen.

Der Beitrag ist wie folgt aufgebaut: Zunächst werde ich die Ausgangslage beschreiben, die Rahmenbedingungen also, in denen sich die Akteure gleichermaßen bewegen und orientieren müssen. Danach beschreibe ich deren Sichtweisen. Anschließend werde ich die Ergebnisse einer Begleituntersuchung vorstellen, die am Forschungsinstitut Betriebliche Bildung zum zweijährigen Beruf Maschinen- und Anlagenführer durchgeführt wurde.

2. Ausgangslage

2.1 Probleme des Ausbildungsmarktes

Die derzeitigen Probleme am Ausbildungsmarkt werden durch drei Faktoren bestimmt. Aufgrund der demografisch bedingt gestiegenen Nachfrage nach Ausbildungsplätzen ist es in den letzten Jahren zu einem Missverhältnis gekommen, da das Angebot an betrieblichen Ausbildungsplätzen nicht gleichermaßen gestiegen ist.

Das Auseinanderklaffen von Angebot und Nachfrage hatte infolge des Wandels von der Industrie- zur Dienstleistungsgesellschaft auch strukturelle

Gründe. Der Rückgang der Beschäftigung im tradiert ausbildungsintensiveren industriellen Sektor wurde bisher bei weitem nicht durch eine Steigerung der Ausbildungsplätze im Dienstleistungssektor ausgeglichen. Der verschärfte Kostendruck in vielen Unternehmen aufgrund der Internationalisierung der Märkte und der Konkurrenz mit „Billiglohnländern" schlägt sich zudem in der Ausbildungsbereitschaft der Betriebe nieder.

Ein weiterer Grund für das Missverhältnis zwischen Angebot und Nachfrage liegt in dem eher kurzfristig orientierten Planungshorizont der Betriebe. Dieser wird im Wesentlichen durch die aktuelle und erwartete Wirtschafts- und Auftragslage bestimmt. Die Situation auf dem Ausbildungsstellenmarkt ist zu einem großen Teil von der konjunkturellen und der allgemeinen Beschäftigungsentwicklung in Deutschland abhängig[1].

2.2 Schaffung von Alternativen zum dualen System

Die kräftig gestiegenen Absolventenzahlen aus allgemein bildenden Schulen gingen in den letzten Jahren einher mit einer schwierigen allgemeinen Wirtschaftslage und einer daraus resultierenden begrenzten Aufnahmefähigkeit des Systems der dualen Berufsausbildung. Von staatlicher Seite wurden deshalb Alternativen zur dualen Ausbildung geschaffen, die in den letzten Jahren in verstärktem Maße genutzt wurden. Diese Maßnahmen zielten auch auf Jugendliche, die zuvor ohne größere Probleme den Weg in eine Ausbildung gefunden hatten, aufgrund der angespannten Lage aber gegenüber anderen Bewerbern als „benachteiligt" gelten (Ullrich 2006). Zu dieser Zielgruppe zählen Jugendliche mit Hauptschulabschluss sowie generell leistungsschwächere Schulabgänger auch mit mittlerem Abschluss (Antoni et. al. 2007). Ein Großteil dieser Jugendlichen wurde in dem so genannten Übergangssystem aufgefangen, das keine qualifizierten Berufsabschlüsse oder auf abschlussbezogene Berufsausbildung anrechenbare Qualifikationen vermittelt.

Diese marktbedingte Benachteiligung führte zu der Exklusion einer zunehmenden Zahl von Jugendlichen mit geringen beruflichen Perspektiven und hoher Arbeitsmarktunsicherheit.[2] Diese gestiegene Unsicherheit zeigt sich auch im dem starken Anstieg der Jugendarbeitslosigkeit in Deutschland – entgegen dem europäischen Trend[3].

---

1   In den Jahren 2001 bis 2005 war lediglich ein Wirtschaftswachstum von durchschnittlich 0,6% zu verzeichnen, während die Beschäftigung um 5,8% zurückging. Ähnlich negativ verlief auch die Entwicklung der neu abgeschlossenen Ausbildungsverträge.
2   Mittlerweile landen 40% der Neuzugänge in berufliche Bildung im Übergangssystem und nur noch 43% im dualen System, 17% beginnen eine vollzeitschulische Ausbildung (Baethge/Solga/Wieck 2007: S. 22).
3   Die Arbeitslosenquote bei den 15 bis 24 Jährigen stieg von 7,7% im Jahr 2000 auf 15,2% im Jahr 2005 (Rothe/Tinter 2007).

Ziel politischer Anstrengungen ist es deshalb, unter der Berücksichtigung der Bedürfnisse und Ansprüche der beteiligten Akteure einen Ausgleich zwischen Angebot und Nachfrage herzustellen. Aus diesem Grund werden nun die Sichtweisen dieser Akteure kurz skizziert.

3. Sichtweisen der Akteure

3.1 Jugendliche

Während sich das formale Bildungsniveau der Schulabgänger seit Anfang der 90er Jahre kaum verändert hat[4], finden immer weniger Hauptschüler den Zugang in eine duale Ausbildung. Betrachtet man lediglich das duale System, sieht die Verteilung folgendermaßen aus: Bei den Neuzugängen in die duale Ausbildung hatte Anfang der 90er Jahre knapp die Hälfte der Jugendlichen (48%) keinen Schulabschluss, einen Hauptschulabschluss oder eine berufsvorbereitende Maßnahme absolviert. Im Jahr 2005 haben nur noch gut zwei Fünftel (42%) einen entsprechenden Bildungshintergrund (Statistisches Bundesamt 2000, 2006).

Diese Entwicklung und die in den letzten Jahren gestiegene Zahl so genannter Altbewerber sind Indizien für die Probleme an der ersten Schwelle, die für Jugendliche mit geringerem Bildungsniveau besonders groß sind. Ein Beispiel aus der deutschen Metall- und Elektroindustrie verdeutlicht die Problematik: „Rekrutiert werden für den Mechatroniker wie für den Zerspanungsmechaniker, (…), praktisch ausschließlich Abiturienten. Damit sollen die Voraussetzungen dafür geschaffen werden, dass die Auszubildenden die theoretisch anspruchsvollen Inhalte der Ausbildung überhaupt bewältigen können" (Baetghe et. al. 2006: 114f.).

Anfang der 90er Jahre hatte knapp die Hälfte (47%) der Auszubildenden zum Werkzeugmechaniker (Fachrichtung Stanz- und Unformtechnik) höchstens einen Hauptschulabschluss, im Jahr 2005 waren es lediglich 27%. Zwei Drittel der Auszubildenden haben mindestens die mittlere Reife. Nahezu identisch ist die Entwicklung beim Industriemechaniker (Statistisches Bundesamt 2000, 2006). Jugendliche mit Hauptschulabschluss sind aufgrund dieser Entwicklung zunehmend in eine benachteiligte Situation geraten.

---

4 Ein Drittel der Schulabsolventen hat nach wie vor keinen Abschluss oder einen Hauptschulabschluss (33%), während rund 40% einen Realschulabschluss haben und 25% das Abitur bzw. einen vergleichbaren Abschluss (Statistisches Bundesamt 2006a).

3.2 Anforderungen in den Betrieben

Die Einschätzungen zur Entwicklung der Qualifikationsanforderungen zeigen ein uneinheitliches Bild (Baethge/Baethge-Kinsky 2006), wenngleich auf makrostruktureller Ebene seit einigen Jahren ein Trend zur Höherqualifizierung konstatiert wird: Tätigkeiten auf mittlerem und insbesondere hohem Anforderungsniveau werden künftig an Bedeutung gewinnen, während Arbeitsplätze auf der unteren Anforderungsebene abnehmen werden (Weidig/Hofer/Wolff 1999).

Dieser allgemein vorhergesagte Trend zur Höherqualifizierung, der zuletzt differenzierter betrachtet wurde (Springer 2000; Baethge et. al. 2006; Clement/Lacher 2006), betrifft sämtliche betriebliche Hierarchieebenen. Auch im Bereich unterhalb der Facharbeiterebene wurde ein solcher Trend zu komplexeren Qualifikationsanforderungen festgestellt. Zwischen dem Feld der hoch qualifizierten Facharbeit und den einfachen Hilfstätigkeiten gibt es ein Segment mit komplexeren Tätigkeiten (Zeller et. al. 2004).

Eine Betriebsbefragung, die im Herbst 2006 vom Forschungsinstitut Betriebliche Bildung durchgeführt wurde, kam zu dem Ergebnis, dass es in jedem zweiten Unternehmen der Metall- und Elektroindustrie in Bayern ein solches Tätigkeitssegment zwischen Angelerntenniveau und dreieinhalbjähriger Facharbeit gibt[5]. Im Bereich ‚Bedienen und Umrüsten von Maschinen und Anlagen' erwartet die Mehrheit der Unternehmen Beschäftigungszuwächse. Es scheint hier also einen steigenden Bedarf in einem Facharbeit erfordernden Segment zu geben, das sich unter das Anforderungsniveau geschoben hat, das bisher durch die dreieinhalbjährigen Ausbildungsberufe bedient wurde. Bei den in der Metall- und Elektroindustrie existierenden Berufen, die dem betrieblichen Bedarf entsprechen und der oben beschriebenen Zielgruppe Ausbildungschancen eröffnen sollen, sind verschiedene Einschränkungen zu beobachten: Während sich der dreijährige Fertigungsmechaniker eher für die guten Hauptschüler eignet, entspricht der zweijährige Teilezurichter nicht mehr dem betrieblichen Bedarf (Notz/Nüchter 2006).

3.3 (Berufs)Bildungspolitik

Die (Berufs)Bildungspolitik verfolgt in diesem Zusammenhang im Wesentlichen zwei Ziele: zum einen will sie unvermittelte Jugendliche in eine duale Ausbildung bringen, weil sich alternative Wege des Übergangssystems als wenig effektiv erwiesen haben. Greinert spricht in diesem Zusammenhang

---

5 Betriebsbefragung des f-bb bei Unternehmen der bayerischen Metall- und Elektroindustrie im Jahr 2006, N = 140.

von „verfehlten Stabilisierungsversuchen" (Greinert 2007: 179ff.). Unter Berücksichtigung der Anforderungen der Arbeitswelt verfolgt die Politik zum anderen das Ziel, „gefragte" und von den Betrieben akzeptierte Ausbildungsberufe einzuführen.

Die Einführung von zweijährigen Berufen sollte dem beschriebenen Anforderungsspektrum der Betriebe entsprechen. Dadurch sollte die Ausbildungsbereitschaft der Betriebe erhöht werden und zusätzliche Ausbildungsplätze entstehen. Das im Vergleich zu den dreieinhalbjährigen Ausbildungsberufen geringere Anforderungsniveau zielte zudem auf die bisher außen vor gebliebenen Bewerber um einen Ausbildungsplatz, in erster Linie also auf Jugendliche mit Hauptschulabschluss.

Dieser Vorschlag wurde von den Sozialpartnern kontrovers diskutiert (vgl. Gruber et. al. 2007: 91ff.). Insbesondere von Gewerkschaftsseite wurden die Vorschläge scharf kritisiert, weil sie dahinter eine auf Kostenreduzierung zielende generelle Dequalifizierungsstrategie seitens der Wirtschaft vermutet. Ferner vermuten die Gewerkschaften, dass Jugendliche mit einem zweijährigen Berufsabschluss keine Chancen auf dem Arbeitsmarkt hätten.

Arbeitgeberverbände hingegen betonen die Notwendigkeit, Ausbildungsberufe zu schaffen, die einem konkreten betrieblichen Bedarf entsprechen. Die Ausdifferenzierung der betrieblichen Anforderungsniveaus würde den Betrieben nach auch Hauptschülern Ausbildungschancen eröffnen.

4. Einführung von zweijährigen Berufen

Übersicht 1: Berufsbild

Infos zum Maschinen- und Anlagenführer
Neuabschlüsse: 2004: 603 (Bayern – nur IHK: 168)
                2005: 1.735 (Bayern – nur IHK: 288)
                2006: 2.441 (Bayern – nur IHK: 373)
Lösungsquote: 6,8% – vgl. Metallberufe: 16,9% (2005)
Einsatzgebiete: Produktionsbereiche der Industrie
Bereiche: Metalltechnik, Kunststofftechnik
                Textiltechnik und Textilveredelung
                Lebensmitteltechnik
                Druckweiter- und Papierverarbeitung
Tätigkeiten: Arbeitsabläufe vorbereiten; Maschinen- und Produktionsanlagen einrichten, in Betrieb nehmen und bedienen; Werkstoffe, maschinelle und manuelle Fertigungstechniken und Prüfverfahren und -mittel auswählen und anwenden; Materialfluss steuern; Maschinen und Anlagen warten und inspizieren; Qualitätskontrolle und -sicherung

Vor dem Hintergrund dieser Entwicklungen und der geschilderten Diskussionen, wurde im Jahr 2004 der zweijährige Beruf Maschinen- und Anlagenführer eingeführt.

Das Forschungsinstitut Betriebliche Bildung führt in Bayern eine Begleituntersuchung der Einführungsphase durch. Im Folgenden werden die wichtigsten Ergebnisse der Untersuchung vorgestellt und vor dem Hintergrund der Sichtweisen der Akteure sowie der bildungspolitischen Kontroverse diskutiert.

4.1 Methodik der Begleituntersuchung

Die Ergebnisse basieren zum einen auf Experteninterviews mit Ausbildungsverantwortlichen aus 25 Betrieben in Bayern, die im Jahr 2004 die Ausbildung zum Maschinen- und Anlagenführer im Bereich Metall- und Kunststofftechnik begonnen haben[6]. In zwölf dieser 25 Unternehmen, ausgewählt nach den Kriterien regionale Struktur, Betriebsgröße und Branche, wurden Fallstudien durchgeführt. Diese Betriebe bildeten insgesamt 69 Maschinen- und Anlagenführer aus. Das Sample umfasst sowohl kleine, mittlere als auch Großbetriebe der Metall- und Elektroindustrie aus städtischen und eher ländlich geprägten Regionen Bayerns.

Im Mittelpunkt der Untersuchung stehen die folgenden Fragen:

- Wird der Beruf von den Betrieben nachgefragt und entsprechen die Ausbildungsschwerpunkte dem betrieblichen Bedarf?
- Eröffnet die Ausbildung Jugendlichen mit Integrationsschwierigkeiten (mit Hauptschulabschluss) neue Chancen?
- Wird mit der Ausbildung „Berufsfähigkeit" hergestellt? Werden die Auszubildenden übernommen? Können Sie auch in anderen Bereichen eingesetzt werden?

4.2 Zentrale Ergebnisse im Überblick

4.2.1 „Gefragter Beruf" und betrieblicher Bedarf

Einen ersten Hinweis darauf, ob der Beruf „gefragt" ist, erhält man durch einen Blick auf die Entwicklung der neu abgeschlossenen Ausbildungsverträge. Es zeigt sich, dass die Zahl der neu abgeschlossenen Ausbildungsver-

---

6 Sie wurden im Rahmen der Lehrstelleninitiative Ausbildungsnetz Bayern e. V. von den Verbänden BayME – Bayerischer Unternehmensverbund Metall und Elektro e. V. und VBM – Verband der Bayerischen Metall- und Elektro-Industrie e. V. gefördert.

träge seit der Einführung im Jahr 2004 überdurchschnittlich stark angestiegen ist (vgl. Übersicht 1)[7].

Neben der Zahl der neu abgeschlossenen Ausbildungsverträge geben die Ergebnisse der Betriebsbefragung Auskunft über die Entsprechung des betrieblichen Bedarfs. Die große Mehrheit der Betriebe erachtet das Berufsbild des Maschinen- und Anlagenführers für das eigene Unternehmen aber auch für die Branche als geeignet (79%). Sie sehen in ihm die passende Antwort auf neue Qualifikationsprofile im einfacheren Bereich von Facharbeit, konkret: auf wachsenden Bedarf an ausgebildeten Mitarbeitern für die Einrichtung und Bedienung von Maschinen und Maschinenstraßen. An- und ungelernte Beschäftigte, die bislang Maschinen und Anlagen bedient haben, sind nach Aussagen der Ausbildungsleiter zunehmend überfordert.

Für die meisten Betriebe gibt es mehrere Gründe, Maschinen- und Anlagenführer auszubilden. Der Bedarf an fachlich passend qualifizierten Mitarbeitern steht dabei im Vordergrund: 68% der Betriebe geben an, dass die fachlichen Anforderungen bei der Maschinenbedienung eine Ausbildung verlangen, die über das Niveau einer Anlerntätigkeit hinausgeht, aber weniger anspruchsvoll ist als eine drei- bzw. dreieinhalbjährige Berufsausbildung. Der steigende Fachkräftebedarf bei der Maschinenführung wird von 60% der Betriebe als Grund genannt. Für 12% der Betriebe gab es bisher keinen geeigneten Ausbildungsberuf, so dass sie in einem weniger passenden Beruf oder aber gar nicht ausbildeten.

4.2.2 Chancen für Jugendliche mit Integrationsschwierigkeiten

Die Frage, ob in erster Linie Jugendliche aus dieser Zielgruppe erreicht werden, lässt sich zunächst durch den Schulabschluss der Auszubildenden klären. Es zeigt sich, dass im Vergleich zu den dreieinhalbjährigen Ausbildungsberufen im Metallbereich überdurchschnittlich viele Jugendliche mit Hauptschulabschluss in die Ausbildung zum Maschinen- und Anlagenführer münden. Während in Deutschland bei den dreieinhalbjährigen Metallberufen, wie dem Industrie- oder Werkzeugmechaniker, eindeutig die Jugendlichen mit mindestens mittlerer Reife dominieren, liegt der Anteil der Hauptschüler beim Maschinen- und Anlagenführer mit 60% doppelt so hoch (vgl. Tab. 1).

Die Ausbildung von Jugendlichen mit schlechteren Voraussetzungen hängt auch von den betrieblichen Unterstützungsleistungen ab, die gerade in der deutschen Metall- und Elektroindustrie als einer Branche mit Ausbil-

---

7 Dazu eine Pressemitteilung des DIHK vom 21.4.2006: „Traumstart für den Maschinen- und Anlagenführer (...) In den vergangenen zehn Jahren hat es keinen ähnlich rasanten Start gegeben. Für gewöhnlich dauert es einige Jahre, bis ein neuer Beruf bei Unternehmen und Jugendlichen hinreichend bekannt ist."

dungstradition besonders verbreitet sind. Die Auszubildenden erhalten in der Regel eine qualitativ hochwertige Ausbildung, die sowohl in Lehrwerkstätten als auch „on the job" stattfindet. Größere Betriebe sind zudem in der Lage, Lern- und Nachhilfegruppen zu organisieren, falls die Auszubildenden nicht in den Betriebsalltag „hineinwachsen".

Tab. 1: Schulabschluss der Auszubildenden zum Maschinen- und Anlagenführer im Jahr 2005

	Erreichter Schulabschluss					
	Höchstens Hauptschulabschluss			Mindestens mittlere Reife		
	D	BY	NRW	D	BY	NRW
Industriemechaniker	27,2%	45,6%	24,5%	66,3%	50,9%	69,9%
Werkzeugmechaniker	27,0%	45,4%	27,5%	67,0%	49,6%	67,5%
Maschinen- und Anlagenführer	60,0%	81,0%	56,8%	31,1%	11,7%	34,7%

Legende: D = Deutschland, BY = Bayern, NRW = Nordrhein-Westfalen (Quelle: Eigene Berechnungen nach Daten des Statistischen Bundesamtes 2006: 88ff.)

4.2.3 Herstellung von Berufsfähigkeit

Auch die an die Ausbildung anschließende Integration der Auszubildenden in die Produktion verlief in den ersten Monaten nach Ausbildungsabschluss positiv. Dies deutete sich bereits während der Ausbildung an, da die Jugendlichen im zweiten Ausbildungsjahr mit meist gutem Erfolg in den Produktionsabteilungen eingesetzt wurden.

78% der Auszubildenden wurden nach dem erfolgreichen Ausbildungsabschluss direkt vom Betrieb übernommen oder setzten ihre Ausbildung in einem Anschlussberuf fort[8]. 12% wurden nicht übernommen. Positiv auf die Berufsfähigkeit wirkt sich insbesondere die fundierte Metallgrundausbildung aus, die bereits vielfältige Einsatzmöglichkeiten in verschiedenen Betrieben der Branche ermöglicht.

---

8 Als Anschlussberufe kommen die drei- und dreieinhalbjährigen Berufe aus den jeweiligen Einsatzgebieten in Frage. Im Schwerpunkt Metalltechnik wären dies: Feinwerkmechaniker, Fertigungsmechaniker, Industriemechaniker, Werkzeugmechaniker, Zerspanungsmechaniker.

5. Fazit

Bezogen auf den zweijährigen Beruf des Maschinen- und Anlagenführers zeigen die Ergebnisse der Untersuchung, dass für die befragten Betriebe der Ausbildungsgang eine sinnvolle Ergänzung ihres Ausbildungsportfolios darstellt. Für die Maschinen- und Anlagebedienung werden ausgebildete Fachkräfte benötigt, die weniger und andere Dinge „können müssen" als eine dreieinhalb Jahre ausgebildete Fachkraft, aber mehr als angelernte Mitarbeiter. Der Erfolg dieses zweijährigen Ausbildungsberufs zeigt sich nicht nur in der steigenden Zahl der Ausbildungsverhältnisse, sondern auch in der Bereitschaft von ca. 60% der Betriebe, die Ausbildung aufgrund der guten Erfahrungen in diesem Beruf fortzusetzen.

Die Ausbildungschancen für Jugendliche mit Integrationsschwierigkeiten sind differenziert zu betrachten. Auf der einen Seite sind für Hauptschüler bessere Ausbildungschancen festzustellen. Bildungs- sowie sozial-individuell bedingt benachteiligte Jugendliche benötigen auf der anderen Seite jedoch zusätzliche Unterstützung in Betrieb und Berufsschule. In der Praxis sind zielgruppenspezifische Lehr- und Lernkonzepte nach wie vor selten anzutreffen. Das zeigen auch die Erfahrungen der Berufsschulen: Heterogen zusammengesetzte Berufsschulklassen hatten in vielen Fällen dazu geführt, dass leistungsschwächere Maschinen- und Anlagenführer dem Unterricht nicht folgen konnten. Dies hat in Fällen zu einer weiteren „Benachteiligung der Benachteiligten" (vgl. Schofield 2006) geführt. In diesem Zusammenhang sollten neue Konzepte erprobt werden, die dazu beitragen, dass lernschwächere Schüler im Berufsschulunterricht nicht benachteiligt werden Nickolaus/Ziegler 2005).

Dieses Fazit bezieht sich auf einen speziellen zweijährigen Ausbildungsberuf. Eine generelle Aussage zu zweijährigen Berufen lässt sich hingegen nicht treffen, wenngleich gerade von den Jugendlichen der überschaubare Zeitraum von zwei Jahren immer wieder positiv hervorgehoben wird. Es sollte jedoch darauf geachtet werden, dass Anschlussmöglichkeiten in der Praxis gezielter gefördert werden. Dies kann unter anderem durch allgemein akzeptierte Anerkennungsregelungen geschehen.

Literatur

Antoni, Manfred/Dietrich, Hans/Jungkunst, Maria/Matthes, Britta/Plicht, Hannelore (2007): Die Schwächsten kamen seltener zum Zug. IAB Kurzbericht Nr. 2/2007. Nürnberg.

Baethge, Martin/Baethge-Kinsky, Volker (2006): Ökonomie, Technik, Organisation: Zur Entwicklung von Qualifikationsstruktur und qualitativem Arbeitsvermögen. In: Arnold, Rolf/Lipsmeier, Antonius (Hrsg.): Handbuch der Berufsbildung. Wiesbaden. S. 153-173

Baetghe, Martin/Baethge-Kinsky, Volker/Holm, Ruth/Tullius, Knut (2006): Dynamische Zeiten – langsamer Wandel: Betriebliche Kompetenzentwicklung von Fachkräften in zentralen Tätigkeitsfeldern der deutschen Wirtschaft. Forschungsbericht (unveröff.).

Baethge, Martin/Solga, Heike/Wieck, Markus (2007): Berufsbildung im Umbruch. Signale eines überfälligen Aufbruchs. Studie für die Friedrich-Ebert-Stiftung. Berlin.

Clement, Ute/Lacher, Michael (2006): Standardisierung von Arbeitsprozessen – Standardisierung der Kompetenzen? In: Clement, Ute/Lacher, Michael (Hrsg.): Produktionssysteme und Kompetenzerwerb. Stuttgart. S. 7-14

Greinert, Wolf-Dietrich (2007): Erwerbsqualifizierung jenseits des Industrialismus. Frankfurt am Main.

Gruber, Sabine/Weber, Heiko/Zeller, Beate/Sailmann, Gerald (2007): Allrounder in der Produktion. Der neue zweijährige Beruf Maschinen- und Anlagenführer – Antwort auf veränderte betriebliche Anforderungen? Bielefeld.

Nickolaus, Reinhold/Ziegler, Birgit (2005): Der Lernerfolg schwächerer Schüler in der beruflichen Ausbildung im Kontext methodischer Entscheidungen. In: Gonon, Philipp/Huisinga, Richard/Klauser, Fritz/Nickolaus, Reinhold (Hrsg.): Kompetenz, Kognition und neue Konzepte in der beruflichen Bildung. Opladen. S. 161-176

Notz, Petra/Nüchter, Oliver (2006): Berufe für Jugendliche mit schlechteren Startchancen. Offenbach.

Rothe, Thomas/Tinter, Stefanie (2007): Jugendliche auf dem Arbeitsmarkt. Eine Analyse von Beständen und Bewegungen. IAB Forschungsbericht Nr. 4/2007. Nürnberg.

Schofield, Janet Ward (2006): Migrationshintergrund, Minderheitenzugehörigkeit und Bildungserfolg. AKI-Forschungsbilanz 5. Forschungsbericht (unveröff.).

Springer, Roland (2000): Rückkehr zum Taylorismus? Arbeitspolitik in der Automobilindustrie am Scheideweg. Frankfurt am Main.

Statistisches Bundesamt (2000): Berufliche Bildung – Fachserie 11 Reihe 3. Wiesbaden.

Statistisches Bundesamt (2006): Berufliche Bildung – Fachserie 11 Reihe 3. Wiesbaden.

Statistisches Bundesamt (2006a): Bildung im Zahlenspiegel. Wiesbaden.

Ullrich, Joachim Gerd (2006): Übergänge in das duale System der beruflichen Bildung. In: Friedrich-Ebert-Stiftung: Übergänge zwischen Schule und Beruf und darauf bezogene Hilfesysteme in Deutschland. Bonn. S. 21-36

Weidig, Inge/Hofer, Peter/Wolff, Heimfried (1999): Arbeitslandschaft 2010 nach Tätigkeiten und Tätigkeitsniveau. In: Beiträge zur Arbeitsmarkt- und Berufsforschung Nr. 227. Nürnberg.

Zeller, Beate/Dauser, Dominique/Richter, Rolf (2004): Zukunft der einfachen Arbeit. Bielefeld.

Benachteiligtenförderung in der Schweiz: Die neue zweijährige berufliche Grundbildung mit eidgenössischem Berufsattest

Kurt Häfeli, Marlise Kammermann & Christina Seewald[1]

1. Ausgangslage

Wie in anderen europäischen Ländern auch ist in der Schweiz der Zugang zu Arbeit und Beruf für Jugendliche in den letzten Jahren schwieriger geworden. Ausdruck dieser Entwicklung sind die Jugendarbeitslosigkeit (Meins & Morlok 2004) und die wachsende Zahl von Schulabgehenden, die erst über einen Umweg bzw. eine Zwischenlösung in die Arbeitswelt oder eine weiterführende berufliche Ausbildung finden (Meyer 2003). Außerdem alarmieren die in einigen Schweizer Städten hohen Zahlen jugendlicher Fürsorgeempfänger (Drilling & Christen 2000).

Besonders gefährdet sind junge Menschen mit ungünstigen Voraussetzungen für den Berufseinstieg. Dabei kann es sich um prekäre familiäre Verhältnisse (ökonomischer, erzieherischer etc. Art) handeln, um schulische Probleme, die Herkunft aus einem anderen Kulturkreis, um körperliche und/ oder psychische Behinderungen (Haeberlin, Imdorf, & Kronig 2004; Herzog, Neuenschwander, & Wannack 2004; Lischer & Hollenweger 2003).

Die Schweiz kennt für die Gruppe von gefährdeten Jugendlichen ein relativ differenziertes Bildungsangebot im Übergang von der Schule ins Erwerbsleben. Während der Lehrstellenknappheit der letzten Jahre wurde dieses Angebot ausgebaut (Häfeli, Rüesch, Landert, Wegener, & Sardi 2004; Meyrat 2004). Auf verschiedenen Bildungsstufen wurden grundlegende Reformen in Angriff genommen. Ein breites Bildungsbündnis unter Federführung von kantonalen und Bundes-Stellen hat sich zum Ziel gesetzt, bis in das Jahr 2015 unter den 25-jährigen Personen den Anteil der Absolventinnen und Absolventen mit einem Abschluss auf der Sekundarstufe II von heute 89% auf 95% zu steigern (EDK 2006).

---

1 Interkantonale Hochschule für Heilpädagogik (HfH), Zürich; Korrespondenz: kurt.haefeli@hfh.ch; siehe auch www.hfh.ch

2. Alt: Anlehre

In der Schweiz wurde mit dem alten Berufsbildungsgesetz von 1980 die sogenannte „Anlehre" für leistungsschwächere Jugendliche eingeführt (DBK (Deutschschweizerische Berufsbildungsämterkonferenz) 2005). Diese anfänglich heftig umstrittene und von Gewerkschaftsseite bekämpfte Neuerung basiert wesentlich auf Erkenntnissen der Heilpädagogik. Sie sah eine stark individualisierte Ausbildung von ein bis zwei Jahren (in der Praxis meist zwei Jahre) vor, mit individueller Abklärung bezüglich Eignung für eine reguläre Lehre (EFZ), mit individuellem Ausbildungsplan und falls nötig mit schulischen Stütz- und Fördermaßnahmen und einem individualisierten „Augenschein" (statt einer standardisierten Lehrabschlussprüfung). Wer die Anlehre beendigt hatte, erhielt einen kantonalen Ausweis. Die Ausbildungsform der Anlehre umfasste in den letzten Jahren immerhin 4-5% aller neu abgeschlossenen Lehrverträge. Sie hatte einen relativ schlechten Ruf bei Jugendlichen und ihren Eltern als Notlösung. Die Aussichten auf dem Arbeitsmarkt waren gegenüber einer regulären Lehre schlechter, aber verglichen mit einem fehlendem Ausbildungsabschluss besser (Schweri 2005).

3. Neu: zweijährige berufliche Grundbildung mit eidg. Berufsattest

Mit dem im Jahr 2004 in Kraft getretenen neuen Berufsbildungsgesetz (Bundesversammlung der Schweizerischen Eidgenossenschaft 2002) wird die Anlehre abgelöst durch eine zweijährige berufliche Grundbildung mit eidgenössischem Berufsattest (EBA). Damit wird eine bemerkenswerte Ausbildungsform geschaffen, welche verschiedene Nachteile der bisherigen Anlehre aufheben soll.

Die Eckpunkte dieser Bildungsform sind:

„Die zweijährige Grundbildung verfügt über ein eigenständiges Profil und führt zu einem vollwertigen Beruf. Sie bietet vorwiegend praktisch begabten Jugendlichen sowie Erwachsenen die Möglichkeit, einen eidgenössisch anerkannten Titel zu erreichen und gewährt ihnen Zugang zum lebenslangen Lernen. Analog wie bei drei- und vierjährigen Grundbildungen findet die Ausbildung an den drei Lernorten Lehrbetrieb, Berufsfachschule und überbetriebliche Kurse statt. Zielgruppengerechte Ausbildungsmethoden, Didaktik, Pädagogik und Qualifikationsverfahren sind Basis für einen erfolgreichen Bildungsverlauf" (Bundesamt für Berufsbildung und Technologie 2005).

Durch eine stärkere Standardisierung bei der Ausbildung und beim Abschluss soll die „Arbeitsmarktfähigkeit" (als eine zentrale Zielgröße des neuen Gesetzes) verbessert werden. Gleichzeitig wurden individuelle Elemente wie schulische Stütz- und Fördermaßnahmen (ähnlich den ausbildungsbegleitenden Hilfen in Deutschland) beibehalten oder wie die „fachkundige individuelle Begleitung" neu eingeführt. Mit diesem letzten – allerdings noch weitgehend ungeklärten – Element sollen Jugendliche bei auftretenden schulischen, sozialen oder psychischen Problemen unterstützt werden (DBK (Deutschschweizerische Berufsbildungsämterkonferenz) 2004; Lischer 2002, 2005).

In der Übergangsphase 2004-2008 sollen sämtliche Ausbildungsverordnungen der über 250 Berufe überarbeitet und angepasst werden. Dies betrifft auch die Anlehre, welche durch die Attestausbildung abgelöst wird, aber ebenfalls die zukünftig nicht mehr möglichen zweijährigen regulären Berufsausbildungen (Renold 2003). Von verschiedenen Kreisen wird allerdings befürchtet, dass schwächere Jugendliche den möglicherweise erhöhten Anforderungen nicht genügen und keinen Ausbildungsplatz mehr erhalten. Hier wäre neben einer individuellen Betreuung auch eine Portionierung der Lerneinheiten (mit Teilqualifikationen) zu prüfen (Häfeli 2005).

4. Bisherige Umsetzung

Im Jahr 2005 sind die ersten neuen Bildungsverordnungen, welche die bisherigen Ausbildungsreglemente ablösen, in Kraft gesetzt worden. Bisher sind 12 solcher Verordnungen für zweijährige berufliche Grundbildungen mit EBA erlassen worden. Die ersten Lernenden haben im Sommer 2005 resp. 2006 ihre Ausbildung gestartet und zwar in folgenden Berufen (in Klammern die Anzahl neuer Lehrverträge, Stand Ende August 2006 in 21 Kantonen (Kantonales Amt für Berufsbildung Bern 2006):

Inkraftsetzung 2005

- Detailhandelsassistent/in (1075)
- Restaurationsangestellte/r (57)
- Hotellerieangestellte/r (42)
- Küchenangestellte/r (243)

Inkraftsetzung 2006

- Hauswirtschaftspraktiker/in (178)
- Milchpraktiker/in (10)
- Reifenpraktiker/in (70)
- Schreinerpraktiker/in (182)

Total wurden also in diesen acht EBA-Lehrberufen 1857 neue Lehrverträge verzeichnet. Dies entspricht ca. 2,5% aller neu abgeschlossenen Lehrverträge. Angesichts der wenigen Lehrberufe ist dies eine recht hohe Zahl. Dazu kommen weitere knapp 2000 neue Lehrverträge in Anlehren nach altem Berufsbildungsgesetz.

Die zweijährigen Grundbildungen EBA haben einen Anteil im entsprechenden Berufsfeld von durchschnittlich 10-15%, im Extremfall wie der Hauswirtschaft machen sie mehr als einen Drittel der neuen Lehrverträge aus.

Jedes Jahr kommen nun laufend neue EBA-Ausbildungsberufe dazu (2007 vier neue Berufe). Weitere Bildungsverordnungen sind in Vorbereitung. Es muss allerdings damit gerechnet werden, dass die geplante Übergangsfrist vom alten zum neuen Berufsbildungsgesetz (bis 2008) nicht reicht und verlängert werden muss.

5. Kritische Punkte

Zögerliche Akzeptanz

Gemäß einer Umfrage bei den kantonalen Berufsbildungsämtern Ende 2006 zeigt sich, dass die zweijährige Grundbildung mit EBA je nach Branche unterschiedlich umgesetzt wird (bbaktuell 2006). So bekunden offenbar Branchen, die bisher Anlehren angeboten haben (z.B. im Gastronomie- und im Holzverarbeitungsbereich), Zurückhaltung und Unsicherheit gegenüber der neuen EBA-Ausbildung. Dagegen wird diese Ausbildung in Branchen besser akzeptiert, bei denen die bisherigen zweijährigen Lehren abgelöst werden (wie im Detailhandel beispielsweise). Offenbar braucht es von Seiten der kantonalen Ämter und der Berufsverbände intensive zeitaufwändige Aufklärungs- und Überzeugungsarbeit. In der französischen Schweiz scheint die Zurückhaltung gegenüber der neuen Ausbildungsform generell noch etwas größer zu sein.

Niveau der neuen Ausbildungen

Von verschiedener Seite (u.a. heilpädagogische Schulen) wird befürchtet, dass mit der Einführung der zweijährigen beruflichen Grundbildung das Anforderungsniveau gegenüber der bisherigen Anlehre generell erhöht wird. In gewisser Hinsicht mag dies durch die Standardisierung und die angestrebte erhöhte Arbeitsmarktfähigkeit gerechtfertigt sein. Allerdings werden das Tätigkeitsfeld und das entsprechende Anforderungsniveau weitgehend durch die Berufsverbände (Organisationen der Arbeitswelt) definiert. Jedenfalls scheint bei den ersten eingeführten Ausbildungen im Verkauf und Gastgewerbe das geforderte Leistungsniveau höher zu sein als bei den bisherigen Anlehren. Dies betrifft sowohl die Eingangsselektion als auch den Unterricht in der Berufsfachschule. Ob sich dieses höhere Anforderungsniveau auch bei anderen neuen Ausbildungsberufen (z.B. in der Hauswirtschaft) zeigen wird, ist noch offen. Jedenfalls haben Bestrebungen nach Ausbildungsgängen unterhalb der zweijährigen beruflichen Grundbildung neuen Auftrieb erhalten. Der schweizerische Verband der sozialen Institutionen für erwachsene Menschen mit Behinderung INSOS hat kürzlich ein Konzept der „praktischen Ausbildung INSOS" vorgestellt, das auf großes Interesse gestoßen ist (Aeschbach 2006).

Fachkundige individuelle Begleitung

Dieses neu eingeführte Element, welches die Lernenden unterstützen soll, die Schwierigkeiten beim Lernen haben, ist leider weder im Berufsbildungsgesetz noch in der Verordnung oder im EBA-Leitfaden (Bundesamt für Berufsbildung und Technologie 2005) genügend präzisiert worden. Dies ist insofern bedauerlich als damit der gesetzliche Anspruch auf Begleitung, den Lernende mit Schwierigkeiten hätten, bisher nicht in allen Kantonen eingelöst werden kann. Dies obwohl während mehrerer Jahre im Rahmen von Pilotprojekten des Bundes verschiedenste Erfahrungen gesammelt und auch evaluiert wurden (Häfeli et al. 2004; Kammermann 2004; Schley & Pool 2004). Von kantonaler Seite wurden anschließend Richtlinien zur individuellen Begleitung erarbeitet (DBK (Deutschschweizerische Berufsbildungsämterkonferenz) 2004), die aber vom Bund erst kürzlich aufgegriffen wurden. In der Zwischenzeit sind verschiedene Kantone initiativ geworden und haben kantonale Konzepte erarbeitet und umgesetzt. In den Kantonen Basel-Landschaft, Basel-Stadt und Zürich spielt dabei die Lehrperson eine tragende Rolle. In den EBA-Klassen wird gleich zu Lehrbeginn ein „Lernprofil" bei allen Lernenden erstellt und auf die Möglichkeit individueller Begleitung hingewiesen. Die Lehrpersonen verstehen sich als Begleiter/innen, aber auch als Koordinations- und Triagestelle bei schwerwiegenderen Problemen. Sie werden zu Weiterbildung und Supervision angehalten.

Durchlässigkeit und Arbeitsmarktfähigkeit

Mit der Einführung der zweijährigen Grundbildung EBA wurde auch eine Durchlässigkeit zur dreijährigen Ausbildung mit eidgenössischem Fähigkeitszeugnis (EFZ) angestrebt. Im Sinne einer Stufenausbildung sollte eine um ein Jahr verkürzte Ausbildung im gleichen Berufsfeld möglich sein. Ob und in welchem Ausmaß dies realisiert wird, ist im Moment noch offen. Ebenso offen ist die Frage, ob der Anspruch nach erhöhter Arbeitsmarktfähigkeit von den EBA-Absolventinnen und -Absolventen umgesetzt werden kann. Dies wird sich erst in einigen Jahren weisen.

6. Untersuchungen der HfH

Die Interkantonale Hochschule für Heilpädagogik (HfH) führt im Zusammenhang mit der neuen beruflichen Grundbildung EBA mehrere Studien durch, welche unterschiedliche Aspekte dieser neuen Ausbildungsform beleuchten. Zum einen wird die Umsetzung der Ausbildung in den zwei Kantonen Basel-Stadt und Basel-Landschaft begleitet. Die vom Bundesamt für Berufsbildung und Technologie (BBT) finanzierte Evaluation hat den Auftrag, die im Sommer 2005 in den Berufen Gastronomie und Detailhandel (ab 2006 zudem Schreinerei und Hauswirtschaft) begonnene zweijährige berufliche Grundbildung mit EBA in den Kantonen Basel-Stadt und Basel-Landschaft zu untersuchen. Der Fokus liegt auf dem neuen Element der fachkundigen individuellen Begleitung. In das Projekt werden alle betroffenen Personengruppen einbezogen.

Eine zweite größere Studie (ebenfalls vom BBT finanziert) widmet sich der Frage nach der Arbeitsmarktfähigkeit. Absolventinnen und Absolventen der EBA-Grundbildung werden am Ende der Ausbildung und ein Jahr nach Abschluss über ihre Ausbildung und ihre anschließende Tätigkeit befragt. Sie werden mit einer Parallelgruppe verglichen, welche eine Anlehre in denselben Berufen abgeschlossen hat. Die Untersuchung erstreckt sich über die ganze Schweiz und umfasst sechs Ausbildungsberufe. Neben den Jugendlichen werden auch Berufsbildner/innen aus Schule und Betrieb sowie potenzielle Arbeitgeber befragt. Erste Ergebnisse aus den beiden Studien werden Ende 2007 vorliegen.

7. Ausblick

In der Schweiz sind viel versprechende Ansätze einer Berufsbildungspolitik zu finden. Dank der Kleinflächigkeit, Überschaubarkeit und des Pragmatismus ist auf regionaler Ebene eine relativ rasche Umsetzung von Reformen möglich. Allerdings sind diese Reformen zuweilen wenig koordiniert und manchmal auch ungenügend kommuniziert.

Literatur

Aeschbach, S. (2006). Die Lernenden dort abholen, wo sie stehen! In: Schweizerische Zeitschrift für Heilpädagogik(10), S.10-13.

bbaktuell. (2006). Implementierung der zweijährigen Grundbildung mit eidg. Berufsattest EBA. Retrieved 20.3.07, 2007, from http://www.bbaktuell.ch/pdf/bba3758a.pdf

Bundesamt für Berufsbildung und Technologie. (2005). Zweijährige berufliche Grundbildung mit eidgenössischem Berufsattest. Leitfaden. Bern: BBT.

Bundesversammlung der Schweizerischen Eidgenossenschaft. (2002). Bundesgesetz vom 3. Dezember 2002 über die Berufsbildung (BBG). Bern: Bundeskanzlei.

DBK (Deutschschweizerische Berufsbildungsämterkonferenz). (2004). Leitfaden für die fachkundige individuelle Begleitung. Zweijährige berufliche Grundbildung mit Attest. Bern: SBBK/CSFP.

DBK (Deutschschweizerische Berufsbildungsämterkonferenz). (2005). Auf dem Weg zum eidgenössischen Berufsattest. Materialsammlung für das SBBK-Projekt "Berufspraktische Bildung" im Rahmen des Lehrstellenbeschlusses 2 / BBT. Bern: SBBK.

Drilling, M./Christen, E. (2000). 18- bis 25-jährige Bezügerinnen und Bezüger von Fürsorgeleistungen. Eine empirische Studie. Basel: Basler Institut für Sozialforschung und Sozialplanung / Fachhochschule für Soziale Arbeit beider Basel.

EDK. (2006). Leitlinien zur Optimierung der Nahstelle obligatorische Schule - Sekundarstufe II. Bern: EDK (Schweizerische Konferenz der kantonalen Erziehungsdirektoren).

Haeberlin, U./Imdorf, C./Kronig, W. (2004). Chancenungleichheit bei der Lehrstellensuche. Der Einfluss von Schule, Herkunft und Geschlecht. Bern/Aarau: NFP43 (Synthesis).

Häfeli, K. (2005). Modularisierung in der Berufsausbildung: Eine Chance für behinderte und benachteiligte Jugendliche? In Felkendorff, K. /Lischer, E. (Hrsg.), Barrierefreie Übergänge? (S.104-113). Zürich: Verlag Pestalozzianum.

Häfeli, K. (2006). Erhöhte Arbeitsmarktfähigkeit dank einer integrierten Übergangspolitik? In: Schweizerische Zeitschrift für Heilpädagogik, 12(10), S.5-9.

Häfeli, K./Rüesch, P./Landert, C./Wegener, R. & Sardi, M. (2004). Berufsbildungsangebote für gefährdete Jugendliche in der Schweiz. Vertiefungsstudie. Lehrstellenbeschluss 2. Bern: BBT & KWB (Koordinationstelle für Weiterbildung der Universität Bern).

Herzog, W./Neuenschwander, M. P./Wannack, E. (2004). In engen Bahnen: Berufswahlprozess bei Jugendlichen. Bern/Aarau: NFP43 (Synthesis).

Kammermann, M. (2004). Von der Anlehre zur beruflichen Grundbildung mit Attest (2001-2004). Schlussbericht. (SIBP-Schriftenreihe Nr. 26). Zollikofen: Schweiz. Institut für Berufspädagogik.

Kantonales Amt für Berufsbildung Bern. (2006). Entwicklung der Lehrverhältnisse EBA. Retrieved 20.3.07, 2007, from http://www.bbaktuell.ch/pdf/bba3758b.pdf

Lischer, E. (2002). Berufliche Grundbildung mit eidg. Attest - neue Chance für (Lern-)Behinderte. In: Berufsbildung Schweiz(1/2002), S.9-12.

Lischer, Emil (2005). Berufliche Kurzausbildungen in der Schweiz: Die neue zweijährige Grundbildung mit Attest. In Felkendorff, K./Lischer, E. (Hrsg.), Barrierefreie Übergänge? (S.114-123). Zürich: Verlag Pestalozzianum.

Lischer, E./Hollenweger, J. (2003). Übergang "Ausbildung-Erwerbsleben" für Jugendliche mit Behinderungen. Expertenbericht in den deutschsprachigen Ländern – Länderbericht Schweiz. Luzern: Schweizerische Zentralstelle für Heilpädagogik (SZH).

Meins, E./Morlok, M. (2004). Gemeinsam Lösungen entwickeln. Studie zur Jugendarbeitlosigkeit. In: Panorama(6), S.21-23.

Meyer, T. (2003). Zwischenlösung – Notlösung? In Bundesamt für Statistik (Hrsg.), Wege in die nachobligatorische Ausbildung: Die ersten zwei Jahre nach Austritt aus der obligatorischen Schule. Zwischenergebnisse des Jugendlängsschnitts TREE (S.101-110). Neuchâtel: Bundesamt für Statistik, Bildungsmonitoring Schweiz.

Meyrat, M. (2004). Lehrstellenbeschluss 2: Schlussbericht der Gesamtevaluation. Bern: Bundesamt für Berufsbildung und Technologie (BBT) & Koordinationsstelle für Weiterbildung der Universität Bern.

Renold, U. (2003). Umsetzung neues Berufsbildungsgesetz. Gesamtkonzept. Bern: Bundesamt für Berufsbildung und Technologie (BBT).

Schley, W./Pool, S. (2004). Evaluation LSB2-ZH-59. Coaching in der Berufsbildung. Zürich: Institut für Sonderpädagogik der Universität Zürich.

Schweri, J. (2005). Was bringt die Anlehre auf dem Arbeitsmarkt? In: Panorama(2), S.17-19.

Benachteiligtenförderung und berufliche Integration von (jungen) Menschen mit Behinderungen – kooperative und interdisziplinäre Perspektiven der Berufspädagogik

Marianne Friese, Bettina Siecke

1. Einleitung

„Teilhabe an der Gesellschaft" lautet die zentrale Programmformel von Sozialpolitik und Rehabilitation zu Beginn des 21. Jahrhunderts. Partizipation am Arbeitsleben stellt dabei nicht nur einen wesentlichen Lebensbereich dar, in dem sich gesellschaftliche Teilhabe realisiert, sondern die Partizipation an anderen Gesellschaftszusammenhängen und der Zugang zu ökonomischen, kulturellen und sozialen Ressourcen hängt wesentlich von den Chancen auf dem Arbeitsmarkt ab. Von dem Risiko der Arbeitsmarktexklusion sind vor allem zwei Zielgruppen betroffen: benachteiligte und behinderte Menschen.

Die Komplexe der beruflichen Benachteiligtenförderung (BMBF 2005) und der beruflichen Integration von Behinderten verlaufen in ihrer Konzeption und Umsetzung in weiten Teilen bislang eher nebeneinander und getrennt, obwohl die Bereiche in Bezug auf die Eingliederung von jungen Menschen mit Förder- und Integrationsbedarf sehr ähnliche Problematiken und berufspädagogische Handlungsbedarfe aufweisen. Dies betrifft zum einen die Gestaltung von zielgruppenspezifischen Konzepten zur beruflichen Qualifizierung, zum anderen die Entwicklung von Konzepten für die Fortbildung und Professionalisierung des pädagogischen Personals. Der folgende Beitrag greift diese interdisziplinäre Perspektive auf, um gemeinsame Schnittstellen, Erfahrungen und Konzepte zur beruflichen Eingliederung von benachteiligten und behinderten Jugendlichen für die Benachteiligtenförderung und Professionalisierung nutzbar zu machen. Dies geschieht exemplarisch am Beispiel der schulischen und beruflichen Integration von jungen Menschen mit geistigen Behinderungen und anhand interdisziplinärer Fragestellungen zur universitären Aus- und Weiterbildung.

2. Aktuelle Ansätze in der Benachteiligtenförderung

2.1 Zielgruppen benachteiligter junger Menschen

Soziale und berufliche Benachteiligungen junger Menschen ergeben sich aus einem Zusammenwirken von äußeren, strukturellen Rahmenbedingungen und individuellen Voraussetzungen (BMBF 2005, S. 12). Strukturelle Benachteiligungen zeichnen sich u.a. durch ein unzureichendes Angebot von Ausbildungsplätzen aus, wodurch besonders Jugendliche mit ungünstigeren Voraussetzungen vom Markt verdrängt werden.

Individuelle Benachteiligungen zeigen sich u.a. im Bereich der „sozialen Herkunft". Dieser Bereich umfasst Jugendliche aus Familien mit „einer unterdurchschnittlichen beruflichen Stellung der Eltern" (ebd., S. 14) und einer teilweise hohen Problemdichte. Weiter gilt das „Geschlecht" als Bereich der Benachteiligung. Mädchen erhalten unabhängig von ihren Fähigkeiten und ihrer durchschnittlich besseren Schulbildung seltener einen Ausbildungsplatz. Eine besondere Benachteiligung erfahren Jugendliche mit Migrationshintergrund. Bedingt durch den sozialen und beruflichen Status der Elterngeneration, unzureichende Förderung der Zweisprachigkeit, geringe kulturelle Integrationskraft des Schulsystems und fehlende kultursensible Beratung bleibt ein Drittel dieser Jugendlichen ohne Ausbildungsabschluss (ebd., S. 16). Bei einem Teil der benachteiligten Jugendlichen zeigen sich Beeinträchtigungen im Lernbereich, häufig auch in Verbindung mit Auffälligkeiten im sozialen Verhalten. Weiter lassen sich die Problemgruppe junger Mütter (Friese 2006) und die Benachteiligtentypen nach Enggruber (2003) identifizieren. Die zunächst homogen erscheinende Gruppe benachteiligter Jugendlicher ist damit durch sehr unterschiedliche Merkmale gekennzeichnet, was eine passgenaue, individuell und biografisch abgestimmte Förderung erforderlich macht.

Die Übergänge von Benachteiligungen und Behinderungen sind fließend und nicht immer eindeutig zu bestimmen. Bei einer Behinderung handelt es sich im Unterschied zu einer Benachteiligung um eine „langfristige und dauerhafte Beeinträchtigung" (BMBF 2005, S. 18). Nach dem dritten Sozialgesetzbuch (SGB III, § 19 [1]) sind Behinderte „Menschen, deren Aussichten, am Arbeitsleben teilzuhaben, wegen Art oder Schwere ihrer Behinderung […] nicht oder nur vorübergehend wesentlich gemindert sind, und die deshalb Hilfen zur Teilhabe am Arbeitsleben benötigen, einschließlich lernbehinderter Menschen" (Aichberger 2006). Dies schließt in gleicher Weise Menschen ein, denen eine Behinderung droht.

2.2 Maßnahmen der vorberuflichen und beruflichen Qualifizierung

Die Förderung von sozial- und bildungsbenachteiligten Jugendlichen gilt als dauerhafte präventive Maßnahme gegen Arbeitslosigkeit, sozialen Abstieg und drohenden Facharbeitermangel. Sie wird im Wesentlichen durch die Bundesagentur für Arbeit auf der Basis des SGB III durchgeführt. Ende 2004 befanden sich in den Maßnahmen zur beruflichen Eingliederung der Bundesagentur für Arbeit ca. 244.500 Jugendliche, wobei Kosten in Höhe von 1,75 Milliarden Euro entstanden (BMBF 2005, S. 11).

Als ein wesentliches Element der Benachteiligtenförderung gelten die berufsvorbereitenden Maßnahmen. Unterschieden werden als schulische Angebote das Berufsgrundbildungsjahr (BGJ) und das Berufsvorbereitungsjahr (BGJ) sowie Angebote von Berufsfachschulen und der Jugendberufshilfe. Die Angebote zur Ausbildungsvorbereitung der Bundesanstalt für Arbeit wurden zu Beginn des Jahres 2004 durch das „Neue Fachkonzept" neu strukturiert. Die vorberuflichen Maßnahmen betonen zur Vorbereitung auf Ausbildung und Beruf eine Theorie-Praxis-Verzahnung und fördern darin in unterschiedlichem Maße die Persönlichkeit und Leistungsfähigkeit junger Menschen.

Zu den Instrumenten im Rahmen der Berufsausbildung gehören die ausbildungsbegleitenden Hilfen (abH), mit denen Auszubildende in einer betrieblichen Ausbildung Angebote einer gezielten Lernförderung und individuellen sozialpädagogischen Unterstützung erhalten. Ein weiteres Instrument ist die außerbetriebliche Berufsausbildung (BaE). Sie wird in einer Ausbildungseinrichtung außerhalb von Betrieben durchgeführt. Die Auszubildenden erhalten eine fachpraktische Unterweisung sowie Förderunterricht und sozialpädagogische Begleitung.

Die berufsbegleitende Nachqualifizierung beinhaltet Angebote für junge Erwachsene, die im Rahmen ihrer Beschäftigung Ausbildungsmodule zum Erwerb eines nachträglich anerkannten Berufsabschlusses erwerben können.

2.3 Aktuelle Entwicklungen und Förderprogramme

Aktuelle Veränderungen in der Benachteiligtenförderung zeigen sich zunächst im Bereich des Übergangs Schule-Beruf. Seit Herbst 1999 wird die Berufsorientierung besonders von benachteiligten, lernschwachen und problembelasteten Schülerinnen und Schülern mit dem Programm „Schule-Wirtschaft/Arbeitsleben" des Bundesministeriums für Bildung und Forschung (BMBF) unterstützt (www.swa-programm.de).

Im Rahmen grundlegender Arbeitsmarktreformen und damit veränderter Rechtsgrundlagen wurde 2002 das vierte Gesetz (Hartz IV) mit der Maxime des „Forderns und Förderns" erlassen. Darin wird erwerbsfähigen Personen in stärkerem Maße als bisher Eigeninitiative abverlangt. Die Umsetzung zeigte sich u.a. in den berufsvorbereitenden Maßnahmen der Bundesagentur für Arbeit. Das Neue Fachkonzept löste im Herbst 2004 die bisherigen Maßnahmen (BBE etc.) ab. Die neue Orientierung entspricht einem Paradigmenwechsel „von der bestehenden Maßnahmeorientierung der Angebote hin zu einer Personenorientierung" (BMBF 2005, S. 40). Beeinflusst durch Erfahrungen aus dem Ausland (skandinavische Länder) zeichnet sich das Neue Fachkonzept durch eine stärkere Individualisierung, Flexibilität und Binnendifferenzierung aus. Kritisch beurteilt wird das Neue Fachkonzept aus berufspädagogischer Sicht in Bezug auf seine Dauer, seine stärkere Ausrichtung auf „Employability" und den Verlust an Bildungsanteilen (ebd., S. 48; Eckert 2006).

Seit Ende 2001 fördert das Programm „Kompetenzen fördern – Berufliche Qualifizierung für Zielgruppen mit besonderem Förderbedarf BQF" des BMBF qualitative und strukturelle Verbesserungen im Bereich der Benachteiligtenförderung. Das Programm zielt auf die Entwicklung flexibler Angebote der sozialen und beruflichen Integration von jungen Menschen (BMBF 2005, S. 232). Unterstützend wirken in diesem Zusammenhang die neuen Handlungsspielräume auf der Basis der Novellierung des Berufsbildungsgesetzes vom 1. April 2005.

3. Aktuelle Ansätze zur beruflichen Förderung von Menschen mit Behinderungen

3.1 Zielgruppen

2001 erfolgte die Verabschiedung der International Classification of Functioning, Disability and Health (ICF) durch die Weltgesundheitsorganisation (WHO). Die ICF rückt die Erkenntnis in den Mittelpunkt der rehabilitationswissenschaftlichen Diskussion, dass das Leben mit einer Behinderung nur bedingt vom Ausmaß einer Schädigung bestimmt wird. Dem Behinderungsbegriff der ICF liegt ein multidimensionales Modell zugrunde. Danach können Beeinträchtigungen oder Behinderungen in einer oder mehreren der Dimensionen „Körperfunktionen und -strukturen", „Aktivität" und „Partizipation" bestehen. Behinderungen entstehen dort, wo ein Mensch mit seinen Fähigkeiten, Begrenzungen und Bedürfnissen auf eine Umwelt trifft, die nicht zu seiner individuellen Situation passt und so die Chancen zur Teilhabe einschränkt. Diese Annahmen entsprechen einem Paradigmenwechsel, in dem Menschen mit Behinderungen in ihrem Unterstützungs- und Beziehungssystem betrachtet werden. Die Zielperspektive der Selbstbestimmung und Teilhabe am Leben ist für diese Personengruppe im neunten Sozialgesetzbuch (SGB IX) verankert.

3.2 Maßnahmen der beruflichen Rehabilitation und Integration

In Deutschland steht jungen Menschen mit Behinderungen ein differenziertes System der beruflichen Eingliederung zur Verfügung. Unter dem Leitbild „So normal wie möglich – so speziell wie erforderlich" erhält diese Gruppe allgemeine Bildungsangebote vor rehaspezifischen Maßnahmen (Doose 2002). Verantwortlich als Leistungsträger ist überwiegend die Bundesagentur für Arbeit.

Junge Menschen mit Behinderungen besuchen die berufsvorbereitenden Maßnahmen der Schule (BVJ, BGJ), die in Ausnahmen auch als integrative Berufsvorbereitungsklassen und ambulante Arbeitstrainings durchgeführt werden. Als Berufsvorbereitung gilt auch die „Werkstufe" an der Sonderschule für geistig Behinderte. Weiter nehmen sie an den Maßnahmen zur Berufsvorbereitung im Rahmen des Neuen Fachkonzepts der Bundesanstalt für Arbeit teil. Sie besuchen dort je nach Behinderungsgrad die „allgemeine" oder die „rehaspezifische" Variante. Ein weiterer Teil besucht die Maßnahmen zur beruflichen Eingliederung im Berufsbildungsbereich der Werkstätten für behinderte Menschen (WfbM).

Auch die Durchführung einer Berufsausbildung ist für junge Menschen mit Behinderungen in verschiedener Weise möglich. In unterschiedlichen Anteilen absolvieren die Jugendlichen eine Regelausbildung nach § 4 BBiG/§ 25 HwO oder eine behindertenspezifische Berufsausbildung nach § 66 BBiG/ § 42m HwO in Betrieben, in Berufsbildungswerken (BBW) oder in außerbetrieblichen Einrichtungen (BaE) (vgl. BMBF 2006, S. 231f.).

Besondere Probleme des Übergangs Schule-Beruf zeigen sich z.B. im Rahmen der WfbM. Die in diesem Bereich tätigen Menschen sind zu 80% Menschen mit geistigen Behinderungen (www.bagwfm.page/25). Die WfbM sind für einen Teil der Beschäftigten als eine zeitlich befristete Option bis zum Eintritt in das Erwerbsleben gedacht. Die Vermittlungsquote liegt aber im Jahresdurchschnitt bei nur 0,3% (Consens Studie 2003), wobei dies fast ausschließlich Menschen mit geistigen Behinderungen betrifft.

3.3 Aktuelle Entwicklungen und Förderprogramme

Ein umfangreiches Programm zur beruflichen Integration von Menschen mit Behinderungen stellt die Initiative „job – Jobs ohne Barrieren" des BMBF dar, in dem seit 2004 zahlreiche innovative berufliche Integrationsprojekte gefördert wurden (www.bmas.bund.de). Eine Weiterführung bildet das BMBF-Programm „Job 4000", das seit 2007 die individuelle Integration von schwerbehinderten Menschen in Ausbildung und Arbeit unterstützt.

Veränderungen zeigen sich auch durch die neue Sichtweise auf Menschen mit Behinderungen, indem deren Unterstützungs- und Beziehungssysteme stärker betont werden. Diese Sichtweise geht mit der stärkeren Beachtung einer Reihe neuer Konzepte einher, die als Empowerment, Community Care, Ambulantisierung, Persönliches Budget und unterstützte und wohnortnahe Beschäftigung beschrieben werden und die für die berufliche Integration von Menschen mit Behinderungen von zunehmender Bedeutung sind.

Das Konzept des „Persönlichen Budgets" (Schäfers/Schüller/Wansing 2005) wurde 2001 im neuen SGB IX verankert und beinhaltet eine Umgestaltung des Hilfesystems. Menschen mit Behinderungen erhalten anstelle einer Sachleistung (z.B. Wohnheimplatz, Arbeitsplatz in der WfbM, Pflegeleistung) einen Geldbetrag in Form eines monatlichen Budgets. Autonomie und Teilhabechancen von Menschen mit Behinderungen können damit wesentlich verbessert werden, da ein eigenständiger Erwerb von Leistungen möglich ist. Während in europäischen Nachbarländern zahlreiche praktische Erfahrungen mit Geldleistungen vorliegen, vollzieht sich die Einführung des Persönlichen Budgets in Deutschland noch zögerlich.

Auch das Konzept der „Unterstützten Beschäftigung" (supported employment) bietet neue Impulse zur beruflichen Integration von jungen Menschen mit Behinderungen. Es stellt einen „wertegeleiteten methodischen Ansatz" (Doose 2002, S. 259) dar und folgt dem Prinzip „erst platzieren, dann qualifizieren" (Training on the job). Der Ansatz wurde Ende der 70er Jahre in den USA entwickelt und hat sich mit großem Erfolg als neuer Ansatz der beruflichen Rehabilitation etabliert. Die Unterstützte Beschäftigung hat auch in Deutschland integrative Angebote im Übergang Schule-Beruf stark beeinflusst. Zentral sind in dem Konzept im Gegensatz zu traditionellen Rehabilitationsmaßnahmen die aktive individuelle Arbeitsplatzakquisition, die direkte Unterstützung der Qualifizierung in Betrieben des allgemeinen Arbeitsmarktes (Job Coaching) und die intensive personelle Unterstützung unter Mitarbeit von Integrationsfachdiensten (IFD). Trotz des Erfolgs ist die erweiterte Anwendung noch begrenzt.

Die deutlichen Erfolge des Konzepts der Unterstützten Beschäftigung zeigen sich im Rahmen einer Verbleibs- und Verlaufsstudie. Doose (2007) untersuchte die langfristige Entwicklung der beruflichen Integration von 251 Menschen mit Lernschwierigkeiten, die bundesweit von IFD und Fachkräften für berufliche Integration (FBI) aus Werkstätten für behinderte Menschen bis Ende 1998 auf den allgemeinen Arbeitsmarkt vermittelt wurden. Es handelt sich um Personen, von denen 40% die Sonderschule für Geistigbehinderte besuchten und die zu über 60% vorher langjährig in der WfbM beschäftigt waren. Bei den vermittelten Arbeitsplätzen handelt es sich um Kleinst- und Kleinbetriebe. Die Tätigkeiten liegen bei den Männern meist in den Bereichen Produktion/Montage, Industrie, Garten- und Landschaftsbau und Recycling und bei den Frauen in den Bereichen Hauswirtschaft, Gebäudereinigung und Produktion. Es handelt sich überwiegend um Vollzeitstellen mit einem durchschnittlichen Nettolohn von 934 Euro. Die Studie weist folgende zentrale Ergebnisse auf:

- Nach 9 Jahren befinden sich noch zwei Drittel der Vermittelten auf dem allgemeinen Arbeitsmarkt
- Davon sind 76% noch in den Stellen der Erstvermittlung.

Die Untersuchung zeigt, dass eine nachhaltige berufliche Integration von Menschen mit kognitivem Förderbedarf möglich ist. Voraussetzung dafür sind aber bestimmte Rahmenbedingungen. Diese bestehen u.a. in der Notwendigkeit einer frühzeitigen Aktivität der Integrationsfachdienste, die bereits in der Schule beginnt.

4. Perspektiven für Aus- und Weiterbildung

Die aktuellen Erfahrungen mit den Konzepten der Benachteiligtenförderung und der beruflichen Rehabilitation von Menschen mit Behinderungen weisen auf neue interdisziplinäre Forschungs- und Handlungsfelder hin. Diese lassen sich für den Bereich der vorberuflichen Förderung von Menschen mit geistigen Behinderungen und für den Bereich der universitären Forschung und Lehre aufzeigen.

4.1 Schulische und berufliche Perspektiven für Menschen mit geistigen Behinderungen

Eine zentrale Perspektive zielt auf die Gruppe der Menschen mit geistigen Behinderungen. Die berufliche Bildung dieser Personengruppe ist mit tief greifendem Veränderungsbedarf konfrontiert. Der „Einbahnstraßeneffekt" beruflicher Rehabilitation für diesen Personenkreis zeigt sich bereits in den derzeitigen Konzeptionen der „Werkstufe" der Schule für Geistigbehinderte. Verbesserungen in diesem Bereich können zur Qualitätsentwicklung auch der WfbM und damit der beruflichen Integration in den ersten Arbeitsmarkt beitragen. Die Werkstufe der Schule für Geistigbehinderte hat den Bildungsauftrag, Jugendliche mit geistigen Behinderungen in einer ersten Phase der beruflichen Bildung gezielt zur Arbeitswelt und Berufswahl hinzuführen. Ihre Schwerpunkte hat die Werkstufe in der Arbeitslehre und hier vor allem im technischen Werken, in der Textilarbeit und im hauswirtschaftlichen Unterricht (KMK 1998). Didaktisch und methodisch stehen Lernarrangements wie Werk- und Arbeitsprojekte, Betriebserkundungen und -praktika im Zentrum. Folgende Zielvorstellungen können auf dieser Basis fokussiert werden:

– Ausrichtung des Bildungsangebotes an den aktuellen Möglichkeiten und Bedingungen
– Vermittlung beruflicher Kompetenzen (z.B. auch die Entwicklung und Umsetzung individualisierter Ausbildungspläne anstelle der bisher dominierenden Anlernkonzepte)
– Vorbereitung auf weiterführende anerkannte Ausbildungsgänge und -abschlüsse
– Schaffung von Wahlalternativen als Angebote zum traditionellen Werdegang Sonderschule – WfbM
– Ausprägung eines persönlichen Lebensstils nach den aktuellen Paradigmen „Selbstbestimmung" und „Normalisierung".

4.2 Konsequenzen für Forschung und Lehre

Im Rahmen von Forschung und Lehre sind interdisziplinäre Kooperationen zwischen Berufspädagogik und Sonderpädagogik denkbar, die Erkenntnisse zur beruflichen Integration von Menschen mit Benachteiligungen und Behinderungen in folgenden Bereichen aufgreifen können:

– Neustrukturierung der universitären Lehrerbildung im Bereich Arbeitslehre/Berufswahlunterricht
– Vergleichende Perspektiven in Bezug auf die Qualifizierung des Fachpersonals in der Benachteiligtenförderung (z.B. Kompetenzentwicklung bei der Gestaltung von schwierigen Lernsituationen, Kooperationen und Netzwerken)
– Revision der Richtlinien und Curricula, deren notwendiger Bestandteil der Erwerb von Kompetenzen werden muss, die eine Förderung der Teilhabe am Arbeitsleben beinhalten

- Vergleichende Perspektiven zu aktuellen Ansätzen wie beispielsweise „Neues Fachkonzept" und „Persönliches Budget"
- Fokussierung eines systemorientierten Handelns, in dem benachteiligende Systeme und Situationen im Mittelpunkt stehen
- Verbindende Perspektiven zu Projekten der Benachteiligtenförderung und der Behindertenhilfe im Ausland.

5. Ausblick

Obwohl sich die berufliche Integration behinderter und benachteiligter Menschen in den letzten Jahren in Deutschland verbessert hat, ist die Situation nicht befriedigend. Der Paradigmenwechsel, der sich in der Benachteiligtenförderung und der beruflichen Integration von Menschen mit Behinderungen in den letzten Jahren in unterschiedlicher Weise vollzieht, bietet Ansatzpunkte für Veränderungen und neue interdisziplinäre Fragestellungen. Die Konzepte der Teilhabe und Selbstbestimmung stellen dabei eine Herausforderung dar, der sich zukünftig alle beteiligten Akteure gemeinsam stellen müssen: Gesetzgeber, Leistungsträger und -anbieter, Schule und Universität. Die Herausforderung ist eine Antwort auf ein verändertes Selbstverständnis von benachteiligten und behinderten Menschen. Unsere Aufgabe ist es, sie auf dem Weg zur Inklusion in die Gesellschaft zu unterstützen und sie als Bürger/innen mit gleichen Rechten aber individuellen Bedürfnissen ernst zu nehmen.

„Wo der Wind des Wandels weht, sollten wir Windmühlen bauen und keine Mauern" (Niederländisches Sprichwort).

Literatur

Aichberger, Friedrich (2006): Sozialgesetzbuch. München.
Bundesministerium für Bildung und Forschung BMBF (Hrsg.) (2005): Berufliche Qualifizierung Jugendlicher mit besonderem Förderbedarf – Benachteiligtenförderung. Bonn, Berlin.
Bundesministerium für Bildung und Forschung BMBF (Hrsg.) (2006): Berufsbildungsbericht 2006. Bonn, Berlin.
Consens GmbH Consulting für Steuerung und soziale Entwicklung (Hrsg.) (2003): Bestands- und Bedarfserhebung Werkstätten für behinderte Menschen (Bericht) im Auftrag des Bundesministeriums für Arbeit und Sozialordnung. Stand 7.01.2003. Hamburg.

Doose, Stefan (2002): Berufliche Integration von Menschen mit Behinderung. In: Eberwein, Hans/Knauer, Sabine (Hrsg.): Integrationspädagogik. Kinder mit und ohne Beeinträchtigung lernen gemeinsam. Weinheim, Basel. S. 245-263.

Doose, Stefan (2007): Wie nachhaltig ist die berufliche Integration von Menschen mit Lernschwierigkeiten auf dem allgemeinen Arbeitsmarkt? Ergebnisse einer bundesweiten Verbleibs- und Verlaufsstudie. In: Geistige Behinderung H. 1, 46. Jg., S. 63-65.

Eckert, Manfred (2006): Entwicklungstrends in der Benachteiligtenförderung – Widersprüche und Tendenzen aus kritischer berufspädagogischer Sicht. In: Berufsbildung in Wissenschaft und Praxis 1, S. 19-23.

Enggruber, Ruth (2003): Zur Vielfalt benachteiligter junger Menschen – ein Systematisierungsversuch. In: Berufsbildung, H. 93, S. 35-37.

Friese, Marianne (2006): Work-Life-Balance für junge Mütter. Neue Bildungsansätze und bildungspolitische Bedarfe zur Förderung von Kompetenz und Partizipation, in: Andresen, Sabine/Rendtorff, Barbara (Hg.), Jahrbuch Frauen- und Geschlechterforschung in der Erziehungswissenschaft, Opladen. S. 27-41.

KMK Kultusministerkonferenz (1998): Empfehlungen zum Förderschwerpunkt geistige Entwicklung. Beschluss der Kultusministerkonferenz vom 26.06.1998.

Schäfers, Markus/Schüller, Simone/Wansing, Gudrun (2005): Mit dem Persönlichen Budget arbeiten. In: Bieker, Rudolf (Hrsg.): Teilhabe am Arbeitsleben. Wege der beruflichen Integration von Menschen mit Behinderung. Stuttgart. S. 81-97.

Das spontane Berufswahlverhalten schulschwacher Jugendlicher und mögliche Konsequenzen für Berufsorientierung und Berufsberatung.

Günter Ratschinski

Eine wissenschaftlich solide Erfassung der Besonderheiten im Berufswahlverhalten schulschwacher Jugendlicher setzt dreierlei voraus: erstens ein Modell des Berufswahlprozesses, in dem Einflussfaktoren spezifiziert sind, Beziehungen zwischen den Faktoren definiert werden und Veränderungen in den Beziehungen oder in den Faktoren erfasst werden, zweitens einen Vergleich der Modellparameterwerte und -prozessindikatoren von Schülern unterschiedlichen Begabungsniveaus und drittens eine Verfahrenvorschrift, mit der Art und Umfang der Gruppenunterschiede ermittelt werden und die damit als Entscheidungsregel für die differenzielle Gültigkeit des Berufswahlmodells herangezogen werden kann.

Im folgenden Bericht werden zwei Berufswahlmodelle überprüft: das Entwicklungsmodell beruflicher Präferenzen von Gottfredson (1996) und das Strukturmodell beruflicher Orientierungen von Holland (1997). Ihre differenzielle Validität wird anhand der Daten von Sekundarschülern verschiedener Schularten vornehmlich mit Varianzanalysen überprüft.

1. Die Berufswahltheorie Gottfredsons

Gottfredson nimmt an, dass berufliche Ambitionen und Orientierungen Außendarstellungen des Selbstkonzepts sind. Sie spiegeln Interessen, Fähigkeiten, das Anspruchsniveau und die angestrebte Stellung in der Gesellschaft wider. Von Kindern und Jugendlichen genannte Berufswünsche sind so gesehen Indizes für die Entwicklung des Selbstkonzeptes und für altersabhängige Vorstellungen von beruflichen Tätigkeiten, den Merkmalen der Berufsausübenden und den Bedingungen beruflicher Arbeit. Beide Konzeptbildungen sind abhängig von der kognitiven Entwicklung und von der sich entfaltenden Fähigkeit, differenzierte, komplexe und abstrakte Sachverhalte zu verstehen.

Die Art und Organisation des Selbstkonzeptes sind weniger Gegenstand der Theorie als die Inhalte bzw. die Elemente, die selbstbezogene Orientierungen und Urteile steuern. Nach Gottfredson werden auf vier Entwicklungsstufen systematisch neue Elemente in das Selbstkonzept integriert. Die erste

Stufe (von drei bis fünf Jahren) ist charakterisiert durch eine Orientierung an Äußerlichkeiten, wie Größe und Macht. Auf Stufe zwei (zwischen sechs und acht Jahren) wird als neues Element das Geschlecht und Geschlechtsrollenvorstellungen ins Selbstkonzept integriert. Ab neun Jahren – in den Klassen vier bis acht (auf Stufe drei) – bekommen soziale Bewertungen eine besondere Wichtigkeit bei der Selbstdefinition und erst ab Stufe vier (neunte Klasse und danach) werden innere Werte und Interessen persönlich bedeutsam.

Analog dazu entwickeln sich Berufsvorstellungen und Berufskonzepte, die sich aus geäußerten Berufswünschen erschließen lassen. Die ersten Berufswünsche unterliegen keinen Einschränkungen; sie sind bestimmt von dem Wunsch, erwachsen zu sein. Eine erste Einschränkung erfahren Berufswünsche durch die Selbstdefinition als Junge oder Mädchen. Berufswünsche im Grundschulalter zeigen eine deutliche – wenn auch oft nicht bewusste – Geschlechtstypik. Die zweite Einschränkung wird definiert über das Berufsprestige, den Status eines Berufs, und erst dann werden Interessen und Fähigkeiten, die traditionellen Konzepte populärer Passungstheorien, für die Berufswünsche bestimmend.

Die Theorie verbindet die drei Konzepte Geschlechtstyp, Berufsprestige und Berufsinteressen (als Indikator des internen Selbst) mit den beiden Prozessen der Eingrenzung und des Kompromisses. Der Entwicklungsprozess beruflicher Orientierungen wird als Eingrenzung beruflicher Präferenzen beschrieben. Jeder Beruf ist graphisch als Punkt in einem Koordinatensystem darstellbar, das durch die Dimensionen Geschlechtstyp und Berufsprestige aufgespannt wird. Die Eingrenzung lässt sich formal als verengende Fläche abbilden, die durch die unteren und oberen Akzeptanzgrenzen vom Berufsstatus und die Toleranzgrenzen des Geschlechtstyps definiert ist. Diese Fläche oder „Zone akzeptabler Berufsalternativen" bildet den subjektiven Orientierungs- und Bewertungsrahmen, in dem Berufe nach Interessen, Bedürfnissen oder Werthaltungen gesucht werden. Wenn Kompromisse eingegangen werden müssen, bestimmen die beschriebenen Selbstkonzeptelemente die Prioritätensetzungen. Gottfredson (1981) geht davon aus, dass früher entwickelte Elemente des Selbstkonzeptes fester verankert sind und eine subjektiv höhere Priorität besitzen. Insofern ist gemäß ihrem Selbstkonzeptmodell „Geschlecht" zentraler als „Status" und „Interessen" und wird folglich als letztes bei der Kompromissbildung preisgegeben.

2. Das Versuchsdesign

Für die Modellüberprüfung und die Ermittlung der differentiellen Validität des Berufswahlmodells wurde eine Stichprobe von 556 Sekundarschülern nach einem dreifaktoriellen varianzanalytischem Versuchsplan zusammengestellt. Faktor eins ist die Schulform (Hauptschule: n=188, Realschule: n=199 und Gymnasium: n=169), Faktor zwei die Klassenstufe (von sieben bis zehn) und Faktor drei das Geschlecht (n=282 Schüler und n=274 Schülerinnen). Schulschwache Jugendliche sind in diesem Design durch die Gruppe der Hauptschüler vertreten. Um allen Schülern die gleichen Aufgaben vorlegen zu können, mussten sowohl an die Schulformen als auch an den Altersbereich Zugeständnisse gemacht werden. Aus den Unterschieden können jedoch Trends extrapoliert und Hypothesen auch für Förderschüler abgeleitet werden. Der gewählte Altersausschnitt erlaubt Vergleiche der Entwicklungsstufe drei und vier in Gottfredsons Entwicklungsmodell, in denen Berufsprestige und Berufsinteressen als neue Bewertungsmaßstäbe für berufliche Präferenzen in das Selbst- und Berufskonzept aufgenommen werden.

Graduelle Unterschiede zwischen den Schulgruppen sollten sich in Signifikanzen der Haupteffekte zeigen, strukturelle in statisch bedeutsamen Wechselwirkungen. Strukturunterschiede stellen die Gültigkeit der Theorie in Frage, graduelle Unterschiede sind mit ihr vereinbar.

3. Die kognitive Repräsentation der Berufe

Nach Gottfredson bilden sich die Koordinaten der kognitiven „Landkarte" der Berufe bis zum achten Schuljahr heraus, bleiben danach stabil und zeigen eine hohe Übereinstimmung zwischen Jugendlichen und Erwachsenen. In einem ersten Analyseschritt sollten die Schüler fünf Wunschberufe nennen und 162 vorgegebene Berufe auf einer 9-Punkte Skala nach Geschlechtstyp und Prestige einschätzen. Ihre Ergebnisse wurden mit den Einschätzungen von n=60 Studentinnen und Studenten der Berufspädagogik verglichen.

Die Korrelationen ($r_{(162)}$) der mittleren Studenteneinschätzungen mit den (gemittelten) Schülereinschätzungen fallen mit .91 für den Geschlechtstyp der Berufe und .81 für das Berufsprestige hoch aus. Die Aufgabe ist für Schüler aller Altersgruppen und Schulformen lösbar. Die Werte für den Geschlechtstyp steigen nahezu linear von .86 in der siebten Klasse bis .94 in der zehnten Klasse an. Die entsprechenden Werte für das Prestige liegen mit Werten zwischen .72 und .83 erwartungsgemäß niedriger. In Übereinstimmung mit der Theorie gelingt die Einschätzung des Geschlechtstyps, der früher ins Selbstkonzept aufgenommen wurde, leichter. Dagegen ist die Einschätzung des Berufsprestiges vor allem für Hauptschüler der unteren Klassenstufen schwieriger. Ihre Übereinstimmungswerte mit den Erwachsenen sind mit .55 und .51 in der siebten und achten Klasse deutlich niedriger.

Möglicherweise sind die geringeren Übereinstimmung in den Prestigeeinschätzungen nicht nur durch Etablierung dieser Dimension beeinflusst, sondern auch durch einen systematischen Beurteilungsfehler, der bei Betrachtungen der genannten Wunschberufe deutlich wird. Die hohe Übereinstimmung zwischen Schülern und Erwachsenen geht verloren, wenn es um den eigenen Wunschberuf der Schüler geht. Die Korrelation ($r_{(162)}$) mit den Erwachseneneinschätzungen beträgt statt .91 nur noch .60 für den Geschlechtstyp und statt .81 für das Prestige nur noch .31.

Der Geschlechtstyp des Wunschberufes wird geringfügig unterschätzt, also für geschlechtsneutraler gehalten, während das Prestige sehr deutlich überschätzt wird. Das gilt für Jungen und Mädchen gleichermaßen. Der Effekt ist schulformabhängig: Je niedriger das Schulniveau, desto höher die Abweichung ($F(2,493)=3.20$, $p<.01$). Klassenstufe und Geschlecht haben keinen Einfluss und keine Wechselwirkung wird signifikant. Es gibt demnach keinen strukturellen, sondern nur einen graduellen Unterschied zwischen den Bildungsniveaus. Die kürzlich von Tomasik & Heckhausen (2006) berichtete Abhängigkeit der Prestigeeinschätzungen von der sozialen Position des Beurteilers kann zumindest für den persönlich bedeutsamen Wunschberuf bestätigt werden.

4. Die Eingrenzung beruflicher Alternativen

Strukturelle Unterschiede in Form signifikanter Wechselwirkungen sind dagegen für den theoretisch postulierten Kernprozess der Eingrenzung beruflicher Optionen festzustellen.

Die „Zone akzeptabler Berufsalternativen" wurde aus den fünf frei geäußerten Wunschberufen bestimmt. Dazu wurden den Wunschberufen die mittleren Schülereinschätzungen von Geschlechtstyp und Prestige zugeordnet und aus den Spannweiten der Zuordnungswerte eine Fläche berechnet. Aus Abb. 1 wird deutlich, dass sich diese Fläche von Entwicklungsstufe drei (Klasse 7 und 8) auf Entwicklungsstufe vier (Klasse 9 und 10) entsprechend der Theorie kleiner wird. Das gilt allerdings nicht für Hauptschüler und Hauptschülerinnen.

Abb. 1: Größe der Akzeptanzzonen nach Geschlecht, Schulform und Entwicklungsstufe

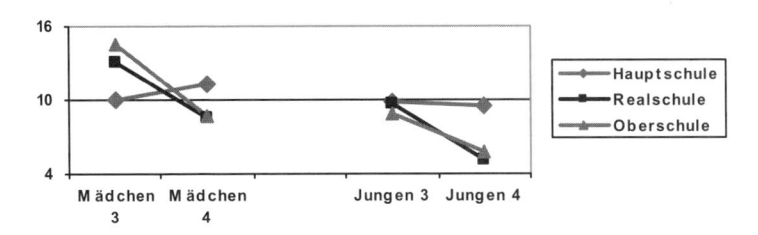

[Diagramm: Linienverläufe für Hauptschule, Realschule, Oberschule über Mädchen 3, Mädchen 4, Jungen 3, Jungen 4; y-Achse von 4 bis 16]

Die deutlich größeren Akzeptanzzonen der Mädchen kommen ausschließlich durch eine größere Toleranz für Abweichungen von der subjektiven Geschlechtsangemessenheit zustande. Die Akzeptanzspannen für das Prestige des Wunschberufs sind für Jungen und Mädchen gleich. Die Wechselwirkung von Schulniveau und Entwicklungsstufe, die als struktureller Unterschied interpretiert wird, überschreitet die Signifikanzgrenze, wenn die Hauptschule mit Realschule und Gymnasium kontrastiert wird ($F(1,540)=5{,}89$, $p<.05$). Die für die Gesamtgruppe bestätigte Eingrenzung beruflicher Optionen gilt nicht für die Untergruppe der Hauptschüler. Die bekannten Schwierigkeiten vieler Hauptschüler, selbstständig berufliche Entscheidungen zu treffen, könnten damit einen zusätzlichen Grund bekommen.

5. Kompromisse

Auch der zweite Kernprozess der Theorie Gottfredsons, die antizipierte oder erzwungene Kompromissbildung bei der Berufsentscheidung, kann anhand der erhobenen Daten grundsätzlich bestätigt werden.

In einem weiteren Aufgabensatz sollten sich die Schüler jeweils zwischen zwei Berufen entscheiden, die systematisch nach drei Ausprägungsgraden von Geschlechtstyp (typisch weiblich, männlich, neutral) und Prestige (hoch, mittel, niedrig) kombiniert waren (vgl. Leung & Plake, 1990). In Abb. 2 ist jeweils der Prozentsatz dargestellt, in dem der Geschlechtstyp eines Berufes den Ausschlag für die Wahl gab.

Abb. 2: Bevorzugung des Geschlechtstyps eines Berufes gegenüber dem Berufsprestige nach Schulart und Klassenstufe (Angaben in Prozent)

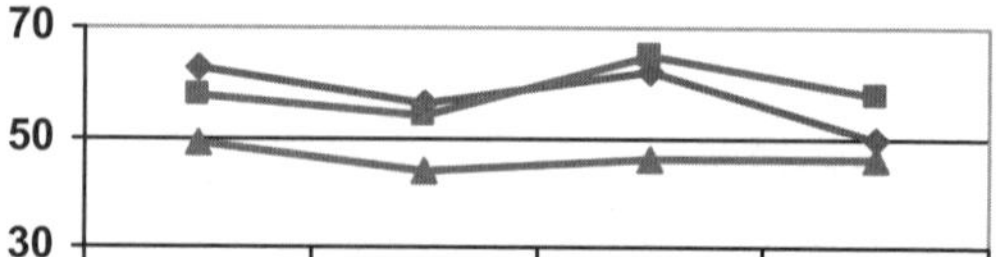

	Klasse 7	Klasse 8	Klasse 9	Klasse 10
Hauptschule	63	56	62	50
Realschule	58	54	65	58
Gymnasium	49	44	46	46

Während für Haupt- und Realschüler theoriekonform der Geschlechtstyp Priorität hat, wählen Gymnasiasten auf allen Klassenstufen häufiger Berufe mit hohem Ansehen. Abb. 2 macht auch deutlich, dass Unterschiede durch Haupteffekte und nicht durch Weselwirkungen verursacht werden, also gradueller, nicht struktureller Art sind. Die Wechselwirkung von Schulform und Klassenstufe ist nicht signifikant (F(6,541)=1,64, n.s.), während Haupteffekte von Schulform (F(2,541)=25,4, p<.00) und Klassenstufe F(3,541)=5,13, p<.01) die Signifikanzgrenze deutlich überschreiten.

Die Ergebnisse zu den Prozessannahmen der Theorie sind bemerkenswert: Während der Eingrenzungsprozess nicht auf dem unteren Bildungsniveaus beobachtbar ist, gelten die Kompromissannahmen nicht für das obere Bildungsniveau.

6. Die Rolle der Berufsinteressen

Erst ab Entwicklungsstufe vier (in den Klassen 9 und 10) sollten nach Gottfredson Berufsinteressen Einfluss auf die Berufswahl haben. Holland (1997) hat die Struktur beruflicher Interessenorientierungen als Hexagon beschrieben. Die sechs beruflichen Orientierungen R (realistic), I (investigative), A (artistic), S (social), E (enterprising) und C (conventional) lassen sich nach Ähnlichkeit als Eckpunkte dieses Hexagons anordnen. Alle Punkte können paarweise einem von drei Ähnlichkeits- oder Konsistenzgraden angehören: benachbarte Punkte (z.B. RI) haben die größte Ähnlichkeit, gegenüberliegende die geringste (z.B. RS) und nicht benachbarte (z.B. RA) eine mittlere Ähnlichkeit.

Insgesamt gibt es bei sechs Paarvergleichen 72 Ungleichheitsbeziehungen und 33 Gleichheitsbeziehungen (Anderson, Tracey, & Rounds, 1997). Gilt das Modell, dann sollten die Korrelationen zwischen ähnlichen (benachbarten) Interessen höher sein als zwischen nicht benachbarten und gegenüberliegenden. Von den 72 Größer-Kleiner-Relationen stimmen in der Gesamtgruppe 82% mit dem Modell überein. Lediglich die männlichen Hauptschüler fallen mit 61% bestätigender Relationen etwas ab. Ein Alterstrend ist ebenso wenig festzustellen wie Geschlechtsunterschiede.

Strukturveränderungen, die mit der Herausbildung von Interessenprofilen einhergehen sollten, sind nicht zu erkennen. Das grundlegende Interessenmuster ist schon auf der siebten Klassenstufe etabliert und ändert seine Grundform in den folgenden Klassen nicht. Was sich allerdings ändert, ist der Grad der Interessendifferenzierung. Sowohl bevorzugte als auch abgelehnte Interessenorientierungen werden ausgeprägter. Eder (1998) hat die Differenziertheit des Interessenprofils über mehrfache Berechnungen von Kräfteparallelogrammen in Hollands Hexagon bestimmt. Das Ergebnis ist eine Resultierende, die sowohl den Grad der Interessenausprägung (Länge des Vektors) als auch die Richtung der Interessen (Winkel im 360°-Kreis um das Hexagon) wiedergibt.

Die Interessenrichtung (Winkel) wird sehr stark vom Geschlecht bestimmt ($F(1,532)=54,76$; $p<.001$) und deutlich von der Schulform ($F(2,532)= 7,94$, $P<.001$), jedoch nicht von der Klassenstufe ($F(3,532)=0,72$, n.s.). Keine der möglichen Wechselwirkungen wird signifikant. Dagegen wird die Interessenausprägung (Vektorlänge) mit steigendem Alter höher ($F(3,532)=9,73$, $p<,001$). Auch hier ist der Einfluss des Geschlechts dominant ($F(1,532)= 84,02$; $p<.001$) und der Schulform bedeutsam ($F(1,532)=84,02$; $p<.001$)). Mädchen zeigen auf allen Klassenstufen eine stärkere Interessendifferenzierung als Jungen. Am stärksten ausgeprägt sind die Vorlieben und Abneigungen der Realschülerinnen, am schwächsten die der Gymnasiastinnen. Männliche Hauptschüler der 7. Klasse zeigen den geringsten Differenzierungswert. Alle Hauptfaktoren haben einen signifikanten Einfluss, während keine Wechselwirkung statistisch bedeutsam wird. Nach dem hier verwendeten Interpretationsschema sind die Gruppenunterschiede graduell, nicht strukturell.

Die der Theorie widersprechende Strukturstabilität ist Folge der Abhängigkeit von Berufsinteressen, Geschlechtstyp und Prestige. Die von Gottfredson postulierten *individuellen* Interessen sind überlagert von *kollektiven* Interessen, die deutlich vom Geschlechtstyp und teilweise auch vom Berufsprestige geprägt sind. Vorlieben für soziale oder technische Berufe spiegeln typisch weibliche und männliche Interessenorientierung wider und drücken sich in extrem hohen Effektstärken des Faktors Geschlecht auf die Interessenorientierung aus. Insofern ist eine experimentelle Trennung der Modellkonzepte ab der vierten Entwicklungsstufe nicht mehr möglich. Entwicklungen werden ganzheitlich. Als Entwicklungsindizes für diesen Entwicklungsabschnitt kann neben der hier berichteten Interessendifferenzierung auch die Interessenkongruenz herangezogen werden (Ratschinski, 2006).

Von den untersuchten Gruppen zeigen männliche Hauptschüler die deutlichsten Entwicklungsrückstände. Sie weisen die geringste Interessenkristallisation auf, die als Voraussetzung für Berufsentscheidungen gilt.

7. Die Besonderheiten der Hauptschüler

Schon Siebtklässler verfügen mit der kognitiven „Landkarte" der Berufe über ein berufliches Orientierungssystem, das im Berufswahlprozess eine wichtige Funktion erfüllt und die Berufsentscheidung erleichtern kann[1]. Dieses Orientierungssystem verbessert sich im untersuchten Altersbereich von 13 bis 16 Jahren in einigen Bereichen unwesentlich, in anderen deutlich. Die Vorstellung über den Geschlechtstyp eines Berufes ist sicher etabliert und das berufliche Ansehen wird von den meisten relativ genau eingeschätzt. Die Prestigeeinschätzungen der Hauptschüler zeigen die größten Veränderungen. Sie entsprechen von der siebten bis zur neunten Klassenstufe zunehmend genauer denen der Erwachsenen. Dieses Ergebnis unterstützt in doppelter Hinsicht Gottfredsons Theorie: Es bestätigt die Annahmen, dass Prestige als Bewertungsressource etabliert wird und dass Entwicklungsstände vom kognitiven Reifegrad abhängen.

Möglicherweise beeinflussen die größeren Urteilsunsicherheiten der Hauptschüler auch ihre Eingrenzung beruflicher Optionen. Bei Realschülern und Gymnasiasten werden die Akzeptanzzonen theoriekonform deutlich kleiner, bei Hauptschülern nicht. Dieses Ergebnis deutet auf einen strukturellen Unterschied hin, der im Gegensatz zu graduellen Unterschieden die Gültigkeit der Theorie in Frage stellt. Ob Hauptschüler ihre beruflichen Optionen bewusst erweitern, um Zugeständnisse an den für sie prekären Arbeitsmarkt zu machen, bleibt angesichts fehlender Daten eine offene Frage.

Die Annahmen Gottfredsons über Kompromissprozesse gelten für Haupt- und Realschüler. Der Geschlechtstyp eines Berufes ist durchgängig wichtiger als das Prestige. Für Gymnasiasten gilt das nicht. Das Prestige des Wunschberufes wird zwar deutlich überschätzt, und zwar umso mehr, je niedriger das Bildungsniveau ist. Das ist jedoch eigenartigerweise nicht wahl-

---

1 In Schweizer Untersuchungen erwies sich ein „zu großer Suchbereich" als einer der stärksten Prädiktoren für „fehlende berufliche Perspektiven" bei Neuntklässlern (Neuenschwander, 2007).

relevant. Die Prestigeüberschätzung dient der Erhöhung des Selbstwertes, aber es ist als Entscheidungskriterium nicht so wichtig wie die subjektive Geschlechtsrollenangemessenheit. Die Berufsinteressen werden im Untersuchungszeitraum deutlich ausgeprägter – das Profil wird prägnanter – ohne die Struktur zu verändern. Die Interessenorientierung der Hauptschüler ist nicht so konsistent und nicht so differenziert wie die der anderen Schüler. Auch das erschwert die Berufswahl oder eine Entscheidungsstrategie. Nicht nur Berufspräferenzen sind noch nicht kristallisiert, sondern das Entscheidungssystem besonders der männlichen Hauptschüler ist nicht sicher etabliert. Vieles deutet auf eine allgemeine Entwicklungsverzögerung, in die das berufsrelevante Verhalten eingebettet ist.

8. Konsequenzen für die Praxis

Insgesamt sprechen unsere Ergebnisse eher für als gegen die Gültigkeit der Theorie Gottfredsons. Abgesehen von theoretischen Unterspezifizierungen des Interesseneinflusses, die durch Annahmen Hollands nur unvollständig ausgeglichen wird, ist die Bestätigung wichtiger Annahmen gelungen. Eine konkrete Konsequenz der Theoriebestätigung ist eine praktikable Visualisierungsmethode der Berufswünsche. Die Landkarte der Berufe aus Geschlechtstyp und Prestige kann in Beratung oder Unterricht eingesetzt werden, um anhand der Koordinatenpunkte der genannten Berufswünsche Berufswahlaspekte zu thematisieren. Wenn der Eingrenzungsprozess unbewusst abläuft – und vieles spricht dafür –, dann ist die Thematisierung dieser Aspekte Aufklärungsarbeit. Berater und Lehrer können unbewusste Grenzsetzungen einer rationalen Prüfung unterziehen. Abgelehnte Alternativen sind dabei genauso wichtig wie Wunschberufe. Andere Konsequenzen ergeben sich aus den einzelnen Segmenten der Theorie. Gottfredson (2005) benennt vier Entwicklungsprozesse, die als Voraussetzungen und Bedingungen beruflich relevanter Veränderungen fungieren: die allgemeinen Prozesse der kognitiven Entwicklung und der Formierung des Selbstkonzepts und die speziellen Prozesse der Eingrenzung und der Kompromissbildungen. Jeder dieser Prozesse birgt das Risiko suboptimaler Entwicklungen, die zu Problemen bei der Berufswahl führen oder beitragen können. Pädagogische Interventionen im Rahmen einer Berufsfrühorientierung sollten auf Reduktion der Risiken abzielen und optimale Entwicklungen fördern. Die kognitive Entwicklung kann durch Optimierung des Lernens gefördert werden, die Selbstkonzeptentwicklung wird durch Arrangement von Erfahrungen unterstützt,

Eingrenzungen werden durch Selbsteinsichten aufgezeigt und Kompromisse durch Investitionen des Selbst offenbar.

Übergeordnetes Prinzip ist das Anregen von Eigenaktivitäten. Jugendliche sollen eigene Erfahrungen machen und sehen, was sie mögen und was sie können. Offensichtlich soll das vermittelt werden, was in anderen Theorien berufsbezogene und berufswahlbezogene Selbstwirksamkeit genannt wird. Gottfredson hat die Aufmerksamkeit auf sehr erklärungsstarke Faktoren für Berufspräferenzen gelenkt, wie Geschlechtstyp und Prestige, aber Selbstwirksamkeit, ein ebenso starker Einflussfaktor, wird in ihrem System nur implizit und am Rande berücksichtigt.

Wenn auf höheren Interventionsebenen diskriminierende Segregationen in der Arbeitswelt überwunden werden sollen, sind Konzepte bzw. Leitlinien wie *Gender Mainstreaming* auch aus theoretischer Perspektive der richtige Weg. Unsere Vorstellungen von Berufen sind kognitive Repräsentationen der Berufswelt, die in Bezug auf den Geschlechtstyp ziemlich genau sind. Die Einschätzungen der studentischen Experten korrelieren mit über .90 mit dem Frauenanteil in den Berufen (nach Mikrozensusdaten) und schon für Kinder sind typische Frauen- und Männerberufe Spiegel gesellschaftlicher Verhältnisse. Für bulgarische Kinder z.B. war der Ingenieurberuf vor 30 Jahren geschlechtsneutral und ist heute – nach dem politischen Systemwechsel – auch für sie ein typischer Männerberuf (Trice, 2000).

Der umfassende Querschnittsansatz eines Mainstreaming lässt sich auf Berufsorientierung in der Schule verallgemeinern. Auch für Berufswahlentscheidungen gilt: Alles was zur Persönlichkeitsentwicklung beiträgt, hat auch Auswirkungen auf die Berufsreife und die Entscheidungsfähigkeit für berufliche Präferenzen.

Literatur

Anderson, M. Z., Tracey, T. J. G., & Rounds, J. (1997). Examining the invariance of Holland's vocational interest model across gender. Journal of Vocational Behavior, *50*, 349-364.

Eder, F. (1998). Differenziertheit der Interessen und berufliche Entwicklung. In J. Abel & C. Tarnai (Hrsg.), Pädagogisch-psychologische Interessenforschung in Studium und Beruf (S. 63-77). Münster: Waxmann.

Gottfredson, L. S. (1981). Circumscription and compromise: A developmental theory of occupational aspirations. Journal of Counseling Psychology Monograph, *28*(6), 545-579.

Gottfredson, L. S. (1996). Gottfredson's theory of circumscription and compromise. In D. Brown & L. Brooks (Hrsg.), Career choice and development (3. Aufl., S. 179-232). San Francisco: Jossey-Bass.

Gottfredson, L. S. (2005). Applying Gottfredson's theory of circumscription and compromise in career guidance and counseling. In S. D. Brown & R. W. Lent (Hrsg.), Career development and counseling. Putting theory and research to work (S. 71-100). New York: Wiley.

Holland, J. L. (1997). Making vocational choices: A theory of vocational personalities and work environments. (3 Aufl.). Odessa, FL: Psychological Assessment Resources.

Leung, S. A., & Plake, B. S. (1990). A choice dilemma approach for examining the relative importance of sex type and prestige preferences in the process of career choice compromise. Journal of Counseling Psychology, 37, 399-406.

Neuenschwander, M. P. (2007). Risiken und Ressourcen im Berufswahlprozess. Vortrag gehalten auf der Frühjahrstagung 2007 "Modernisierung der Berufsbildung" der Sektion Berufs- und Wirtschaftspädagogik der DGFE, Universität Zürich, 4. bis 6. März 2007.

Ratschinski, G. (2006). Entwicklung beruflicher Aspirationen und Orientierungen. Empirische Überprüfungen der Berufswahltheorien von Gottfredson und Holland an Sekundarschülern. Leibniz Universität Hannover: Unveröffentlichte Habilitationsschrift.

Tomasik, M. J., & Heckhausen, J. (2006). Sozialprestige von Ausbildungsberufen aus der Sicht von Realschüler/-innen. Zeitschrift für Sozialpsychologie, 37(4), 259-273.

Trice, A. D. (2000). Italian, Bulgarian, and U.S.children's perceptions of gender-appropriateness of occupations. The Journal of Social Psychology, 140(5), 661-663.

FachZeitschriften im Verlag Barbara Budrich

BIOS
Zeitschrift für Biographieforschung, Oral History und Lebensverlaufsanalysen

BIOS erscheint halbjährlich mit einem Jahresumfang von rund 320 Seiten. BIOS ist seit 1987 *die* wissenschaftliche Zeitschrift für Biographieforschung, Oral History Studien und – seit 2001 – auch für Lebensverlaufsanalysen. In ihr arbeiten über Disziplin- und Landesgrenzen hinweg Fachleute u.a. aus der Soziologie, der Geschichtswissenschaft, der Pädagogik, der Volkskunde, der Germanistik.

dms – der moderne staat
Zeitschrift für Public Policy, Recht und Management

dms erscheint halbjährlich mit insgesamt rd. 480 Seiten.

Die neue Zeitschrift ist interdisziplinär angelegt und beschäftigt sich mit dem seit drei Jahrzehnten international zu beobachtenden massiven Wandel der Erfüllung öffentlicher Aufgaben nach Inhalt, Struktur und Organisation, Prozessen und Ergebnissen. Dieser Wandel fordert alle Fachwissenschaften heraus, bei Erhaltung der jeweiligen disziplinären Kompetenz nach integrierbaren Untersuchungen und Erklärungen zu suchen.

Diskurs Kindheits- und Jugendforschung

„Diskurs Kindheits- und Jugendforschung" widmet sich dem Gegenstandsfeld der Kindheits- und Jugendforschung unter der integrativen Fragestellung von Entwicklung und Lebenslauf; er arbeitet fächerübergreifend und international mit deutschen und internationalen AutorInnen aus den einschlägigen Disziplinen wie z.B. der Psychologie, Soziologie, Erziehungswissenschaft, der Ethnologie, Verhaltensforschung, Psychiatrie und der Neurobiologie.

Weitere Informationen unter www.budrich-verlag.de

FachZeitschriften im Verlag Barbara Budrich

Erziehungswissenschaft
Mitteilungsblatt der Deutschen Gesellschaft
für Erziehungswissenschaft

Erziehungswissenschaft ist das offizielle Mitteilungsblatt der Deutschen Gesellschaft für Erziehungswissenschaft. Die Zeitschrift trägt den Informationsaustausch innerhalb der Gesellschaft und fördert die Diskussion über die Entwicklung des Faches.

femina politica
Zeitschrift für feministische Politik-Wissenschaft

femina politica ist die einzige Zeitschrift für feministische Politik-Wissenschaft im deutschsprachigen Raum. Sie wendet sich an politisch und politikwissenschaftlich Arbeitende, die den Gender-Aspekt bei ihrer Arbeit berücksichtigen. *femina politica* analysiert und kommentiert tagespolitische und politikwissenschaftliche Themen aus feministischer Perspektive, berichtet über Forschungsergebnisse, Projekte, Tagungen und einschlägige Neuerscheinungen.

Gesellschaft. Wirtschaft. Politik (GWP)
Sozialwissenschaften für politische Bildung

GWP ist die älteste Fachzeitschrift in der Bundesrepublik für Studium und Praxis des sozialwissenschaftlichen Unterrichts. Als sozialwissenschaftliches Magazin ist sie der Aktualität wie dem Grundsätzlichen verpflichtet, der sorgfältigen Fundierung wie der lebendig wechselnden Stilistik.
GWP finden Sie im Interent unter www.gwp-pb.de

Politics, Culture and Socialization

Politics, Culture and Socialization is a new quarterly, comprising some 480 pages per year. The journal pulbishes new and significatn work in all areas of political socialization in order to achieve a better scientific understanding of the origins of political behavior and orientations of individuals and groups.

Weitere Informationen unter www.budrich-verlag.de

FachZeitschriften im Verlag Barbara Budrich

Spirale der Zeit – Spiral of Time
Frauengeschichte sichtbar machen –
Making Women's History visible

Die zweisprachige Zeitschrift erzählt anschaulich unsere Geschichte von ihren Anfängen bis zu unserer Gegenwart neu. Mit dieser umfassenderen Sicht begegnet die Zeitschrift der bildungspolitischen Herausforderung an eine geschlechtergerechte Vermittlung von Geschichte in Schulen und öffentlichen Einrichtungen als Voraussetzung für eine geschlechterdemokratische Politik. Die Spirale der Zeit – Spiral of Time erscheint zweimal jährlich, je Heft 64 Seiten (A4) mit vielen farbigen Abbildungen, deutsch und englisch.

ZQF – Zeitschrift für Qualitative Forschung
(zuvor: ZBBS – Zeitschrift für qualitative Bildungs-, Beratungs- und Sozialforschung)

Die ZQF erscheint halbjährlich. Das Team der HerausgeberInnen setzt sich aus den Vorstandsmitgliedern des Magdeburger Zentrums für Bildungs-, Beratungs- und Sozialforschung zusammen und gewährleistet durch diese Konstellation die Repräsentanz der wichtigsten an der qualitativen Forschung beteiligten Fachdisziplinen.

Zeitschrift für Familienforschung
Journal for Family Research
Beträge zu Haushalt, Verwandtschaft und Lebenslauf

Die Zeitschrift für Familienforschung erscheint dreimal jährlich.
Die Zeitschrift für Familienforschung fördert interdisziplinäre Kommunikation und Diskussion. Dies geschieht durch die Veröffentlichung von Beiträgen zur Familien- und Haushaltsforschung aus den Fachdisziplinen: Familiensoziologie, Familiendemographie, Familienpsychologie, Familienpolitik, Haushaltswissenschaft, historische Familienforschung sowie aus Nachbargebieten.

Weitere Informationen unter www.budrich-verlag.de

Wissen und die Empirie des Pädagogischen

Jochen Kade
Wolfgang Seitter (Hrsg.)
Umgang mit Wissen
Recherchen zur Empirie des Pädagogischen
Bd. 1: Pädagogische Kommunikation
2007. 472 S. Kt. 36,00 € (D),
37,10 € (A), 60,00 SFr
ISBN 978-3-86649-051-2

Bd. 2: Pädagogisches Wissen
2007. 368 S. Kt. 36,00 € (D),
37,10 € (A), 60,00 SFr
ISBN 978-3-86649-052-9

„... ein für eine empirische Fundierung der Erziehungswissenschaft hoch bedeutsames Pionierwerk..."
Zeitschrift für Pädagogik

Frühkindliche Pädagogik – Stand & Perspektiven

Werner Thole
Hans-Günther Rossbach
Maria Fölling-Albers
Rudolf Tippelt (Hrsg.)
Bildung und Kindheit
Pädagogik der Frühen Kindheit
in Wissenschaft und Lehre
2008. Ca. 300 S. Kart. Ca.
29,90 € (D), 30,80 € (A), 49,90 SFr
ISBN 978-3-86649-154-0

Die frühe Kindheit ist ein entscheidend wichtiger Lebensabschnitt – darüber sind sich Wissenschaft und Politik einig. Dass es in Deutschland große Defizite im Bereich frühkindlicher Förderung gibt, ist auch erkannt. Wie geht es weiter? Fachleute diskutieren in diesem Band.

In Ihrer Buchhandlung oder direkt bei

Verlag Barbara Budrich
Barbara Budrich Publishers
Stauffenbergstr. 7. D-51379 Leverkusen Opladen
Tel +49 (0)2171.344.594 • Fax +49 (0)2171.344.693 • info@budrich-verlag.de

www.budrich-verlag.de • www.barbara-budrich.net

Die neue Reihe für die Aus- und Weiterbildung von Lehrerinnen und Lehrern: Pädagogische Fallanthropologie herausgegeben von Andreas Gruschka, Sabine Reh und Andreas Wernet

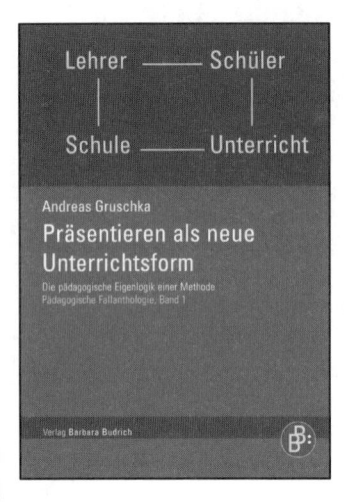

Band 1: Andreas Gruschka
Präsentieren als neue Unterrichtsform
Die pädagogische Eigenlogik einer Methode
2008. 120 Seiten. Kart.
9,90 € (D), 10,20 € (A), 18,90 SFr
ISBN 978-3-86649-158-8
Die heute vielleicht erfolgreichste Innovation im Unterricht ist die Präsentation von eigenständig recherchierten Themen. Die Schüler entwickeln hier beträchtliche Methodenkompetenz. Die Frage aber ist, was wird dabei aus der Sache, die präsentiert wird. Die Fallstudie „Mittelalter" zeigt dies im Detail. Ein kleines, gut lesbares Buch, das wichtige Informationen und Tipps für das Lehren an die Hand gibt.

Band 2
Hans Oswald: Helfen, Streiten, Spielen, Toben
Die Welt der Kinder einer Grundschulklasse
2008. Ca. 100 S. Kt. Ca. 9,90 €, 10,20 € (A), 18,00 SFr
ISBN 978-3-86649-178-6
Wie verhalten sich Kinder einer vierten Grundschulklasse untereinander und wie sehen ihre Beziehungen zueinander aus? Der Autor beobachtet intensiv die alltägliche Welt zehnjähriger Kinder, die sie selbst in der ihnen eigenen Weise in der Schule gestalten. Das ohne erwachsene Einmischung stattfindende Lernen der Kinder miteinander und eins durchs andere ist ein unersetzliches und wichtiges Feld für die kindliche Entwicklung überhaupt – so die zentrale These des Buches.

In Ihrer Buchhandlung oder direkt bei

Verlag **Barbara Budrich**
Barbara Budrich Publishers
Stauffenbergstr. 7. D-51379 Leverkusen Opladen
Tel +49 (0)2171.344.594 • Fax +49 (0)2171.344.693 • info@budrich-verlag.de
28347 Ridgebrook • Farmington Hills, MI 48334 • USA • info@barbara-budrich.net

www.budrich-verlag.de • www.barbara-budrich.net